厦门大学知识产权研究丛书

总主编　林秀芹

本书的出版受"福建省高校特色智库——创新与知识产权研究中心"资助
江苏省知识产权发展研究中心支持

产业结构化视野下的专利权经济价值分析研究

刘运华◎著

The Research on the Analysis
of the Economic Value of the Patent Right from
the Perspective of Industrial Structure

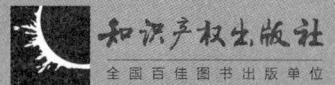

知识产权出版社
全国百佳图书出版单位

图书在版编目（CIP）数据

产业结构化视野下的专利权经济价值分析研究／刘运华著．—北京：知识产权出版社，2018.11

ISBN 978-7-5130-5894-0

Ⅰ．①产… Ⅱ．①刘… Ⅲ．①专利权—研究—中国 Ⅳ．①D923.424

中国版本图书馆 CIP 数据核字（2018）第 232178 号

责任编辑：刘 睿 邓 莹　　　　　责任校对：潘凤越
文字编辑：邓 莹　　　　　　　　　责任印制：刘译文

产业结构化视野下的专利权经济价值分析研究
刘运华 著

出版发行：知识产权出版社 有限责任公司	网　址：http：//www.ipph.cn
社　址：北京市海淀区气象路 50 号院	邮　编：100081
责编电话：010-82000860 转 8346	责编邮箱：dengying@cnipr.com
发行电话：010-82000860 转 8101/8102	发行传真：010-82000893/82005070/82000270
印　刷：保定市中画美凯印刷有限公司	经　销：各大网上书店、新华书店及相关专业书店
开　本：710mm×1000mm　1/16	印　张：14.75
版　次：2018 年 11 月第 1 版	印　次：2018 年 11 月第 1 次印刷
字　数：220 千字	定　价：52.00 元
ISBN 978-7-5130-5894-0	

出版权专有　侵权必究
如有印装质量问题，本社负责调换。

前　言

知识产权作为知识经济时代最重要的生产要素，已成为企业核心竞争力的集中体现。专利权经济价值分析是专利管理的核心环节，它不仅能够帮助决策者对专利权经济价值作出合理判断，进而促进专利权经济价值的实现，而且也是提高企业核心竞争力的重要举措。现有对专利权经济价值的研究，多以所有权的观念研究专利排他权，热衷于专利量化指标及其计算公式，以致脱离了专利制度和产业事实，与知识经济发展的要求不相协调。产业结构化视野下的专利权经济价值分析是针对专利权经济价值的内涵和外延两个方面，从专利质量、专利文件、司法确认、专利权竞争优势、专利布局等多个角度对专利权经济价值进行剖析、细化，进而利用现代管理学中的"木桶理论"进行系统化分析，比较判断专利权经济价值大小的方法。专利权经济价值的内涵是指以专利文件为载体，以专利行政部门授予的排他性权利为核心，以司法机关的司法确认为边界，借由权利人行使而呈现的经济价值。专利权经济价值的外延是指专利权人（企业）以产业结构化为导向，通过各部门协同化的运作机制，以在最小可销售专利实施单位层面上形成控制供应链、分配价值链、主导产业链的非常竞争优势，并借此获取的多元化经济利益。简言之，本书以专利制度和产业事实为基础，提出了一套新的专利权经济价值分析范式，使专利权经济价值分析与专利权的创造、运用、保护、管理相呼应，分析过程能够反映专利质量和专利作业要求。通过专利权经济价值分析，不仅可以比较专利权经济价值大小，而且还能帮助决策者判断专利文件的优良、专利布局的优劣、专利权经济价值实现的机会以及可能遭受的专利侵权诉讼。这不仅能协助决策者对专利运营和管理的绩效进行评价,而且对有效贯彻落实国家知识产权战略也有一定的积极作用。专利权经济价值分析还能为如何创造高价值的专利权和如何评估专利权经济价值提供有益指引。

ABSTRACT

The knowledge economy era has arrived, Intellectual Property represents competitive advantage for companies focused on core competencies. The analysis of the economic value of the patent right is an important part of patent management and a significant measure which can improve the core competence of companies. Current research on the economic value of the patent right is keen on numeral expression by formulation, and outruns the patent system as well as the industrial facts. Such research method has been widely questioned.

The analysis of the economic value of the patent right analyzes the connotation and extension of the economic value of the patent right by virtue of the Barrel Theory in the field of management science. The connotation of the economic value of the patent right is the economic value embodied in the exercise of the patent right. Such right, which is carried by patent documents, is bounded by the confirmation from the judicial authority with the exclusive right granted by the patent administrative department at its core. The extension of the economic value of the patent right is diversified economic interests obtained by the extraordinary competitive advantage of the leading industry chains, the controlled supply chain and the assignable value chain. Such advantage is formed by operation mechanism of cooperation and coordinate from all departments, which is industrial structuration oriented. The patentee of pioneering patent, advanced patent or standard essential patent should take the extraordinary competitive advantage of the leading industry chains, the controlled supply chain and the assignable value chain. The key is the Patent Portfolio strategy in the industrial structuration.

This book is based on the patent system and relevant industrial facts. It proposes a new analysis paradigm of the economic value of the patent right. The analysis of the economic value of the patent right echoes the creation, application, protection and management of the patent right. Its analysis procedure can reflect the patent quality and patent operation requirements. The analysis of the economic value of the patent right is the bridge which connects value creation and value assessment. The confirmation on the exclusive protection from the judicial authority is also integrated into the analysis system. This article not only proposes a analysis paradigm of the economic value of the patent right, but also provide a guideline concerning how to create high quality patents in different links of patent management for companies, research institutes and independent inventors. The analysis of the economic value of the patent right can help to detect the existence of economic value of the patent right and further to compare the economic values of different patent rights. It can also help to learn which one is the short slab which will impair the economic value of the patent right, the patent documents, the patent quality, the judicial confirmation or the fitness of patented technologies and core business of a company.

目　　录

导　论 ……………………………………………………………（1）

第一章　专利权经济价值分析相关的研究梳理及评析 …………（16）
　第一节　用传统方法评估专利权经济价值的研究梳理及评析 ……（17）
　第二节　用专利量化指标分析专利权经济价值的研究梳理及评析……（23）
　第三节　以因素打分法分析专利权经济价值的研究梳理及评析 …（31）

第二章　专利权经济价值分析的理论基础 ……………………（38）
　第一节　现有对专利权经济价值的认识存在的误区 ……………（39）
　第二节　专利权经济价值的内涵 …………………………………（43）
　第三节　专利权经济价值的外延 …………………………………（60）
　第四节　专利权经济价值分析中的"木桶理论" ………………（78）

第三章　专利权经济价值内涵性要素分析 ……………………（90）
　第一节　专利质量评价 ……………………………………………（90）
　第二节　专利文件分析 ……………………………………………（105）
　第三节　司法机关对专利排他权保护的司法确认分析 …………（133）

第四章　专利权经济价值外延性要素分析 ……………………（154）
　第一节　产业结构化中的专利权竞争优势分析 …………………（155）
　第二节　产业结构化中的专利布局分析 …………………………（174）
　第三节　产业化、商品化及标准化阶段的专利权经济价值分析 ……（194）

第五章　结语与展望 ……………………………………………（203）

附录：专利权经济价值分析报告样本 ……………………………（205）

参考文献 ……………………………………………………………（207）

后　记 ………………………………………………………………（223）

导　　论

一、研究背景及具体论题

（一）研究背景

1. 有形财产时代向无形财产时代的转移

知识经济时代不再以土地和自然资源作为经济增长和竞争性商业优势的主要源泉，知识产权（特别是专利权）已经成为企业的主要资产与市场竞争力的核心。因此，美国等发达国家为研究经济产出不断变化的性质，调整国内生产总值统计方式，首次将研发投入、文学及艺术原创支出等所谓"21世纪的组成部分"纳入统计范畴。对此，单晓光教授指出："预计未来世界对于GDP的竞争不仅是在总量上的角逐，更是其比例结构是否优化的展示，说到底就是知识产权力量的博弈。"❶ 伴随着有形财产时代向无形财产时代的转移，跨国企业开始通过专利布局主导世界经济的发展，并利用专利权控制产业发展。以我国为例，2002年，国外DVD联盟对以我国为主的DVD生产企业发起专利侵权诉讼，要求每台DVD向其支付4.5美元的专利许可费；❷ 到2012年，日立金属株式会社对我国稀土企业提起专利侵权指控，致使200余家稀土生产企业的生产和销售受到日立金属株

---

❶ 单晓光. 美国调整GDP统计方式传递了什么信息？[J]. 中国机电工业，2013（8）：38-39.

❷ 根据张勤教授提供的数据，当时每台DVD缴纳的知识产权许可费用总计18美元，占产品出厂价的60%。换言之，出厂价32美元，生产成本13美元，每台DVD只能赚1美元，大量企业被迫停产、转产或破产。

式会社的钳制。惨痛的教训让我们认识到，知识经济时代，专利技术优势使得传统的规模经济和资源优势面临严峻的挑战。同时，企业盈利动力的基础也已从有形财产转向无形财产。标准普尔500指数中企业知识产权的价值从1975年占其全部企业价值的16.8%爆发式地增长到2005年的79.7%。❶因此，在一定程度上可以说，企业对于专利的支配能力将进一步区分出未来十年企业的成功者和失败者。

如表0-1所示，近期的几宗并购交易，更反映出有形资产和无形资产的价值差异。美国证交所的归档文件显示：微软54.4亿欧元收购诺基亚的手机业务，其中专利权价值占总交易金额的30%；谷歌125亿美元收购摩托罗拉的交易中，55亿美元用于专利技术转让，26亿美元用于为了获得商标所承载的商誉，7.3亿美元用于客户关系，专利权价值占总交易金额的44%；联想和谷歌的并购交易中，联想以29亿美元收购了摩托罗拉的商标和2000件专利授权许可，以0.75亿美元收购了摩托罗拉的全球手机制造工厂，两相比较则足见有形资产与无形资产价值差异之大。

表0-1　2002~2012年美国初审判决金额最高的十大案件

单位：百万美元

年份	原告	被告	技术领域	金额
2009	Centocor Ortho Biotech Inc.	Abbott Laboratories	Arthritis Drugs	1848
2007	Lucent Technologies Inc.	Microsoft Corporation	MP3 Technology	1538
2012	Carnegie Mellon University	Marvell Technology Group Ltd.	Noise Reduction Technology	1169
2012	Apple Inc.	Samsung Electronics Co.	Samrtphone Software	1049
2012	Monsanto Company	E. I. Dupont De Nemours And Company	Genetically Modified Soybean	1000
2010	Mirror Worlds LLC	Apple Inc.	Operating System	626
2011	Bruce N. Saffran, MD.	Johnson & Johnson	Drug-eluting Stents	593
2003	Eolas Technologies	Microsoft Corporation	Internet Browser	521

---

❶ [美] 戈登·史密斯，罗素·帕尔. 知识产权价值评估、开发与侵权赔偿 [M]. 夏玮，周叔敏，等译. 北京：电子工业出版社，2012：1-19.

续表

年份	原告	被告	技术领域	金额
2008	Bruce N. Saffran, MD.	Boston Scientific Corporation	Drug-eluting Stents	432
2009	Uniloc USA, Inc.	Microsoft Corporation	Software Activation Tech	388

资料来源：PWC. 2013 Patent Litigation Study [EB/OL]. 2014-3-10.

2. 专利权经济价值的技术导向转向市场导向*

专利是市场竞争的利器，也是市场进入的壁垒，权利人可以利用专利对竞争对手设置参与壁垒。以智能手机产业为例，随着苹果进入智能手机领域，传统手机产业链发生重大变化，一场专利大战随即拉开帷幕，各系统厂商和相关制造厂商纷纷利用所拥有的专利"武器"进行知识产权时代的"圈地运动"，其中苹果和三星之间的专利战最具代表性，因此也被称为"世纪专利审判"。归根结底，苹果和三星之间专利侵权诉讼之争的背后是市场占有率之争，也是产品利润率之争。苹果通过专利侵权诉讼不但获得三星几十亿乃至上百亿美元的侵权损害赔偿和专利许可收益，而且更重要的是通过行政和司法程序对三星发出限制性排除令和禁制令，禁止三星侵权产品的进口和销售。苹果提交给法庭的文件显示，从 2010 年 4 月至 2012 年 3 月，苹果在美国市场销售 iPhone 毛利率为 44%～69%，iPhone 在美国的市场占有率遥遥领先于三星。苹果以实际行动演绎了专利的作用在于运用，专利的价值在于市场。

随着专利权经济价值的技术导向转向市场导向，我国面临的挑战仍然非常严峻。虽然我国 SCI 论文发表篇数及被引用次数、EI 论文发表篇数均在全球排名前三，国内外的专利申请和授权量也大幅攀升，国内外三种专

＊ 有学者认为专利权本质上是市场导向的，因此不存在专利权经济价值的技术导向转向市场导向的问题。但是正如博士论文答辩中朱谢群教授所指出的："一定意义上可以说，国内专利界因囿于'工程师思维'而未能认识到专利权的经济价值来源于其排他性所构成的市场竞争优势正是当前国内知识产权运用效率不高、进展不畅、服务业发展不顺等一系列问题背后的主要绊脚石。"因此，笔者认为本书通过国外苹果诉三星的经典案例，可以有力澄清当前专利领域的诸多误区和盲区，并且国家知识产权战略的贯彻实施也亟须阐明专利权经济价值与技术价值存在很大的不同。

利申请授权数从 2008 年的 411 982 件快速跃升到 2012 年的 1 255 138 件，但这些并没有有效地转为我国的专利权经济价值，反而形成了研发质量一流、专利运用二流、专利商品化三流的情形。近年来，我国知识产权收入与支出的国际贸易逆差急剧增加。通过图 0-1 知识产权收支与技术比，可以发现我国的技术比不仅远落后于日本和韩国，而且与我国台湾地区和新加坡也有不小的差距。❶ 由此可见，我国专利数量虽多，但是经济效益不佳，无法将专利资产扩散转化成经济收益。

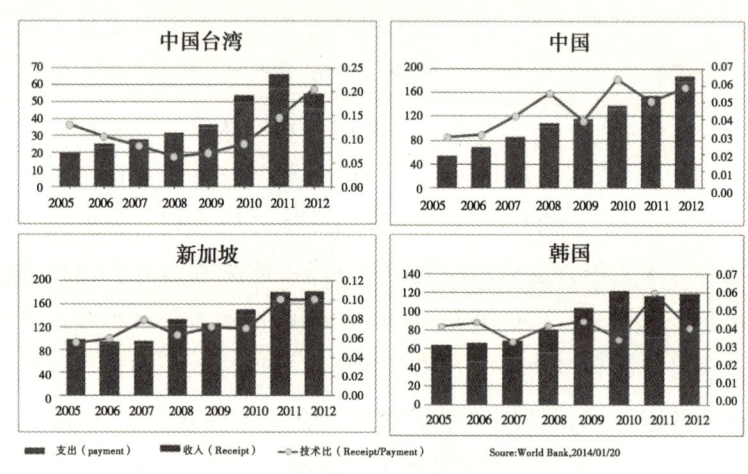

图 0-1　知识产权收支与技术比❷

资料来源：科技产业资讯室．台湾企业 IP 智财权利金收支 2012 年 55.3 亿美元［EB/OL］．2014-1-27．

3. 专利权经济价值分析是专利运用的关键环节

2013 年，中国香港和新加坡先后提出建立亚洲知识产权贸易中心的规

---

❶ 根据经济合作与发展组织（OECD）的统计数据，日本 2007 年技术比 3.49，2008 年为 3.71，2009 年为 3.77，2010 年为 4.60，2011 年为 5.75。2003 年日本首次实现知识产权贸易顺差，其后持续保持盈余，2012 年日本知识产权收支顺差额约为 9528 亿日元。

❷ 技术比即技术输出收入/技术输入支出，当技术比达到 1.0 时，代表该国（地区）对外国技术的依赖程度与本国技术在国际间扩散是相等状态。技术比大于 1.0 即代表技术贸易顺差，小于 1.0 即代表技术贸易逆差。

划目标，两者都将专利权经济价值分析作为实现这一宏伟目标的关键环节。新加坡甚至拟筹建知识产权价值评估研究中心，对各产业领域的专利技术加以研究分析。同时，各国政府及私营部门为强化其知识产权竞争力，纷纷成立专利基金或者经营机构，对它们而言，专利权经济价值分析是决定其运行绩效的重要步骤。日本知识产权战略网的首席执行官秋本弘（Hiroshi Akimoto）在专利运营中发现两个重要问题，即如何进行专利权经济价值分析，选择有价值的专利权，以及如何创造高价值的专利权，增强企业在未来科技竞争中的非常竞争优势，其实践经验表明进行专利权经济价值分析的必要性。

当前，在我国专利运用能力和专利商品化能力相对薄弱的背景下研究专利权经济价值，将专利权经济价值分析作为连结企业专利管理和专利权经济价值评估的桥梁，现实意义重大。世界银行集团对主要国家（地区）2009~2013年高科技出口的统计表明，我国目前已成为世界高科技出口大国，并逐步具有全球最大的消费市场。❶ 庞大的市场基础，配合专利运用能力的综合提升，未来一件中国专利始有机会等于或大于一件美国专利的经济价值。

（二）具体论题

专利权经济价值分析是针对专利权经济价值的内涵和外延两个方面，从专利质量、专利文件、司法确认、专利权竞争优势、专利布局等多个角度对专利权经济价值进行剖析、细化，进而利用现代管理学中的"木桶理论"进行系统性分析，比较判断专利权经济价值大小的方法。

专利权经济价值分析是对一项专利权的经济价值进行的分析判断，分析的结果不是专利权经济价值具体数值的多少，而是有没有专利权经济价

---

❶ 据世界银行的定义，高科技出口产品包括航空航天、计算机、制药、科学仪器、电子机械等研发密集型的产品。2012年我国高技术产品出口全球第一，但这并不意味着我国高技术产业处于国际领先水平。一方面，我国高技术产品出口仍以加工贸易为主，很多高技术产品其技术并不在我国，仅在出口贸易中体现；另一方面，我国也是高技术产品的重要进口国，综合国际和国内两个市场，我国高技术产业的竞争力仍处于中间水平。

值，如果有，则进一步判断其与竞争性专利技术相比专利权经济价值的大小。虽然专利权经济价值的绝对数值难以计算，对其评估也难以具有科学性。但是通过与竞争性专利技术进行比较，分析专利权对专利产品市场占有率和利润率的贡献大小的比较价值是有科学意义的，其不仅能充分反映国际知识产权竞争背后的经济利益冲突本质，和张勤教授提出的创设知识产权之财产权的基本原则（国家知识产权整体利益最大化原则）相呼应，更能充分体现市场对科技创新的导向作用。

目前学术界对专利权经济价值的含义还没有系统的论述。❶ 本书首次从专利权经济价值的内涵和专利权经济价值的外延两个层面系统论述专利权经济价值的含义。❷ 专利权经济价值的内涵是指以专利文件为载体，以专利行政部门授予的排他性权利为核心，以司法机关的司法确认为边界，借由权利人行使而呈现的经济价值。专利权经济价值的外延是指权利人（企业）以产业结构化为导向，通过各部门协同化的运作机制，以在最小可销售专利实施单位层面上形成控制供应链、分配价值链、主导产业链的

---

❶ 需要说明是，目前学术界对专利权经济价值的含义仍缺少系统的论述，因此学者们对专利权经济价值的表述较混乱，其用词主要包括专利价值、专利权价值、专利经济价值、专利资产、专利质量，等等。为本书及今后相关研究的便利，排除用词不统一带来的研究障碍，本书统一称之为专利权经济价值，使用这个名词术语的原因如下：第一，专利权相比专利用词更准确，专利属泛指，专利权属特指，同时用专利权而不用专利，有利于纠正社会对专利制度的不当认识，因为当前很多人对专利和专利权利要求所限定的技术方案的认识仍模糊不清；第二，用专利权经济价值而不用专利权价值，是因为价值具有多样性，专利权经济价值只是专利权价值中的一种表现，此外还包括专利权税收规划价值等；第三，本书对专利权经济价值的分析通过专利技术对专利产品的市场占有率和利润率的贡献大小来判断，即从经济激励的角度进行分析，因而专利权经济价值比专利权价值更适合。

❷ 特别需要说明的是，在本书的语境下，笔者使用内涵与外延来界定专利权经济价值而没有使用内生价值与外生价值、或者静态价值与动态价值的用词，原因如下：一方面，笔者认为内涵是专利权经济价值的"优质"要求，外延是专利权经济价值的"优势"要求，内涵与外延在具体解释专利权经济价值时具有更强的生命力；另一方面，本书也受《论品牌的内涵与外延》这篇文章的启发，详请参见张锐，张炎炎，周敏. 论品牌的内涵与外延 [J]. 管理学报，2010（1）：147-158.

非常竞争优势，并借此获取的多元化经济利益。❶ 其中，专利权经济价值内涵的分析是以专利制度为基础，对专利权经济价值进行的分析，涵盖了专利的申请授权、保护和运用三方面内容；专利权经济价值外延的分析是以产业事实为基础对专利权经济价值进行的分析，涵盖了专利权的创造、运用和管理三方面内容。换言之，专利权经济价值的内涵侧重于专利制度层面的"优质"，是专利权具有经济价值的制度要求；专利权经济价值的外延侧重于专利权产业事实层面的"优势"，是专利权具有经济价值的产业要求。

专利权经济价值分析和专利权经济价值评估相互联系又有所区别。❷ 专利权经济价值评估是建立在专利制度上的经济学问题，因此，专利权经济价值分析是专利权经济价值评估的基础。评估专利权经济价值还需要评估人员分析顾客对专利技术特征的需求，利用调查问卷或者访谈的方法，假定在无侵权环境中，在由相近替代品（现有技术对本专利来说是潜在的非侵权替代选择）组成的特定市场中，让顾客在不同的价格下选择是否愿意购买具有某项专利技术特征的产品，再借由经济学的相关理论和实证工具，分析一项专利技术特征可提高的产品利润贡献率和市场占有贡献率，最终据此评估专利权经济价值。同时，专利权经济价值分析又与专利权经济价值评估有所区别，专利权经济价值分析的结果是专利权对专利产品的市场占有率及利润率贡献大小的分析比较，并不是具体的货币化的数字。具体如专利权经济价值分析与专利权经济价值评估的关系图所示（见图0-2），产业结构化视野下的专利权经济价值分析通过对专利权经济价值内涵和外延的系统分析，揭示的是专利权在转化实施中所发挥的作用。

---

❶ 本书中的产业结构化是指依专利权所属的产业链、价值链、供应链、产品结构、技术结构分析和管理专利权。产业机构化的观念主要受周延鹏教授、迈克尔·波特教授和纵刚博士的启发。其中，波特教授关于竞争优势理论的经典论著中《竞争优势》《竞争战略》和《国家竞争优势》反复提及的产业结构即是以价值链、供应链和产业链为基础展开的论述；周延鹏教授在《一堂课2000亿——智慧财产的战略与战术》中更是明确提出产业结构化的概念。

❷ 专利权经济价值也不同于专利权价格，专利权经济价值评估的目的是发现专利权的核心价值，这不同于在符合投资报酬率的条件下制定的专利权价格。

专利权经济价值分析首先将不具备经济价值的专利权排除在外，对具备经济价值的专利权再通过专利权竞争优势分析，进一步比较出专利权经济价值的大小。未来评估专利权经济价值时，评估人员应根据专利权经济价值分析确认的专利排他权的保护范围，在综合考虑专利权的竞争优势、专利布局的经济价值后，借由经济学的相关理论进行专利权经济价值评估。

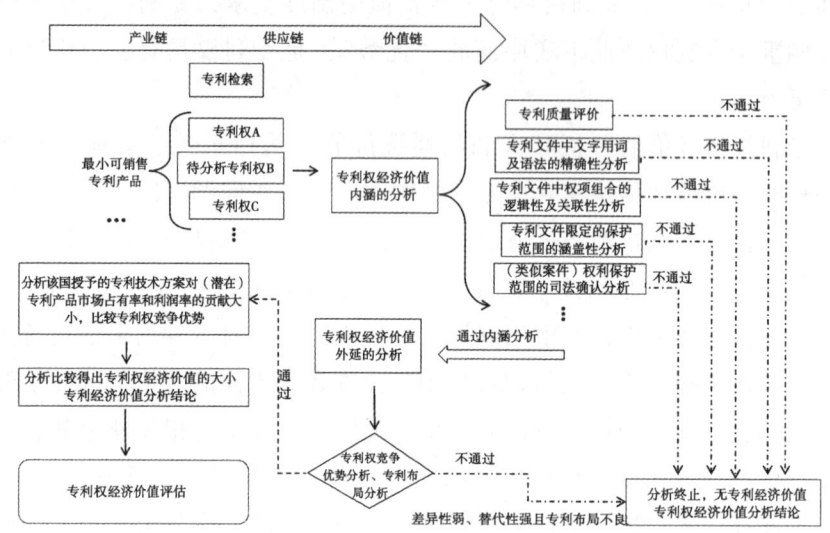

图 0-2　专利权经济价值分析与专利权经济价值评估的关系

此外，依《资产评估准则——无形资产》的规定，专利权经济价值评估以产权变动为前提，一般发生在专利权转让和投资、企业整体或部分资产收购和处置等经济活动中。而专利权经济价值分析是决策者对专利权经济价值信息进行的定期分析，可作为企业的一项常规性、基础性工作，贯穿于专利管理全过程。

产业结构化视野下的专利权经济价值分析是应用"木桶理论"从专利权经济价值的内涵和专利权经济价值的外延两个层面系统分析专利权经济价值。专利权经济价值内涵的分析是以专利制度为基础对专利权经济价值进行的分析，涵盖了专利的申请授权、保护和运用三方面内容。专利权经济价值外延的分析是以产业事实为基础对专利权经济价值进行的分析，涵盖了专利权的创造、运用和管理三方面内容。需要说明的是，专利权经济价值的内涵和专利权经济价值的外延不是相互独立的，而是相互影响的，两者是一种互动关系，伴随着产业结构化的不断变化而表现为一个不断发展的动态过程。

产业结构化视野下的专利权经济价值分析以专利制度和产业事实为基础，将专利权经济价值分析与专利权的创造、运用、保护、管理相联系，分析过程能够反映专利质量和基于产业事实的专利作业要求。专利权经济价值分析是连结专利权经济价值创造和专利权经济价值评估的桥梁。

二、理论与现实意义

本书的研究不仅具有理论意义，而且具有一定的现实意义。

目前，学术界对专利权经济价值仍缺少系统性的研究，对专利权经济价值及专利权经济价值分析的认识存在一些误解，这不利于国家知识产权战略的实施。本书首次从专利权经济价值的内涵和专利权经济价值的外延两个层面系统论述专利权经济价值的含义，并在此基础上提出一套系统的专利权经济价值分析方法。本书的研究对弥补专利权经济价值研究的不足，具有一定的学术参考价值。

本书将专利权经济价值分析作为连结专利权经济价值创造和专利权经济价值评估的桥梁，其研究成果具有重要的现实意义。

首先，专利权经济价值分析是一种分析认定专利权经济价值的活动，它是对专利权基于内在的专利制度和外在的产业表现进行的分析。虽然专利权经济价值分析的结果不是一个具体的数值，但是专利权经济价值分析对于专利权人、行业协会乃至国家战略都有重要的现实意义。通过专利权经济价值分析不仅能帮助专利权人盘活专利资产，提升专利管理水平，实现对专利权的分级分类管理，而且对专利权的转让、许可、融资、并购等交易也能发挥基础性的支撑作用，供决策者对专利权经济价值作出合理判断，有利于交易双方形成合作基础、促进交易。

其次，本书的研究成果为企业、发明人和国家提供了一套专利权经济价值分析的范式。通过专利权经济价值分析，不仅可以知道专利权经济价值的大小，而且还能帮助决策者判断专利文件的优良、专利布局的优劣、专利权经济价值实现的机会以及可能遭受的专利侵权诉讼。

再次，专利权经济价值分析为如何创造高价值的专利权和如何评估专利权经济价值提供指引。本书不仅提出专利权经济价值分析的范式，而且能为企业、研发机构及个人发明人在专利管理的各环节如何创造高价值专利提供指引。通过专利权经济价值分析可以知道影响专利权经济价值大小的"短板"是专利文件、专利质量、司法确认还是专利技术与企业核心事业的契合度，帮助决策者明确未来提升专利权经济价值的方向。同时，在专利权经济价值分析的基础上，未来借助经济学的相关理论和实证工具可进一步具体评估专利权经济价值。

最后，本书以专利制度和产业事实为基础，提出一套系统的专利权经济价值分析范式，使专利权经济价值分析与专利权的创造、运用、保护、管理相呼应，分析过程能够涵盖专利质量、专利作业、司法保护、专利布局等专利战略的重要组成部分。专利权经济价值分析的结果还可以对特定专利战略的运行绩效进行评价，这对有效贯彻落实国家知识产权战略有一定的积极作用。

三、研究方法

本书主要包括专利权经济价值的基础理论研究和专利权经济价值的分析两部分，首先从理论上界定专利权经济价值的内涵、外延及"木桶理论"，其次对专利权经济价值的内涵和外延分别进行分析。具体研究方法包括：

（1）逻辑分析方法：对专利权经济价值的内涵和专利权经济价值的外延进行系统的论述，从内涵和外延两方面界定专利权经济价值的含义，并通过"木桶理论"将两者联系起来。

（2）学科交叉研究方法：将法学、管理学、经济学的研究成果进行交叉研究，实现专利权经济价值分析与专利权的创造、运用、保护、管理相联系。

（3）理论联系实际的方法：以专利制度和竞争优势理论为基础，专利权经济价值分析过程将能够反映专利质量和基于产业事实的专利作业要求。

(4) 案例研究方法：通过最高人民法院近年审结的6宗知识产权典型案件、芳砜纶专利围剿案、规避专利侵权案，以及朗科、鸿海和高通在不同阶段的专利权经济价值实例分析等对专利权经济价值的内涵和外延进行分析。

四、研究结论及创新点

(一) 研究结论

专利权经济价值分析不仅是专利权经济价值评估的基础，而且还是决策者评价专利管理绩效、提升专利权经济价值的重要依据。专利管理需将专利权与供应链、价值链及产业链相连结，才能创造和实现专利权经济价值。本书结合专利制度和产业事实从理论上论证了产业结构化视野下的专利权经济价值分析应包括专利权经济价值内涵的分析和专利权经济价值外延的分析两部分，并且它们之间的关系适用"木桶理论"。专利权经济价值内涵的分析主要以专利制度为基础对专利权经济价值进行分析，分析内容既包括专利文件的用词及语法、逻辑性及关联性、保护范围的涵盖性等，又包括司法机关对专利排他权保护的司法确认，涵盖专利权的创造、运用、保护三个阶段。专利权经济价值外延的分析主要以产业事实为基础，对专利权经济价值进行分析，分析内容既包括专利权竞争优势、专利布局等，又包括专利权对专利产品的市场占有率和利润的贡献大小，即将影响专利权经济价值大小的技术层面和商业层面的因素都考虑在内，涵盖专利权的创造、运用、管理三个阶段。如图0-3所示，分析人员依产业结构化视野下专利权经济价值分析的分析范式，在了解产业结构、拆解技术结构和进行专利检索的基础上，按步骤对专利权经济价值内涵性要素和外延性要素进行分析，并结合技术—功效分析将专利权回推到专利产品上，通过分析比较专利权对专利产品的市场占有率和利润率的贡献大小，比较其与其他竞争性专利权的经济价值大小。专利权经济价值分析是专利管理的核心环节，通过分析专利权经济价值大小，帮助相关决策者判断专利质量的高低、专利布局的优劣、专利权经济价值实现的机会以及可能遭受的专利侵权诉讼，明确未来提升专利权经济价值的方向。

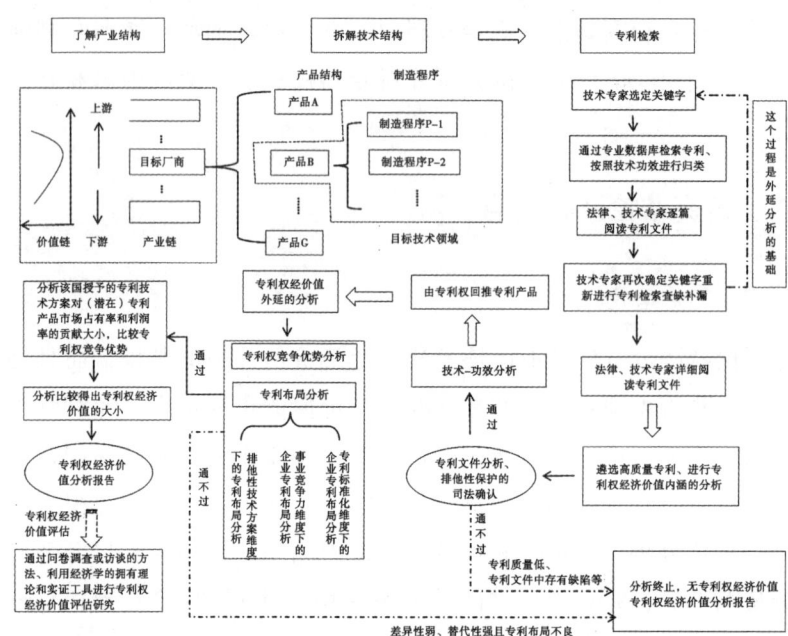

图0-3　产业结构化视野下的专利权经济价值分析范式

1. 专利权经济价值分析的是专利权的价值

专利权、专利技术和专利产品不能简单画等号。专利权由专利文件，特别是权利要求书来界定。将专利权经济价值简单等同于专利技术的价值，其本质上即脱离了专利制度，忽视了专利权的创造环节和保护环节。将专利权经济价值简单等同于专利产品的价值，其本质上即脱离了产业事实，忽视了专利权的保护规则和专利丛林现象。对此，本书通过专利权经济价值的内涵和专利权经济价值的外延两个层面系统论述专利权经济价值的涵义，其中，专利权经济价值的内涵侧重于专利权的专利制度层面，专利权经济价值的外延侧重于专利权的产业基础层面。专利权经济价值来源于专利排他权所构成的市场竞争优势。

2. 分析专利权经济价值是一项复杂的系统工程

专利权的效力和专利范围是专利权经济价值分析的起点而不是终点。专利排他权不同于物权所有权，专利的授权条件和专利侵权判断原则决定了科学分析专利权经济价值比有形财产要复杂得多，因此分析专利权经济价值时不能将其割裂开来。分析物权所有权的价值可以只分析特定物权，但是分析专利权经济价值则不能只关注特定专利权，因为专利权的本质是排他权，自己的专利权具有排他性，而他人的专利权同样也具有排他性，如何"排他"是一项专利权最终可能带来多少经济利益的决定因素之一。这样分析专利权经济价值便不仅要分析特定专利权，还要关注其他竞争性专利权，分析专利权的竞争优势。这决定了分析专利权经济价值必然是一项复杂的系统工程。

3. 专利权经济价值的价值体系由专利权经济价值的内涵和专利权经济价值的外延构成

对专利权经济价值的分析应包括对专利权经济价值内涵的分析和专利权经济价值外延的分析两部分，两者缺一不可。专利权经济价值分析中无论是通不过专利权经济价值内涵性要素分析或者通不过专利权经济价值外延性要素分析，该专利权都不存在经济价值。专利权经济价值分析中忽略了对专利权经济价值内涵的分析，意味着分析过程脱离专利制度，将重蹈传统评估方法的覆辙。专利权经济价值分析中忽略对专利权经济价值外延的分析，意味着脱离产业事实，将重新走向以专利量化指标分析专利权经济价值的"牢笼"。

4. 专利权经济价值分析中可适用"木桶理论"原理

在专利权经济价值分析中运用"木桶理论"，即体现在专利权经济价值由其内涵和外延中的"短板"决定，又体现在专利权经济价值内涵性要素分析中和专利权经济价值外延性要素分析中。专利权经济价值分析中通过运用"木桶理论"可知影响专利权经济价值大小的"短板"是专利文件、专利质量、司法确认还是专利技术与企业核心事业契合度。专利权经济价值分析中忽视了"木桶理论"，意味着分析过程忽视了专利排他权的本质属性，还是走不出通过赋值打分评价专利权经济价值的怪圈。

5. 专利权经济价值具有动态性和模糊性，唯有持续的新技术研发能力和严密的专利布局策略方有可能形成企业持久的非常竞争优势

专利权经济价值是专利权人利用专利权实现的控制供应链、分配价值

链和主导产业链的竞争优势，并借此获取的多元化经济利益。专利权经济价值不仅受到司法机关对专利排他权的保护政策、技术发展和专利布局变化的影响，而且也受供应链和产业链调整的影响。朗科和鸿海的例子表明，专利布局是一个"制"与"反制"的动态过程，谁能取得竞争优势取决于各自的实力，但实力可以通过"投入"和"策略"加以转化。忽视专利权经济价值的动态性，缺少持续的研发投入和严密的专利布局，就会被竞争对手抢得先机。同时，多元化经济利益作为专利权经济价值的具体表现，使专利权经济价值难以通过货币化的形式直接量化。专利许可费、损害赔偿金等只是实现专利权经济价值的一种形式。专利权经济价值分析中忽略了专利权经济价值的模糊性，意味着忽视了专利排他权的交互性特点以及外围专利的作用，将走向专利被围剿的发展困局，专利权经济价值也可能仅是"昙花一现"。

（二）创新点

1. 引入产业结构化视角，系统论述专利权经济价值的含义

现有研究脱离了专利制度和产业事实，与知识经济发展的要求不相协调。本书引入产业结构化视角，从供应链、价值链及产业链切入，将专利权经济价值与技术结构和营收结构相连结。以专利制度和产业事实为基础，首次从内涵和外延两个层面系统论述专利权经济价值的含义。专利权经济价值的内涵是指以专利文件为载体，以专利行政部门授予的排他性权利为核心，以司法机关的司法确认为边界，借由权利人行使而呈现的经济价值。专利权经济价值的外延是指权利人（企业）以产业结构化为导向，通过各部门协同化的运作机制，以在最小可销售专利实施单位层面上形成控制供应链、分配价值链、主导产业链的非常竞争优势，并借此获取的多元化经济利益。专利权经济价值的价值体系由专利权经济价值的内涵和专利权经济价值的外延构成，两者缺一不可。

2. 提出"木桶理论"

专利权经济价值分析中，影响专利权经济价值的因素很多，包括法律因素、技术因素和经济因素三方面，具体涉及的分项指标更是多达几十

个。这些影响指标遍布专利权的创造、运用、保护、管理各个环节，以专家赋值法研究专利权经济价值在解释具体案例时出现了许多不能自圆其说的异常现象。本书提出"木桶理论"，使专利权经济价值分析与专利权的创造、运用、保护、管理相呼应，分析过程中将专利权经济价值的内涵和专利权经济价值的外延相连结，使专利权经济价值能够反映专利质量和以产业事实为基础的专利生产作业要求。

3. 提出一套新的专利权经济价值分析范式

虽然专利权的绝对经济价值难以计算，对其评估也难以具有科学性。但与竞争性专利权的经济价值进行比较的比较价值仍有科学意义。因此，本书以专利制度和产业事实为基础，提出一套系统的专利权经济价值分析范式。专利权经济价值分析中，分析人员在确定目标厂商的产业链和供应链位置后，对产品所涵盖的技术结构进行拆解，由此检索该领域的专利分布，经由专利律师和本技术领域的技术专家逐篇阅读，筛选出高质量的专利，并对专利权经济价值的内涵进行分析。进而再将这些专利与企业的营收结构相连结，分析专利权对专利产品的市场占有率和利润的贡献大小，并据此分析专利权经济价值的大小。通过分析专利权经济价值的大小，帮助相关决策者判断专利质量的高低、专利布局的优劣、专利权经济价值实现的机会以及可能遭受的专利侵权诉讼，明确未来提升专利权经济价值的方向。

第一章　专利权经济价值分析相关的研究梳理及评析

自20世纪80年代起，伴随着专利文献信息电子化和网络化系统的发展，学术界对专利权经济价值的相关研究逐渐兴起。❶特别是进入21世纪后，企业间围绕专利权展开的许可、转让、融资、并购等交易行为日趋活跃，如何分析专利权经济价值成为各界关注的热点，因为它不仅关系着专利制度整体环境的构建，更关系着专利权具体交易的价格设定，专利权转让、许可、作价融资、损害赔偿、专利权的商品化、发明人报酬、技术标准以及专利联盟等均与之关系密切。由于对专利权经济价值缺少系统、统一的认识，学者们对专利权经济价值相关的研究较为粗浅。对专利权经济价值的相关研究主要是用传统的资产评估方法、用专利文件中的量化指标构建模型进行数理分析，以及通过专利权经济价值的影响因素结合专家赋值、计分的方法分析专利权经济价值。但是，这些研究忽视了专利排他权和物权所有权的区别，专利权的效力和专利范围是专利权经济价值分析的起点而不是终点。这些研究还忽视了一个事实，专利权的本质是排他权，自己的专利权具有排他性，而他人的专利权同样也具有排他性。现有研究分析专利权经济价值时只关注特定专利权，脱离了专利制度和产业事实，越来越热衷于各种公式化的方法。虽然管理学、经济学领域的学者引入了很多精美的评估模型，但是这些评估模型在解释具体案例时出现了许多不

---

❶ 在此之前，专利文件仅以纸质形式存在，专利信息收集不仅需要巨大的资源投入，而且也很难查全，因此专利权经济价值相关研究鲜为学者们所关注。

能自圆其说的异常现象。

事实上，如果对专利权经济价值评估模型和专利价值分析指标体系中的一系列指标缺少系统性的分析，便以此构建评估（分析）模型，则不仅无法发现专利权的核心经济价值，帮助企业提高其核心竞争力，而且还可能由于过分关注专利量化指标，忽视了专利权制度和产业基础，导致企业申请更多低质量、低价值的专利。由此，专利价值分析不仅不能促进专利权经济价值的实现，也不利于国家知识产权战略的实施。

第一节　用传统方法评估专利权经济价值的研究梳理及评析

自20世纪80年代以来，国内外许多学者纷纷投入到如何评估专利权经济价值的研究中，引入许多传统的金融计量模型及其相应的专利指标。利用传统方法评估专利权经济价值，国外学者已研究多年，主要有成本法、市场法、收益法及实物期权法等。但是，传统方法对专利权经济价值的评估主要借鉴有形资产评估方法，没有深入考虑专利资产本身的法律特性和产业特性，忽略了专利申请保护范围以及司法机关对专利排他权保护的程度，专利请求项所涵盖的技术方案才是专利权人可以行使专利排他权的标的，同时也忽视了专利权竞争优势和专利布局的经济价值，陷入就专利分析专利的一叶障目式的简约主义陷阱（见图1-1）。在专利权经济价值评估中脱离了专利制度，便犹如评估房地产的价值时，既不考虑它的面积大小、容积率等实物状况，也不考虑它的地理位置、周边环境等区位状况。这意味着传统评估方法评估专利权经济价值不仅忽略了对专利质量、专利文件、专利排他权保护等专利权经济价值内涵的评价分析，而且基本上也忽视了对专利权的可规避性、防御性外围专利、专利布局等专利权经济价值外延的评价分析。正如著名知识产权专家郑成思教授所指出的："如果不了解专利权作为一种特定权利所具有的特殊性，即不了解其法律上的特点，往往会使一些经济学家在评估专利权经济价值时犯根本性

的错误。"❶

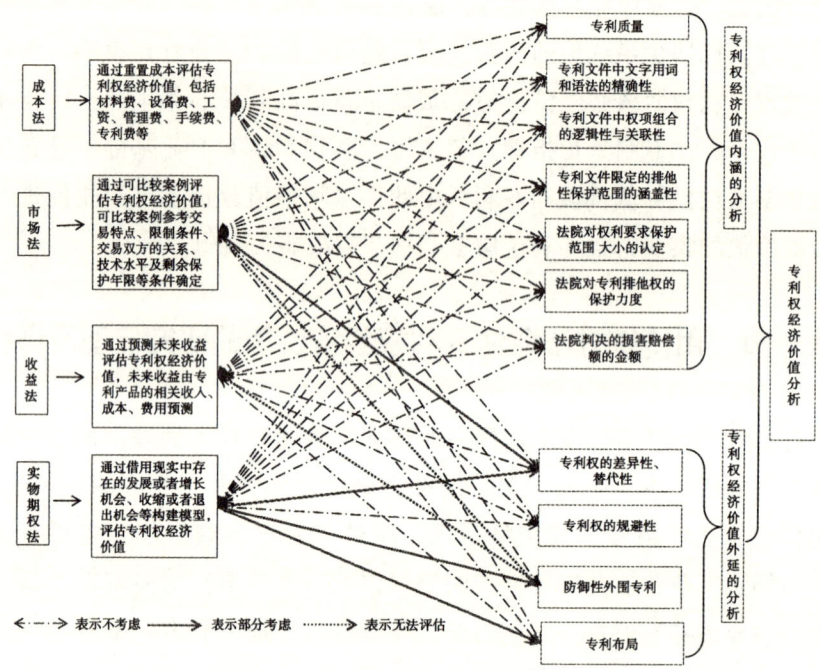

图 1-1 传统评估方法与专利权经济价值分析的比较分析

成本法旨在通过量化资金的数额来评估所有权的未来经济收益，该资金就是重置标的资产的未来服务能力所需要的资金，即重置成本。❷ 成本法的最大优点是简单易算，特别是在评估重新研发同一项技术的机会成本时，可供作参考。但是，成本法是否可适用于专利权经济价值评估，则备受质疑。首先，专利的特性之一即是创新，既为创新，很可能无前例可循，此时何来历史成本供作参酌？因此许多专利并没有历史成本可作为估算依据，成本法仅能估算创造类似专利所需的人力及物理成本。其次，成本法多从制造商的角度出发，然而使用成本法评估专利权经济价值并未考

---

❶ 郑成思. 知识产权论 [M]. 北京：法律出版社，2003：375-397.
❷ RUSSELL L.PARR, V.SMITH GORDON.Intellectual Property：Valuation, Exploitation, and Infringement Damages [M]. New York：John Wiley & Sons, 2005：156-251.

虑专利权经济价值的流动性，专利权经济价值会随时间、需求等相关因素的改变而随之发生变动。再次，关于预期经济效益的风险评估，成本法并未考虑。这正好印证了乌尔利希·贝克教授所谓的风险计算的四根支柱被侵蚀的情况，风险在成本法中不是被忽视了就是被低估了。最后，成本法误认为成本等于价值，而不计专利的效用或市场价值。❶ 因而成本法在本质上与专利权是冲突的，成本低者，价值未必微小。简而言之，成本法并未反映与价值的关联性，除非专利可从中取得经济利益，否则，无论研发专利技术成本花费金额多大，专利权经济价值仍相当微小甚至没有价值。

市场法是通过获得在市场中其他人对评估标的物将成为什么的判断共识，来测量未来经济效益的现值。❷ 市场法的优点是能反映供需法则，信息来自于公司正在发展的专利技术本身。市场法对相关专利技术已形成产业标准的专利权来说，具有参考价值。适用市场法的前提是存在相类似并且活跃的专利权交易市场，但专利交易的特点及专利权经济价值的多元性，影响了市场法的适用。首先，专利权的交易通常不对外公开，难以寻找可供比较的类似市场，因为公开交易客体无疑是对同业竞争者昭告竞争策略，在"敌暗我明"的情况下，有损其竞争力，在某些情况下即便加以公开，是否包括交易价格等细节皆公开也是存有疑问的。其次，有些专利可能在未有产品之前即有价值，或者专利权经济价值不会在专利产品上直接体现。例如，权利人取得专利的目的是为了防御，以阻断竞争者进入特定市场，这种情形就不需要专利直接进入市场彰显价值。最后，在专利丛林现象严重的技术领域，制造一个产品往往需要几十乃至上千个专利技术，而市场法评估结果反映的往往是一个总量，如何将其科学合理地分配到每个专利之间，目前并没有科学的做法。美国的司法实践表明专利技术在专利产品上的技术区分不可能完成。

收益法是通过估算标的资产在未来使用生命周期内可收到的净经济效

---

❶ 詹炳耀. 智慧财产估价的法制化研究 [D]. 台北：台北大学，2003：167-189.

❷ RUSSELL L.PARR, V.SMITH GORDON.Intellectual Property: Valuation, Exploitation, and Infringement Damages [M]. New York: John Wiley & Sons, 2005:156-251.

益的现值。收益法的优点是将成本与收益均量化考虑，并考虑到时间因素，以适当的折现率调整。收益法是目前评估机构应用最广泛的方法，但是詹炳耀博士认为收益法同样存有一系列的缺点。❶ 首先，在授权的情况下，被授权人的收益是来自授权人的贡献还是被授权人的贡献往往很难厘清，难以把收益公平地归之于授权人或被授权人。权利人自行实施专利权时，用收益评估专利权经济价值同样涉及其他（无形）资产的贡献，如果无法对辅助的资产加以拆分，则很难说收益是全部来自评估客体的专利权，因而很难应用收益法估算哪些收益是专利权创造的预期收益。其次，收益可能来自权利既有应用、合理拓展与投机拓展，除既有应用部分比较容易估算外，影响合理拓展与投机拓展收益的因素有很多，包括权利人是否愿意承担收益所伴随的风险，收益的时间不确定，收益的分配时间不易估算等。最后，收益法常忽视决策的易变性，特别是对包含数个阶段的研发专利，每个先期阶段的投资只是买到从事研发的权利，后续阶段能否持续取决于先期研发是否成功，因此估算基础容易受未来不可预期因素的影响。

此外，为应对专利权经济价值评估与开发中的风险和不确定性因素，利用决策分析方法、蒙特卡洛法、马尔科夫连锁、贝叶斯分析以及期权定价模型评估专利权经济价值成为新的研究热点。❷ 以期权定价模型为例，许晓冰认为从实物期权的角度评估专利权经济价值更符合专利权的特征，因为它考虑了影响专利权经济价值的投资专利技术的成本、市场价值的不确定性和竞争状况三种因素，并通过将专利权的执行时机和专利权经济价值相结合的方法，针对完全垄断市场和双寡头垄断市场下的专利权经济价

---

❶ 詹炳耀. 智慧财产估价的法制化研究［D］. 台北：台北大学，2003：167-189.

❷ 威廉·墨菲. 在知识产权价值评估与开发中的风险与不确定性［A］. 载于［美］戈登·史密斯，罗素·帕尔. 知识产权价值评估、开发与侵权赔偿（增补本）［M］. 夏玮，周叔敏，等译. 北京：电子工业出版社，2012：40-61.

值分别构建了评估模型。❶ 2012年中国资产评估协会也在《无形资产评估准则和专利资产评估指导意见》的基础上，颁布了《实物期权评估指导意见》，目前应用在专利权经济价值评估上的模型主要有布莱克—舒尔斯模型（Black-Scholes Model）和二项树模型（Binomial Model）。以布莱克—舒尔斯模型为例，林建华和林殿琪将布莱克—舒尔斯模型应用在专利权经济价值评估上，并修改了对应参数所代表的不同含义，其模型强调决策的易变性，权利人具有选择执行或放弃的权利。他们在应用布莱克—舒尔斯模型的同时，考虑了进行技术交易时所需承担的未来风险与企业决策的易变性，在一定程度上克服了上述三种评估方法的缺点。❷虽然实物期权法在评估专利权经济价值时，考虑了影响专利权经济价值的市场不确定性和时机问题，克服了收益法将市场结构视为静态的不足，是一种进步，但是作为传统的资产评估方法，其对专利权经济价值内涵的各因素同样没有考虑。因此它便既不能反映专利权交易的真相，也不能揭示专利权的核心价值。

对于以传统的评估方法评估专利权经济价值，笔者认为，目前的成本法、市场法、收益法及实物期权法主要是套用技术价值评估的理论模型，重结果轻过程，重许可利益而忽视排他性价值，忽视专利撰写质量，忽视技术特征，忽视专利权的排他性保护范围，忽视事业参与壁垒下的专利布局……粗放型的评估结论并不符合知识经济时代的发展需求。我国大陆和台湾地区、其他国家和地区的评估实践也表明，这种"先射击再画靶"的"画靶"式专业服务，实践中没有真正被业界认可，正如2012年10月宸鸿集团庄完祯处长在讲座"专利申请与运用诀窍"中所言，传统的专利权经济价值评估多半会沦入先决定"价格"、再决定"价值"的"先射箭、

---

❶ 许晓冰.基于延迟期权的专利价值评估方法研究［D］.上海：同济大学，2008：71-166.
❷ 林建华、林殿琪.知识经济时代的鉴价技术探讨［EB/OL］.http：//www.iptec.com.tw/product/pv.asp，2013-8-10.

再画靶"结局。❶ 在专利权经济价值评估中，按照成本法、市场法及收益法，对专利权保护范围的大小缺少分析，在此基础上评估的专利权经济价值，其可信性必然会被质疑。例如，如果用传统的评估方法评估精工爱普生株式会社的"墨盒"专利（CN 00131800），无论是成本法、市场法、收益法，还是实物期权法，都不会对该项专利的技术特征进行分析，评估的结果完全没有体现技术特征为"存储装置"还是"半导体存储装置"对这件专利权经济价值的影响。再进一步分析，也不会对精工爱普生株式会社的"喷墨打印设备及其墨盒"专利（200410001693.2）的前序部分进行分析。❷ 该专利中，其前序部分是"一种装于喷墨打印设备的托架上的墨盒，用于通过一供墨针向打印头供应墨水，该托架具有其上形成有突起的杠杆"，由于前序中出现了"托架"，那么它对专利权经济价值有多大影响，传统的评估方法并没有考虑。综上，笔者认为，一种评估专利权经济价值的方法如果缺少专利制度和经济学理论的科学原理作为依据，从专利排他权的本质来看，该方法就不是科学可靠的。专利权经济价值评估应建立在对专利权经济价值科学分析的基础之上。如果不对专利权经济价值的决定性因素进行缜密分析，一味套用经济模型评估专利权经济价值，其实用价值堪忧。

---

❶ 以美国高智公司为例，其对专利权经济价值的分析并没有采用传统的评价方法。例如，对于其发明开发基金采用的发明创造，每一件专利在撰写时，高智对每一个技术要点都有详细的规划，包括未来计划和哪家企业合作，防哪家企业，打哪家企业。专利基金运作也非常有效，以高智收购柯达的专利为例，在2013年初柯达公司将其专利以5.25亿美元出售给高智发明的当天，高智收到了来自苹果、微软、谷歌、亚马逊、黑莓、三星、HTC、华为等12家企业的4.5亿美元的专利许可费。

❷ 权利要求的一般构成可以分为三部分：前序部分、连接部分及主体部分。前序部分主要提出一个所请求保护的发明主题及共有的必要技术特征；连接部分通常将发明主题与其后对该发明主题的具体限定连接起来，常用"其特征在于""其特征是"；主体部分列出发明涉及的技术特征。

第二节 用专利量化指标分析专利权经济价值的研究梳理及评析

自 20 世纪 80 年代起，伴随着专利文献信息电子化和网络化系统的发展，管理学和经济学领域的学者们纷纷利用专利信息展开对专利权经济价值的相关研究。他们将专利信息系统中存在的易获取、可定量、可比较的专利指标作为影响专利权经济价值的因素，并将专利量化指标作为自变量，将企业的价值、股票的价格、市值、专利侵权诉讼的损害赔偿额等数据作为因变量，通过多元回归的方法对专利权经济价值进行相关的研究。如图 1-2 所示，笔者将这些专利指标划分为专利范围指标、专利引证指标及其他指标，并对这些指标的解释效力进行了形象直观的展示。管理学和经济学领域的学者们之所以利用专利量化指标对专利权经济价值进行相关研究，原因在于缺乏衡量专利权经济价值的良好指标。同时，由于没有对这些专利量化指标的解释效力进行深入的逻辑论证，量化指标数据之间存在潜在的重复计算，而通过回归分析得出的研究结果，不能排除它们之间存在"假相关"关系，因此，这些结果在随后的实证检验中，遇到了很多不能自圆其说的异常现象。以专利量化数据表达相关专利信息很多时候并不准确，因为它忽视了专利信息文件是一种法律文件，而专利量化指标对语言的精确性、权项组合的逻辑结构、保护范围的涵盖性等不能进行有效的评价。相关的分析经验表明，由于脱离了具体专利制度和产业基本事实，通过专利量化指标对专利权经济价值进行的相关研究结论也较少得到实际案例的支持。

首先，自 20 世纪 80 年代以来，学者们开始对专利范围指标、专利引证指标、其他指标中的某些单个指标进行了一系列不同层次的相关研究。世界知名的知识产权咨询公司 CHI Research Inc. 在此基础上，提出了一套完整的专利指标体系。帕克斯（Pakes）、沙克曼（Schankerman）和兰珠（Lanjouw）以专利申请维持数据为基础，阐述了一个评估专利权经济价值的新方法。他们认为专利权人所做的维持专利与否的决定提供了专利权人

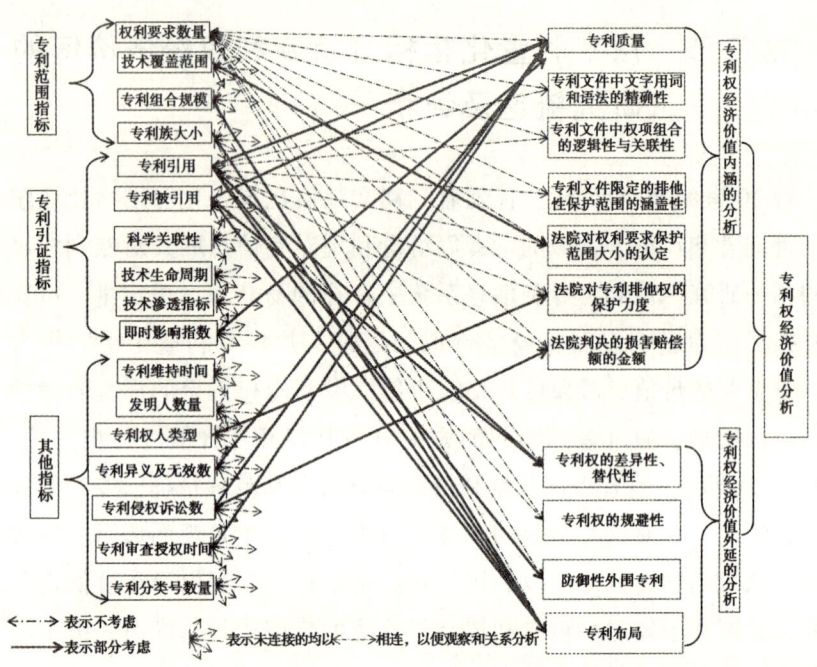

图 1-2　专利文件中的量化指标与专利权经济价值分析的因素关系

对专利权经济价值评估的信息，并以此为基础建立了一个延续决定的计量经济学模型。他们的实证研究结果显示专利权的经济价值分布极度不均衡。❶ 帕特南（Putnam）和莱兹格（Reitzig）以专利在不同国家（地区）提出授权申请作为研究指标，专利申请的国家越多，专利申请人花费的成本越高，因此认为申请人作为理性经济人，申请的国家越多，专利产品的

---

❶ ARIEL PAKES. Patents As Options：Some Estimates of The Value of Holding European Patent Stocks [J]. Econometrica, 1986, 54 (4)：755-784；MARK SCHANKERMAN, AND PAKES ARIEL. Estimates of the Value of Patent Rights in European Countries During the Post-1950 Period [R]. National Bureau of Economic Research, Inc, 1987；JEAN OLSON LANJOUW. Patent Protection In The Shadow Of Infringement：Simulation Estimations Of Patent Value [J]. The Review of Economic Studies, 1998, 65 (4)：671-710.

潜在市场规模可能越大，专利权经济价值可能越大。❶无论是利用专利维持时间还是多国申请数量作为研究专利权经济价值的指标，其本质都是建立在权利人悉知专利权经济价值的假设前提之下，但是，这种假设并不符合实际。以专利维持时间为例，实践中之所以经常出现"本该维持的专利被放弃，本该放弃的专利却被维持"现象，这其中除了专利政策、专利年费机制等因素外，更重要的原因在于专利权经济价值信息不对称。正因为信息不对称，作为有限理性的专利权人才总是试图利用不完整的信息追求经济效益的最大化，最终导致权利人在是否维持授权专利上犹豫不定，发生"本该维持的专利被放弃，本该放弃的专利却被维持"的问题。崔滕伯格（Trajtenberg）和哈霍夫（Harhoff）认为专利被引证次数可以作为评价专利质量和专利权经济价值的有效工具。他们的研究结果显示专利被引证次数与技术创新所创造的经济价值存在正向关系。❷ 乔纳森（Jonathan）认为专利公告中有五项指标可以影响专利权经济价值：第一是专利请求范围，专利请求范围越大，专利权经济价值越高；第二是权利要求的平均字数，请求项数越多、文字字数越少，专利权经济价值越高；第三是专利应用范围的文字长度，专利应用范围的文字长度越长，专利权经济价值越大；第四是专利优先请求数，拥有的优先权越多，专利权经济价值越大；第五是专利被引用次数，专利被引用次数越多，专利权经济价值越大。❸ 1994 年 CHI Research Inc. 的创始人那林（Narin）提出专利计量的概念，随后奥利瓦斯特罗（Olivastro）和 IqIQ 在 CHI Research 专利指标的基础上进行了一

---

❶ JONATHAN DOUGLAS. PUTNAM. The Value of International Patent Rights [M]. UMI Dissertation Services, 1997; MARKUS REITZIG. What Determines Patent Value?: Insights From The Semiconductor Industry [J]. Research Policy, 2003, 32 (1): 13-26.

❷ MANUEL TRAJTENBERG. A Penny for Your Quotes: Patent Citations and the Value of Innovations [J]. RAND Journal of Economics, 1990, 21 (1): 172-187; DIETMAR HARHOFF. Legal Challenges to Patent Validity in The U.S. And Europe. Presentation To OECD Conference on IPR, Innovation, And Economic Performance [EB/OL]. http://www.oecd.org/dataoecd/14/31/11728549.pdf, 2013-3-10.

❸ JONATHAN A. BARNEY. Study of Patent Mortality Rates: Using Statistical Survival Analysis to Rate and Value Patent Assets, A [J]. AIPLA QJ, 2002, 30: 317.

系列的研究。❶ CHI Research Inc. 的专利指标主要由三个基本指标和六个进阶指标构成，基本指标包括专利数量、特定技术领域专利数量成长百分比以及公司在特定技术领域专利数量成长百分比；进阶指标包括专利被引用次数、即时影响指数、技术强度、技术生命周期、科学关联性以及科学强度。

  随后学者们在专利指标体系的基础上，纷纷开始利用计量模型对专利质量、专利权经济价值进行相关研究。许峻铭用专利文件中的被引证资料解析专利从申请授权开始到权利终止期间的引证分布情况，结合专利的法律保护状态和可能影响专利引证的相关指标，构建了专利资讯对专利被引证次数影响的模型以及专利被引证累积次数对维持状态影响的模型，并以这两个模型评价专利技术价值。❷ Lanjouw-Schankerman 专利权经济价值评估模型（LS 模型）是非市场基准专利权经济价值评估模型，其构建的综合专利权经济价值指数（Composite Index of Patent Value，CIPV）由专利权利要求项数（NC）、被引用次数（FC）、引用次数（BC）和同族专利数（FS）组成，并提出药品专利的 LS 模型，$CIPV = 0.398 \ln FC + 0.149 \ln NC + 0.108 \ln FS + 0.345 \ln BC$。❸ 这里需要特别说明的是，目前对专利质量和专利权经济价值评估的分析指标都是在专利引证的基础上计算出来的，但是很多学者对专利引证资讯认识不清，大多数基于美国专利引证的研究，都未区分引证是否源自专利审查员。其实，引证资讯的美国专利文件存在三种不同的引证，有的引证会在专利说明书中，但绝大部分引证只出现在专利审查员和专利申请人意见往返中使用的 892 表、SB08 表及 1449 表中。其中，892 表是审查官引证的参考文献，SB08 表是专利申请

---

❶ FRANCIS NARIN, AND OLIVASTRO DOMINIC. Linkage Between Patents And Papers: an Interim EPO/US Comparison [J]. Scientometrics, 1998, 41 (1): 51-59; IpIQ. Patent Portfolio Indicators [EB/OL]. http://www.patentboard.com/Home/tabid/38/Default.aspx, 2013-4-2.

❷ 许峻铭. 专利引证与维护分析模型之建构 [D]. 桃园：台湾元智大学，2004：54-57.

❸ Patent Quality and Research Productivity: Measuring Innovation with Multiple Indicators [J]. The Economic Journal, 2004, 114 (495): 441-465.

人的资讯揭露声明书（Information Disclosure Statement，IDS），1449 表是由专利申请人提出并经审查官审阅的参考文献清单（List of References）。因此，在未区分专利引证资讯来源的情形下，即以专利检索软件自动统计的引证次数作为相关研究的基础，其研究结论的说服力和可靠性均会受到影响。

其次，由于专利权经济价值与涉讼风险有一定关系，有学者认为诉讼专利即是价值专利，并开始以专利指标对诉讼专利进行实证研究。莫尔（Moore）对提前终止的专利及提起诉讼的专利做了比较研究，以专利维持率、专利权经济价值及专利涉讼率成正相关的讨论基础，将提前终止的专利视为价值较低的专利，而提起诉讼专利为价值较高的专利。莫尔的统计显示，价值大小不同的专利在专利请求范围、引用次数、被引用次数、相关申请及执行时间等项目上均有所差异。❶ 其后，以专利侵权诉讼的判罚金额结合各项专利指标构建专利权经济价值评估模型开始兴起。叶柏宏认为基于专利法对专利权的授予及限制，专利的真正价值必须经由侵权诉讼方能获得验证，因而他先行搜集了美国德拉瓦州 1955~2006 年与专利侵权赔偿金额有关的 41 件侵权案例作为研究样本，并在现有研究的基础上整理出 17 项指标作为研究分析专利权经济价值的影响因素。利用 SPSS 软件的因素分析来模拟出指标之间的相关矩阵，并利用 41 件专利分析影响指标之间的关联性，最后通过多元回归分析得出专利权经济价值评估模式（见图 1-3）。❷

车慧中将专利权经济价值界定为专利侵权诉讼中法院最终裁定的判决金额。并在前期研究的基础上，进一步探讨了各项专利指标与判罚金额之间的线性与非线性关系，运用简单线性回归分析、多元回归分析、因素分析、灰色关联分析与四种类神经网络构建专利指标与判罚金额之间的专利

---

❶ KIMBERLY A. MOORE. Worthless Patents [J]. Berkeley Tech. LJ, 2005, 20: 1521-1757.

❷ 叶柏宏. 以专利诉讼进行专利权经济价值影响因素之分析 [D]. 新竹：台湾"中华大学"，2007：117-121.

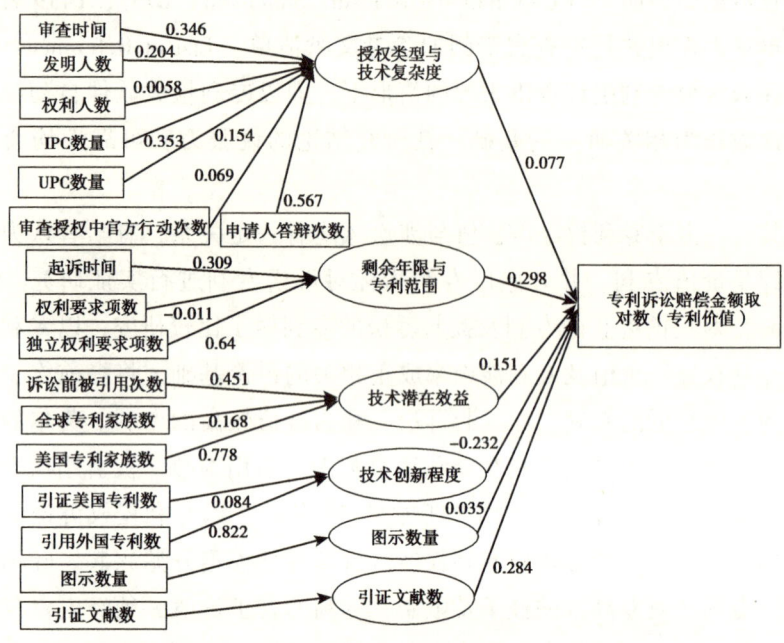

图 1-3 以专利量化指标结合专利损害赔偿额评估专利价值

资料来源：叶柏宏. 以专利诉讼进行专利权经济价值影响因素之分析 [D]. 新竹：台湾中华大学, 2007.

权经济价值评估模型。❶ 梁志彰和卓裕盛也认为专利权经济价值可以通过实际的专利侵权诉讼构建出合理的评估模式，通过收集美国专利侵权诉讼案例进行回归分析检验或者倒传递类神经网络建构专利权经济价值评估模型。❷ 需要注意的是，学者们构建的这些专利权经济价值评估模型尽管都是通过实证分析得出的，但都不具有普遍的适用性，不同学者选用不同的数据，分析得出的结论往往会不一致。

---

❶ 车慧中. 以美国专利侵权诉讼判决建构专利鉴价模型之研究 [D]. 新竹：台湾"中华大学", 2009：140-144.

❷ 梁志彰. 以美国专利侵权诉讼判决建构多元回归专利鉴价模型之研究 [D]. 新竹：台湾"中华大学", 2009：73-78；卓裕盛. 以美国专利侵权诉讼判决为基础建构倒传递类神经网路专利鉴价模式之研究 [D]. 新竹：台湾"中华大学", 2009：86-88.

实际上，不仅学者们构建的专利权经济价值评估模型、专利质量指数模型在科学性上存在诸多问题，而且即使对广泛接受的专利指标，实证分析的结果也不尽相同。出现这个问题的根本原因在于学者们并没有对这些专利量化指标的解释效力进行深入的逻辑论证，而仅是通过回归分析得出研究结果，这当然不能排除它们之间可能存在的"假相关"关系。以被学者们广泛使用的引证指标为例，不仅贾菲（Jaffe）等研究使用定性资料，通过对美国国家航空航天局的科学家访谈后，发现约有 1/4 的专利引用属于"虚假的引用"，❶ 而且在引证类指标的效用研究中也存在争议。一方面，由于现有技术对专利权利要求范围有限制作用，引用资料越多，权利要求范围可能越小；另一方面，由于引证资料多，说明专利审查授权中对专利权的创造性程度的判断可能比较准确，专利权的稳定性较高。例如，斯凯蒂诺（Schettino）等认为专利引证资料多，说明它是一个衍生物，其新颖性和创造性令人质疑；但是贝森（Bessen）研究则发现引文数量通常与被引证次数显著正相关，与专利维持水平显著正相关。

综上所述，笔者认为尽管专利量化指标存在便于获取、可以机读、时间跨度长、覆盖技术领域广的优点，但却存在不可克服的缺点。一方面，专利量化指标实证分析的结论在解释具体关键专利时会出现很多不能自圆其说的异常现象。例如，潘治良研究中提及的 1992 年 7 月 9 日 Honeywell Inc. 申请的"Directional diffuser for a liquid crystal display"发明专利（一件关于可提高液晶显示器产品影像亮度并降低干扰的专利技术，专利号为 US 5280371）例子，这件专利被公认为是液晶类技术领域的关键专利之一，其专利权利要求语言用词精确，涵盖了技术的最大范畴并具有合理的逻辑性，不容易被回避设计。❷ 以致 Honeywell 2004 年 10 月向美国德拉瓦州联邦地方法院控告苹果、三星、飞利浦、索尼、LG、NEC、LPL、Sharp 等 34

---

❶ ADAM B. JAFFE, S. FOGARTY MICHAEL, AND A. BANKS BRUCE. Evidence from Patents and Patent Citations on the Impact of Nasa and Other Federal Labs on Commercial Innovation [J]. The Journal of Industrial Economics, 1998, 46 (2): 183-205.

❷ 潘治良. 专利之品质与价值评量方法——以 TFT-LCD 产业为例 [D]. 台北：台湾政治大学，2006：97-155.

家电子厂商侵害其 US 5280371 专利时,所有被控侵权者不得不与其签署授权协议,这件专利权的专利质量和专利权经济价值应是毋庸置疑的。❶但是,若以前述专利指标衡量,会发现 US 5280371 并不符合上述研究结论,因为 Honeywell 的这件专利没有专利族、仅有三项权利要求、应用的技术领域仅限光学领域、专利请求项的文字长度也不长、该专利的被引证次数也不高……另一方面,专利量化指标缺少对专利申请范围中用词的精确性、逻辑性等的分析,而这对确定专利权利要求涵盖宽度、竞争对手专利侵权与否以及专利的有效性等都有极其重要的影响。专利权经济价值实现中对立及冲突如影随形,专利权利要求项中的某个用词不精确,都可能导致专利权经济价值无法实现。例如,在苹果和宏达电子的专利侵权诉讼中,关于"装置处理器"是否有特定装置的限制,"即时""即时应用程序式界面"所表述的技术特征是否可以涵盖被控侵权产品中所用的技术特征等,这些对专利权经济价值的实现程度有重大影响,但是这些影响因素并未被专利量化指标所涵盖。由此可见,专利量化指标在分析专利权利要求覆盖宽度时具有不可克服的缺陷,用专利量化指标研究专利权经济价值大有问题。因此,专利量化指标的主要缺点在于用量化指标评估专利质量、专利权经济价值,忽视了专利说明书和权利要求书的不同。专利权作为一项法定财产权,其保护范围由权利要求书限定,实践中专利申请人向社会公开很多技术内容,但仅要求很小的保护范围的情形屡见不鲜。本书认为无论是对专利数量还是对单项专利权的权利要求项数,数字并不是最重要的,关键要分析哪件专利以及具体单项专利的哪项权利要求在(即将)产生经济效益,因而对专利量化指标的效用存有诸多质疑。专利量化指标重视相关的信息的量化,在此基础上构建的专利权经济价值或者专利质量评价模型,形式上快捷、方便,既不需要了解专利侵权诉讼、专利文

---

❶ 尽管 Honeywell 最终目标是针对面板厂商,但却以苹果、三星等 34 家面板厂商的下游客户为被告,因为这些厂商都是知名品牌,处于供应链的最下游,产值最大,在价值链中处于有利地位,对他们提起诉讼可以获得较高的损害赔偿额,并同时迫使面板厂商不得不快速与 Honeywell 达成授权协议,以免下游客户寻找其他供应商而造成客户流失。

件、技术特征以及具体产业特性，也不需要分析人员具备专业的法律、技术以及经济学基础，但其科学性和合理性却存在质疑，实践中也较少被业界引用。对专利质量、专利权经济价值的评价没有一个像PH试纸一样的判别方式，只能依据个案的事实，进行个案分析。因此专利法理专业知识和相关专业的专业知识是专利权经济价值评估的基础知识，专利权经济价值分析需要专利律师和技术专家逐一阅读每一篇相关专利，没有捷径可以取代严谨深入的分析。

第三节 以因素打分法分析专利权经济价值的研究梳理及评析

专利价值分析指标体系是通过对影响专利权经济价值的因素进行赋值打分的典型代表，其相比用传统评估方法和以专利文件中的量化指标研究专利权经济价值有很大的进步，但同时也存在许多缺陷，需要改进完善。首先，法律价值度、技术价值度和经济价值度之间及其内部指标的权重赋值并不符合产业实践。如图1-4所示，不仅法律价值度、技术价值度和经济价值度中的很多指标存在重叠，而且，由于操作中脱离了产业事实，打分的主观随意性会很大。专利价值分析指标体系分析得出的结果是专利价值度，❶但最终得出的数字并无实际意义，因为不同技术领域的专利权经济价值不能进行比较，甚至同一领域但解决不同技术问题的专利权经济价值也不能进行比较。其次，专利价值分析指标体系以分析所有权的方法分析专利排他权，忽视了对专利权排他程度的分析，这使得它不仅在分析标准必要专利和防御性外围专利时存在不易克服的"先天缺陷"，而且，无法反映专利布局对专利权经济价值的重要影响。最后，依据专利价值分析指标体系，标准必要专利无疑具有非常大的经济价值，但它忽视了近年来

---

❶ 例如，以专利价值分析指标系统得出的最终分析结论是中国专利CN××××专利价值度为71.92度，其具有较高的法律价值度（70.0度）、较高的技术价值度（72.9度）和较高的经济价值度（73.7度）。

司法机关对标准必要专利"排他权"的限制，因而夸大了标准必要专利的经济价值。综上，专利价值分析指标体系中法律价值度需要结合专利制度进行完善，技术价值度和经济价值度分析需要结合（潜在）产业事实进行改进。上海盛知华知识产权服务有限公司 CEO 纵刚博士在江苏大学举办的专利价值分析精英班上也指出，专利价值分析指标体系还存在很多缺点和不足，他建议放弃专家打分，以预估的潜在市场价值为准。❶

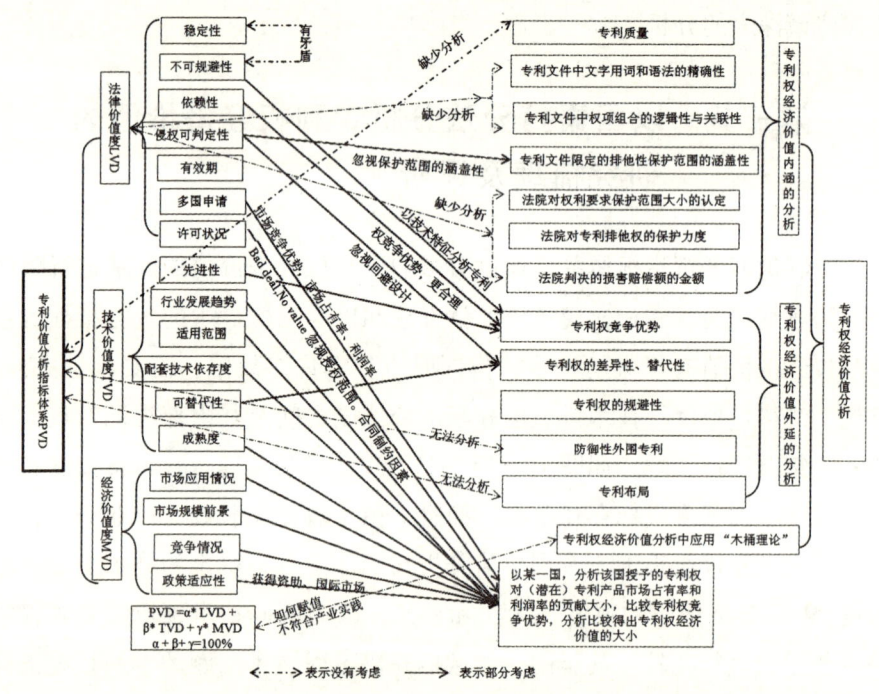

图 1-4 专利价值分析指标体系与专利权经济价值分析的比较分析

近年来，越来越多的学者认识到专利文件本身并不能提供足够的资讯来反映专利权经济价值，影响专利权经济价值的因素既包括定量的因素也包括定性的因素，但早期对专利权经济价值影响因素的划分，可谓众说纷纭。扈利（Khoury）等将影响技术价值的因素整理成六个方面，包括法律

---

❶ 纵刚博士在 2013 年 8 月 20 日江苏大学举办的全国专利运营实务暨专利价值分析精英培训班上进行了授课。

地位、市场因素、互补资产、技术因素（技术是否已经标准化）、授权范围、技术开发风险。❶ 冯震宇认为影响专利权经济价值的因素包括权利范围之大小、所剩余的权利期间、所采用的会计方法、各国租税制度以及时空与社会情事变迁。❷ 张孟元和刘江彬则认为专利权本身的质量越高、专利技术应用范围越广、市场接受度越大，专利权经济价值越高，并提出影响专利权经济价值评估的因素，包括三个层面。❸ 第一是科技层面，包括专利的重要性、完整性、竞争力、成熟度、未来应用潜能、被取代可能性，这需要通过专利检索分析，搭配不同的专利指标来比较，评估演变趋势和生命周期。第二是法律层面，专利有效性、保护程度、侵权可能性、实施限制、授权限制、损害赔偿担保、衍生专利权归属和利用以及其他实施时必须符合的法令税赋规定等。第三是商业层面，现有市场分布态势、相关厂商竞合关系、商品化所需的额外采购投资、实施上的特殊配合条件。

以影响因素结合专家赋值法分析专利权经济价值是一种新的研究方法。2008 年陈乃华根据我国台湾地区工业技术研究院《智慧财产流通运用计划》中有关专利权经济价值评估的相关指标加以调整，将预计市场价值大类下的竞争使用指标改为竞争情形大类下的指标，并对指标量表作了调整（见表 1-1）。❹

表 1-1　我国台湾地区现有的专利权经济价值评价指标量

权利化指数	
专利保护因素	1—申请中；2—已获证
专利类型因素	1—外观设计；2—实用新型；3—发明专利
专利家族因素	1—1 国；2—2~3 国；3—4 国以上

---

❶ KHOURY SAM, DANIELE JOE, GERMERAAD PAUL. Selection And Application Of Intellectual Property Valuation Methods In Portfolio Management And Value Extraction [J]. les Nouvelles, 2001, 9: 77-86.

❷ 冯震宇. 智慧资产鉴价之问题与挑战 [EB/OL]. http://www.apipa.org.tw, 2013-6-13.

❸ 张孟元, 刘江彬. 无形资产评估鉴价之理论与实务 [M]. 台北: 华泰文化事业股份有限公司, 2005: 35-72.

❹ 陈乃华. 专利权评价模式之实证研究 [J]. 台湾银行季刊, 2010 (6): 269-281.

续表

生命周期指数	
专利有效年份	1—4年以下；2—4~8年；3—9~12年；4—13~16年；5—17年以上
商品化指数	
创新性因素 技术竞争性因素 商品化潜力因素 研发程度因素	1—"me too"的技术；2—虽非突破性创新，但性能功效显著提升；3—突破性创新 1—过时的技术；2—现在使用中的技术；3—尚未被适用于生产，但比其他替代技术有优势 1—不易商品化；2—商品化计划不确定；3—容易商品化 1—仅为概念；2—初步试验验证；3—可量产的技术
侵权保护指数	
专利程度保护因素 专利防御程度因素 侵权检举性高低因素 侵权可能性因素	1—撰写不良（语义文字不清），保护范围小（仅保护实施例图示）；2—撰写及保护范围普通；3—撰写优良（充分表达发明特征），保护范围大（均等扩张范围广） 1—易于分解改良；2—可能回避设计；3—回避设计困难 1—不能以还原分析进行侵权鉴定；2—不易进行侵权鉴定，但经过还原分析可掌握；3—易于发现以及进行侵权鉴定 1—别人侵权可能性高；2—别人侵权可能性中；3—别人侵权可能性低
产业应用指数	
特定产业应用因素 跨产业应用因素	1—特定产业应用窄；2—特定产业应用普遍；3—特定产业应用广（核心型技术） 1—跨不同产业应用窄；2—跨不同产业应用普遍；3—跨不同产业应用广（基础型技术）

资料来源：陈乃华．专利权评价模式之实证研究［J］．台湾银行季刊，2010（6）．

万小丽博士和朱雪忠教授用层次分析法和模糊综合评价法通过对专利权的技术价值、市场价值和权利价值三个因素的分析构建了专利经济价值评估模型。❶ 2012年，国家知识产权局和中国技术交易所联合发布了专利价值分析指标体系，首次提出了专利价值度的概念，并以此作为评价比较不同专利之价值度大小的依据。其通过专家赋值打分的方法对专利的法律价值度、技术价值度和经济价值度项目下的各分项指标进行评价打分，然

---

❶ 万小丽，朱雪忠．专利价值的评估指标体系及模糊综合评价［J］．科研管理，2008（2）：185-191．

后对这些数据进行加权汇总便可得出一项专利权的价值度。该指标体系从专利权的权利（法律）风险、技术成熟度以及潜在市场规模方面进行分析，从专利自身属性的角度，将指标体系分为法律、技术和经济三个指标，这在一定程度上克服了专利资产评估时主要关注产量、销售等经济指标的缺陷，开始关注专利质量和专利权经济价值的判断。

笔者认为用影响因素结合专家赋值法分析专利权经济价值，相比传统方法评估专利权经济价值和用专利文件中的量化指标分析专利权经济价值有较大进步，但同时也还存在一系列不容忽视的缺陷，包括对分析客体的专利权所在权利人的整体知识产权的形态、群集、组合家族及其配套的专门技术未予考虑，对评估客体的专利权的权利要求书、专利说明书、授权答辩历程中的往返相关文件的质量未予考虑，对司法机关对专利排他性保护的司法确认未予考虑，影响因素之间的逻辑关系未予考虑或者不符合实践，以及无法对标准必要专利与非标准必要专利的经济价值进行科学分析。例如，以禁令救济为例，在智能手机专利大战中，不同于苹果诉三星的"关于启发式多点触控技术"（US 7479949），三星诉苹果的"Apparatus and method for encoding/decoding transport format combination indicator in CDMA mobile communication system"（US 7706348），以目前的专利权经济价值分析（评估）理论进行价值分析，应该怎么分析？尽管这件专利的稳定性很强，具有不可规避性及不可替代性，市场规模也非常大，但专利价值分析指标体系并没有考虑到禁令、专利布局等对专利权经济价值的影响，对苹果公司来说，这些对分析专利权经济价值的大小有重要影响。❶ 2014年3月，苹果与三星之间展开的第二轮专利侵权诉讼互诉案（3:11-cv-02079）中，三星修改了诉讼策略，改为使用非标准必要专利指控苹果侵权，主动撤销了US 7551596和US 7756087两项标准必要专利对苹

---

❶ "Apparatus and method for encoding/decoding transport format combination indicator in CDMA mobile communication system"是三星的一件有关CDMA移动通信技术的标准必要专利，2013年6月奥巴马总统否决对苹果公司的AT&T版iPhone 4、iPhone 3GS、iPhone3、iPad 3G和iPad 2 3G发出排除令和禁止令。

果的指控。❶ 对于标准必要专利经济价值有所降低的现象，现有专利权经济价值分析（评估）方法在分析这种趋势时存在缺陷，原因在于其目前的分析指标体系尚不能全面揭示专利权的核心价值。

另外，伴随着研究的深入，越来越多的学者对专利权经济价值的表现开始有更深刻的思考。吉迪恩（Gideon）、安德瑞（Andrei）和梁志文认为单个专利权的经济价值是模糊乃至无关痛痒的，即大批专利权中有部分专利所具有的经济价值并不明显，但企业通过构建成熟的专利组合不仅能够为权利人提供市场力和财产多样性，而且可向竞争者传递其所具有的整体的创新功能，这些才是专利权经济价值的真正所在。❷ 笔者虽然不认同专利权经济价值的真正所在是向竞争者传递的整体创新功能这一观点，但是认可专利权的经济价值是模糊的，并认为专利权经济价值具体表现为专利权人（企业）在供应链、价值链、产业链中的竞争优势。

综上所述，如朱谢群教授在笔者的博士论文答辩中所言，由于专利权客体的信息本质以及相应而创设的有别于传统物权所有权的权利机制，导致专利权经济价值的内容与传统财产权判然有别，以至于传统的价值分析方法在分析专利权经济价值时，捉襟见肘甚至方枘圆凿。❸ 笔者认为专利制度和特定产业的专业知识是专利权经济价值评估的基础，只有从专利制度出发，专利权经济价值评估才能与专利申请、专利审查、专利运用、专利保护及专利管理有序地衔接起来，专利权经济价值评估作为一个朝阳产

---

❶ 另外，2014年4月，三星向欧盟执委员会作出承诺，承诺在未来5年内，在欧洲经济区域内不会以同意遵守授权框架的任何公司为对象，基于其现在与未来所拥有、与用在智能型手机与平板计算机产品中的技术相关的标准必要专利，寻求禁制令之核发。在前述授权框架下，任何与系争标准必要专利的 FRAND 授权条件内容有关的许可费争议，将由司法机关来裁定，或在经双方当事人同意交付仲裁裁决。

❷ GIDEON PARCHOMOVSKY, AND WAGNER R. POLK. Patent Portfolios [J]. University of Pennsylvania Law Review, 2005: 1-77; ANDREI HAGIU, AND B.YOFFIE DAVID. The New Patent Intermediaries: Platforms, Defensive Aggregators, and Super - Aggregators [J]. The Journal of Economic Perspectives, 2013, 27 (1): 45-65; 梁志文. 专利价值之谜及其理论求解 [J]. 法制与社会发展, 2012 (2): 130-140.

❸ 参考笔者博士论文答辩中朱谢群教授提出的修改建议。

业才有明天。在未来，研究分析专利权经济价值应按照以下三个步骤进行。首先，研究专利权经济价值应进一步研究阐释专利权经济价值的基本内涵与外延。目前专利权经济价值评估公式及其专利指标理论和实务，对专利指标的效力缺少缜密的分析论证，部分学者未对专利权经济价值的含义、类型予以界定，未厘清专利质量、专利权经济价值、专利权价格之间的关系，即开始探讨专利权经济价值的种种议题。其次，在充分研究阐释专利权经济价值的内涵与外延之后，未来的研究有必要发展专利权经济价值分析的新指标，该新指标须能连结到专利权经济价值的内涵和外延，包括专利权文件的语言用词、逻辑结构、涵盖范围、司法机关对专利排他权保护的司法确认、产业上中下游结构、技术内容结构和制造程序、产品项目、营收和利润结构与专利权人具体专利运作的关系，专利权经济价值分析须进一步连结到专利布局、权利要求内容、类似专利技术之间的差异性分析。最后，在研究影响专利权经济价值因素的基础上，应对这些指标（因素）进行进一步的细化，以便使构建的专利权经济价值分析范式更具操作性。专利权经济价值分析范式更多地将分析过程基于这些方法而不是专利量化指标数据。

第二章　专利权经济价值分析的理论基础

专利权经济价值分析和评估理论研究的不足是制约专利权经济价值分析和评估行业发展的主要障碍之一。厘清专利权经济价值的涵义是专利权经济价值分析的基础。首先，本书阐述了当前业界对专利权经济价值的认识仍存在四方面误区。其次，本书从专利制度（即从专利权经济价值的内涵）和从产业结构化（即从专利权经济价值的外延）两个不同角度论述何为专利权的经济价值。从专利制度的角度，专利权经济价值的内涵是指以专利文件为载体，以专利行政部门授予的排他性权利为核心，以司法机关的司法确认为边界，借由权利人行使而呈现的经济价值。从产业结构化的角度，专利权经济价值的外延是指权利人（企业）以产业结构化为导向，通过各部门协同化的运作机制，以在最小可销售专利实施单位层面上形成控制供应链、分配价值链、主导产业链的非常竞争优势，并藉此获取的多元化经济利益。其中，专利权经济价值的内涵侧重于专利制度层面的"优质"，是专利权具有经济价值的制度要求；专利权经济价值的外延侧重于专利权产业事实层面的"优势"，是专利权具有经济价值的产业要求。最后，本书引入现代管理学的"木桶理论"，使专利权经济价值分析与专利权的创造、运用、保护、管理相呼应，分析过程中将专利权经济价值的内涵和专利权经济价值的外延相连结，使专利权经济价值能够反映专利质量和以产业事实为基础的专利生产作业要求。

第一节　现有对专利权经济价值的认识存在的误区

由于专利权经济价值的含义尚未被明确界定，业界对专利权经济价值的评估和分析多延续传统有形资产的分析方法，致使评估或分析结果不能反映专利权的经济价值，这折射出当前价值评估理论界和实务界对专利权经济价值仍存在诸多误读。目前，政府、企业、专利代理人和社会公众对专利权经济价值的认识尚存在以下四方面误区。

一、专利权、专利技术和专利产品之间的关系尚未厘清

忽视专利权利要求的作用，误将专利技术的价值等同专利权的价值。评估专利权经济价值的依据应是受专利权保护的技术方案，而非忽视专利权要求书机械地以专利产品的产量、销售等经济指标评估专利权的价值。专利权、专利技术和专利产品不能简单画等号，因为专利权利要求撰写可能存在严重缺陷，同时专利技术往往只是支撑相关产品生产的众多专利技术中的一项技术。❶ 但是，中国资产评估协会制定的专利资产评估指导意见中，注册资产评估师在依据收益法（包括超额收益模型、收益分成模型和提成率模型等）评估专利权经济价值时，忽视了专利权利要求对专利权保护范围的限定作用，理想地认为专利权就等同于专利技术，没能区分技术评估和专利权评估。

忽视专利技术分成率，将专利权的价值等同专利产品的价值。❷ 目前，我国专利侵权损害赔偿基本上贯彻的是民事责任的"填平"原则，原则上

---

❶ 例如，甲就某项产品做出的发明创造含有a、b、c三个技术要素，乙又做出改进发明d，则甲制造该项产品的时候，未经乙的许可不得使用d，而乙在制造该项产品时未经甲的许可也不得使用a、b、c三个技术要素。甲和乙都不得以自己享有专利权为由，不经他人许可而制造含有他人发明的产品。这在专利权经济价值评估时，需要在其评估报告中反应出来。

❷ 和育东. 专利侵权损害赔偿中的技术分摊难题——从美国废除专利侵权"非法获利"赔偿说起 [J]. 法律科学, 2009 (3): 161-168.

专利权损害赔偿额应为侵权人因违法使用专利权所获得的超额收益。但《最高人民法院关于审理专利纠纷案件适用法律问题的若干规定》第 20 条规定，人民法院依照《专利法》第 57 条第 1 款的规定追究侵权人的赔偿责任时，可以根据权利人的请求，按照侵权人因侵权所获得的利益确定赔偿数额。侵权人因侵权所获得的利益可以根据该侵权产品在市场上销售的总数乘以每件侵权产品的合理利润所得之积计算。这里人民法院在计算侵权所获得的收益时采用的是侵权产品所获得的利润，而非专利权所创造的超额收益，应明确以此种方法计算的赔偿额并不等同于专利权创造的经济价值。

二、忽视专利权经济价值的源泉，评价指标逻辑运算的前提假设错误

专利权不同于普通的工业技术（包括技术秘密、know-how），其原因在于专利权是法定的财产权，法律赋予了权利人非常强的排他权，而普通的工业技术则缺少这种法定的排他权。同样的道理，专利权经济价值是指基于专利排他权而给权利人带来的经济收益，缺少了专利排他权的保护，即使该专利技术仍有很大的经济价值，此时的价值已非专利权经济价值。很多专利权保护期届满的专利技术（特别是药品领域）仍有非常大的经济价值，还有一些非专利技术（包括技术秘密和不符合授权专利的主题而不能授予专利权的技术）其经济价值也未必比专利权的经济价值小（如可口可乐的饮料配方），但这些都不是专利权的经济价值。

2012 年 8 月国家知识产权局发布的专利价值分析指标体系，虽然全面考虑了影响专利权经济价值的法律、技术和经济三个不同维度的评价指标，但其评价指标之间的逻辑运算关系前提假设错误。具体表现在 PVD（专利权价值度）= $\alpha * LVD$（法律价值度）+ $\beta * TVD$（技术价值度）+ $\gamma * MVD$（经济价值度），将技术价值度、经济价值度和法律价值度并列，试问对于在权利要求中写入非必要技术特征或说明书中具体实施例未采用概括性语句描述（采用下位概念表述）的专利权，还有无必要进行技术价

值度和经济价值度的评价？❶ 但是，按照专利价值分析指标体系其仍可能获得较高的评价分值，因为专利价值分析指标体系在评价专利权经济价值时其评价公式的逻辑运算关系为并列求和的关系。这表面上看似是专利价值分析指标体系前提假设有误，其实深层次的原因是对专利权本质的理解错误，专利权是一项法定的财产权，缺少了法律保护，何来价值？

三、各种专利奖评审侧重技术和经济贡献，忽视专利权利要求

以"中国专利奖"为例，这个奖项是我国唯一针对专利的政府专项奖，是我国专利领域的最高奖项，但是该奖项的评审指标在设计上和国家

---

❶ 专利权保护范围的界定皆以专利权利要求为中心，未写入权利要求的技术方案不能作为确定专利权保护范围的依据。正如《知识产权报》刘亚先生在针对"一种聚氨酯胶粘剂"的第00105757.X号发明专利权的无效宣告中所指出的："导致涉案专利被全部无效的根本原因在于权利要求撰写不当，权利要求概括的范围游离于说明书充分公开的内容之外。客观地说，说明书实施例制备的聚氨酯胶黏剂在用于镀铝膜结构的复合膜时剥离强度高，很可能构成一项应用价值高、市场前景不错的发明创造，但遗憾的是，实施例的聚氨酯胶粘剂方案并未写入权利要求书中，而权利要求书的主要作用是确定专利权的保护范围，那些在说明书中提到的、未在权利要求中要求保护的技术内容，不能作为确定专利权保护范围的依据。"这样这项专利权的排他性效力几近丧失殆尽。缺少了法律保护，这项技术即成为一项普通的工业技术，任何人均可免费应用，对发明人而言已无专利权经济价值。必要技术特征，从特征和外部要素的联系来看，所谓的必要体现为特征和本发明所要解决的问题之间的联系，而从权利要求内部来看，必要应体现为该特征和其他特征之间具备必然的逻辑联系，以此来体现其对于方案整体而言的不可或缺。我们可以借助特征之间的逻辑联系来对独立权利要求中的特征进行核对。在独立权利要求中，如果一个特征A，在该独立权利要求中后续有其他特征利用到该特征本身，或者是利用到该特征执行后的结果，那么，意味着该特征A的存在是后续特征实现的基础，该特征A对于后续特征来说是必不可少的。福建省高级人民法院的俞晓霞法官认为："现实操作中要认定记载在专利独立权利要求中的某个技术特征是否属于附加技术特征，应结合专利说明书及附图中记载的该技术特征在实现发明的目的、解决技术问题的功能、效果以及专利权人在专利申请、撤销或者无效审查程序中向中国专利局或者专利复审委员会所作出的涉及该技术特征的陈述，进行综合判定，并至少考虑以下三方面：（1）就整个专利技术方案而言，缺少了该技术特征，技术方案是否仍然完整，符合充分公开的条件；（2）缺少该技术特征，技术方案是否仍符合专利授权条件，符合专利性。（3）该技术特征不得存在专利权人反悔的情形（禁止反悔原则）。"

科学技术奖相比,并未有完全突出专利权的本质特点。例如,中国专利奖评奖标准中缺少对专利权利要求、权利要求书的撰写质量及权利保护范围的评价。按照现行评价标准评选出来的专利权,从专利权的本质为排他权这个角度来看,未必是一件好的专利权。比如,在重庆嘉陵化学制品有限公司诉邵阳振华化工有限公司一案中,涉案专利曾获得 2003 年第八届中国专利奖优秀奖(该发明专利包括方法和设备两项独立权利要求),但两项独立权利要求在撰写上均存在将非必要技术特征写入权利要求的情况,以致独立权利要求保护范围过窄,该专利权的排他权几近丧失。出现上述问题的原因是,对专利权利要求书不重视,忽视了专利文件撰写环节对专利权经济价值的决定性作用。

四、对专利排他权和垄断权之间的关系认识不清,忽视专利布局

专利权是一项法定的排他权,具有垄断性,但并非垄断权,将专利视为垄断权,既忽视了专利侵权判断规则,也不能准确理解技术方案的技术手段、技术功能、技术效果。❶ 笔者认为,垄断权是对技术效果的垄断,具体表现在具备某种技术效果的专利产品上,而专利权对特定技术方案的垄断,是建立在"技术手段、技术功能、技术效果"三者整体之上的"垄断"。与确定专利排他权保护范围的规则一样,建立在"技术手段、技术功能、技术效果"整体之上的"垄断"与仅建立在"技术效果"之上的垄断,从"垄断"的效力上看前者比后者弱很多。由此可知,将专利权视为垄断权是对专利排他权认识上的一种误解,由此导致的结果便是在专利权竞争性和专利布局的认识上存在不足。准确地理解应是,专利权的垄断是对权利要求限定的技术方案的用益权的垄断,至于其是否能够产生技术功能和技术效果的垄断,则很难说。

---

❶ 徐瑄教授曾指出:"专利权具有垄断性,但不是法律上的垄断权。专利权垄断性的正当性根源于专利产品垄断性市场份额时基于技术方法的使用而发生的,垄断性市场份额是市场开发的结果而不是制度配给。"徐瑄. 专利权垄断性的法哲学分析[J]. 中国法学, 2002 (4): 95-101.

此外，如果对专利排他权和垄断权之间的关系认识不清，在回答张勤教授《知识产权20问》中的一些问题时，可能出现模棱两可的答案。例如，在专利领域，"搭便车"就是侵权吗？搭便车就是"盗窃"吗？

第二节 专利权经济价值的内涵

一、界定专利权经济价值内涵的理论基础

（一）专利权的本质为排他权

专利权的本质是权利人对其发明创造所享有的消极的排他权抑或权利人所享有的积极实施其发明创造的独占实施权，是一个有着悠久历史的话题。❶ 以美国为例，其早期的专利法明确规定专利权人具有实施其发明创造的专属权（exclusive rights）。例如，1970 年的《美国专利法》和 1973 年的《美国专利法》即规定专利权人对其发明创造享有制造、组装、使用及销售的专属权及自由权；其 1870 年的《美国专利法》尽管删除了组织权，但仍规定专利权人对其发明创造享有制造和使用的专属权。这里的用词——以制造该发明创造的权利，而不是排除他人制造该发明创造的权利下定义——引起了混乱。美国随后发生的几起重要案例改变了人们对专利权本质的认识。例如，在 Adams v. Burke 案中，该案例联邦地方法院在判决中指出，权利耗尽理论系衍生自法律赋予专利权人的排他性权利；❷ 在 1917 年 的 Motion Picture Patents Company v. Universal Film Manufacturing Company 案件中，瑞奇在阐述专利权绝对耗尽理论时，提出专利权是一种消极的排他权，认为专利权只赋予专利权人排除他人制造、使用及销售其

---

❶ 至今，尽管与贸易有关的知识产权协议（TRIPS）第 28 条序文使用的是 exclusive rights，但 UNCTAD-ICTSD 编著的 Resource book on TRIPS and development 却将 exclusive 解释为阻绝在外，不允许（shutting out, not admitting），可见其对专利权本质的认识仍相对模糊，故对专利权本质的论述仍有必要。

❷ 84 U. S. 453.

专利的权利。❶ 在 Ethyl Gasoline Corp. v. United States 案中,法院认为专利法授予专利权人一种有限的排他权,即排除其他任何人制造、使用或者销售其发明创造的权利……这项权利的范围受制于发明的范围,因为该项权利的边界以权利要求书和专利说明书为标志……❷美国国会在司法判例的基础上通过了 1952 年的《美国专利法》修改案,澄清、明确了专利权是授予权利人排除他人制造、使用、销售该发明创造的权利,修改纠正了错误观念。❸ 目前,在美国专利法上,专利权不包括实施权已经得到普遍认同和执行。❹

虽然专利法并未赋予专利权人实施其发明创造的权利,但是在专利权人不违反法律的情况下,实务上承认专利权人享有制造、使用或以其他方

---

❶ 243 U. S. 502–521.

❷ 309 U. S. 436.

❸ 很多情况下,专利权人对其发明创造可能并无实施权,对此和育东教授曾指出:"专利权人可能受刑法限制而无权实施其专利,比如专利权人可以获得关于制造手枪的技术专利,但无权实施该专利;专利权人可能受行政法限制而无权实施其专利,比如医药发明人未获药品性状管理部门批准不得制药,更为重要的是,专利权人会因民事权利在使用上的冲突而无法实施专利,即改进专利权人未获得基本专利权人许可,不得实施自己的专利。"

❹ 以简化的方式来说,一个专利权项是由一个或数个必要元件及其相互联结关系所构成。假设甲专利权人拥有一个专利,其涉及由 A-B 两个必要元件所界定的专利技术(专利技术 X),另假设乙专利权人拥有一个专利,其涉及由 A-B-C 三个必要元件所界定的专利技术(专利技术 Y);若说甲专利权人有权占有专利技术 X(也就是只有甲可以使用由 A-B 构成的专利技术 X),且说乙专利权人有权占有专利技术 Y(也就是只有乙可以使用由 A-B-C 构成的专利技术 Y),则这样的说法会产生矛盾而无法成立,因为当我们称乙专利权人有权占有专利技术 Y 时,同时也宣称了乙专利权人有权占有由 A-B 两个必要元件所界定的技术,而这正与"甲专利权人有权占有专利技术 X"这个命题产生相互矛盾。因此,占有的概念无法套用在专利上;相反地,唯有导入排他的概念才能达到透过专利来保护发明构想的目的。在以上这个例子中,甲专利权人有权排除他人实施(制造、使用、贩卖、要约销售、进口)专利技术 X,也就是他人未经甲专利权人的同意,不能实施专利技术 X;类似地,他人未经乙专利权人的同意,不能实施专利技术 Y,否则他人行为构成侵权。因此,乙专利权人要实施自己的专利技术 Y 之前,必须先取得甲专利权人的授权;甲专利权人要实施专利技术 Y 之前,必须先取得乙专利权人的授权。这就是进行专利交互授权的理由。

法使用其专利权的自然权利。此权利并非源自专利法，所以也被称为发明人的习惯性权利，这与政府所授予专利权是分离的。❶ 随着专利数量的增长特别是改进专利的膨胀，专利分布结构发生了从离散型向累积型的转变，在某些技术领域如电子、通信领域已经出现了大量外围专利。❷ 在累积型专利分布结构的时代，如若误将专利权的本质视为权利人所享有的积极实施其发明创造的独占实施权，则必然导致专利实施制度上的混乱。综上所述，将专利权的本质明确界定为排他权，有利于纠正人们长期以来对专利权本质不恰当的解读，即某种程度上专利权依赖于专利权人对其发明创造的实施。

而专利排他权的行使，往往在专利侵权发生时透过救济的方式呈现。在美国的专利制度下，权利人行使专利排他权需要司法机关申请限制性排除令或禁制令；在我国的专利制度下则是排除侵害请求、防止侵害请求等，审判中以假处分为主，包括诉前禁令和诉中禁令，而终局判决后则以排除侵害请求权为主。我国1984年《专利法》规定，发明和实用新型专利权被授予后，除该法第14条规定的以外，任何单位或者个人未经专利权人许可，都不得实施其专利，即不得为生产经营目的制造、使用或者销售其专利产品，或者使用其专利方法。可见，我国专利制度从建立之时便通过授予专利权人消极的排他权来消除专利权的外部性。《专利法》（2008年修正）第11条规定，发明和实用新型专利权被授予后，除本法另有规定的以外，任何单位或者个人未经专利权人许可，都不得实施其专利，即不得为生产经营目的制造、使用、许诺销售、销售、进口其专利产品，或者使用其专利方法以及使用、许诺销售、销售、进口依照该专利方法直接获得的产品。

综上所述，专利权人需要认识到，专利权的本质为排他权，专利权人对其专利权仅享有未经许可不得实施其专利的权利，与此同时，他人的专

---

❶ JOHN GLADSTONE. MILLS, CLARE HIGHLEY ROBERT, CRESS REILEY DONALD, PETER D. ROSENBERG. Patent Law Fundamentals Vol. 1, 2nd Edition [M]. Minnesota：West Group, 2009.

❷ 外围专利是指围绕基本专利技术所作出的改进发明创造专利。

利权同样也具有排他性。如何"排他"是一项专利权最终可能带来多少经济利益的决定因素之一。因此，一个关键因素是确定实施该专利技术有没有受到其他专利排他权的限制。现今，我国很多专利权人（特别是企业专利权人）仍忽视了这个事实，以致不能有效地保护自己的专利技术。企业专利权人如果需要利用专利权来保护其关键技术，仅申请一项专利来保护其技术方案往往是不够的。因为，其竞争厂商会紧随其后立即申请一批相关的其他专利，并在商业竞争中抢先行使专利排他权，如此企业专利权人要实施其专利技术便受到企业专利排他权的严重限制，最终可能导致企业专利权人无法使用自己的专利技术。对此笔者将在本章第二节专利权经济价值的外延部分用专利围剿案例进行详述。

（二）专利权的不确定性与不稳定性

1. 专利权的不确定性

法律必须为保护发明创造提供制度保障，专利制度因此诞生，并设计了界定保护发明创造利益的具体规则，以寻求实现技术世界的专利化。现代专利制度下，对专利权的界定并非简单由国家通过授权的形式确定，而是首先根据发明创造本身以及专利权人的请求限定的。例如，我国现行《专利法》第26条规定，说明书应当对发明或者实用新型作出清楚、完整的说明，以所属技术领域的技术人员能够实现为准；必要的时候，应当有附图。权利要求书应当以说明书为依据，清楚、简要地限定要求专利保护的范围。第59条第1款明确规定发明或者实用新型专利权的保护范围以其权利要求的内容为准，说明书及附图可以用于解释权利要求的内容。以上条款对专利权说明书和权利要求书的形式作了明确要求，并明确了专利权保护范围的确定方式，使发明人的发明创造有了明确的形式和确定的保护范围，实现了专利技术方案的固化，奠定了专利权作为一项财产权的基础。

现代社会已普遍认可专利权是一项财产权，尽管现代专利制度对专利权的界定通过专利文件基本固定下来，专利权被通过权利要求书中一项项权利要求确定地呈现在公众面前，但是对专利权而言，明确性并不等于确定性。原因在于，首先，专利请求项的主要目的是着眼于限定发明创造的保护范围，因此必要技术特征通常是一个广义的特征，一般仅界定一个发明创造的范围，而不是界定该发明创造在这些范围内的细节。其次，专利权利要求是以文字作为载体通过词汇来表达和传递的，而词汇不可能像数学符号那样精确，表达中必然带有发明人、专利代理人的人格烙印，带有一定的主观性。❶ 就权利要求的形式来看，是不可能清楚和明确的，不确定性不可避免地存在。再次，专利行政部门对专利创造性的判断存有不确定性。美国第二巡回上诉法院的汉德法官深刻分析了专利创造性判断不定性的重要原因之一在于创造性本身固有的主观性。汉德法官认为专利创造性判断的前提是专利行政部门对现有技术的确认，并重构发明创造作出时本技术领域的之前状态和之后状态，这根本上是一个主观判断。总之，创造性条件的缺陷确实使专利具有不确定性的特点。最后，专利权作为一项排他性的权利要求，其经济价值主要通过排他权的行使而体现。此时，司法机关为确定专利权是否受到侵权，往往需要对权利要求进行解释，这就给不同的权利要求解释方法提供了发展空间，同时法官对权利要求的解释又不可避免地带有法官本人的个人认知，这都加剧了专利权的不确定性。❷ 根据美国联邦巡回上诉法院的统计，在巡回法院受理的地方法院判决的专利上诉案件中，有40%的案件因为专利权利要求的解释不当而被推翻。❸ 根据中国知识产权研究会公布的中国国家知识产权局近期对两万名国内专

---

❶ 发明创造来源于发明人、专利文件形成于专利代理人和专利权人，对专利文件的评价取决于专利审查员，由于语言本身的局限性和个体自身的差异性，发明人以技术交底书提供给专利代理人的发明创造在一定程度已存在失真，专利代理人根据技术交底书经专业加工提供给专利审查员的专利申请文件可能会进一步失真，专利审查员与专利代理人进行书面或口头沟通中也可能出现失真，这些在专利申请授权各阶段产生的与最初的发明创造性的差异难以避免。

❷ 以等同原则为例，其具体适用与案件所涉及的技术方案等实际情况直接相关，难以划定统一的标准。正像一位资深的德国专利法官在与我国同行讨论相关问题时说的"重要的不在于条文表述上的完美，而是每位法官根据等同原则对每一个等同侵权行为的准确判断"。

❸ Cybor Corp. v. FAS Techs., 138 F.3d 1448, 1476 & n.4. 转引自董涛. 专利权利要求［M］. 北京：法律出版社，2006：158-163.

利权人的一项数据调查显示，45.5%的专利权人认为专利侵权判定困难，在遭遇侵权后有2/3的专利权人面对侵权行为没有提起诉讼。❶ 现代专利法对专利权保护范围的界定规则决定了专利权具有天然的不确定性。

不同的法律处理阶段会采用不同的法则来解读专利权。例如，在美国，在专利申请过程中，美国专利商标局的专利审查员是以最宽广的合理意义来解读专利权项。然而，在诉讼当中，法院是以具有发明所属技术领域的一般技术人员的角度来解读专利权项的范围。值得注意的是，虽然专利申请人与专利审查员拥有最充分的资源来界定专利权项的范围，但他们都没有动机去设法提高专利权项意义的确定性。确切地说，专利申请人反而有动机使专利权项保有模糊的范围，因为模糊性可为以后的争议取得更大的争辩空间。专利审查员的动机在于核准有效的专利。专利审查员所要处理的问题是专利权项所界定的发明是否具有专利性，因此，当专利权项具有专利性时，他们没有动机去进一步厘清范围模糊的专利权项。专利审查员知道，需要在诉讼当中解读专利权项范围时，司法机关会厘清所有关于权项范围模糊的议题。此外，审查员也知道，司法机关不会要求他们为专利权项的解读问题出庭作证。

2. 专利权的不稳定性

专利权作为一项法定权利，其性质为国家授予申请人一定时期内对其技术方案用益行为的排他性权利。申请人提交的技术方案在满足一国专利法规定的用益专利权的条件后，可依法取得授权。其中，专利行政部门的专利审查人员对新颖性和创造性的判断是进行比较判断，比较的参照物为专利申请人提交、专利审查员检索或无效宣告请求人提交的对比文件。专利行政部门正是基于其掌握的对比文件来进行新颖性和创造性的判断，包括我国在内的大多数国家，目前对新颖性的判断采取的是绝对标准。❷ 由

---

❶ 徐棣枫. 权利的不确定性与专利法制度创新初探[J]. 政治与法律，2011(10)：123-136.

❷ 判断新颖性的现有技术包括出版物公开、使用公开和其他方式公开，公开不受地理位置、获得方式、使用语言的限制。以其他方式公开除口头公开外，还包括公众可阅览的展台上、橱窗内放置的情报资料及直观资料如模型、样品等。

于信息的绝对不对称不可能被克服，所以世界上任何一家专利行政部门都不能保证其对新颖性的判断是绝对准确的。因为专利行政部门对一项技术方案授予专利权后，对该技术方案新颖性和创造性的判断并非即告终止，随着对现有技术掌握的深化，该被授权的技术方案仍有可能因不具有新颖性或创造性而被宣告无效或部分无效。国家知识产权局专利复审委员会复审后宣告无效或者部分无效的专利几乎占请求量的50%，但这只是提起无效宣告请求的专利，还有许多无人问津的专利，实际上也是无效专利。❶故此，一定程度上可以说专利权具有天然的不稳定性基因。

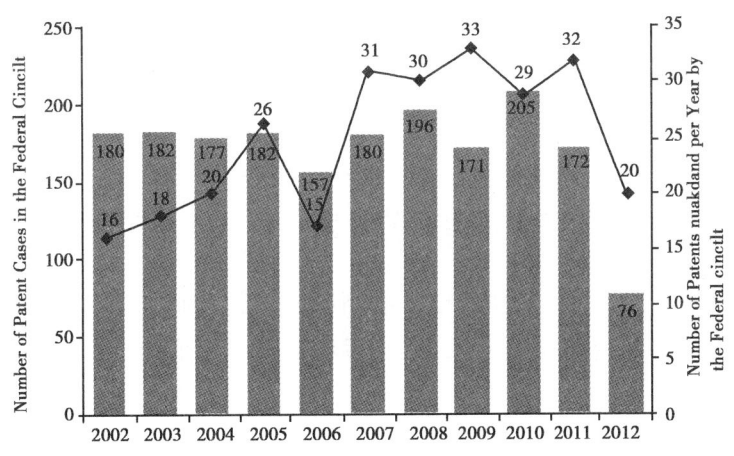

图 2-1　联邦法院判决专利无效的比率（2012 年仅上半年）

资料来源：Morgan Lewis LLP. United States Patent Invalidity Study 2012 [EB/OL]. 2013.

以我国专利制度为例，《专利法》（2008 年修正）第 45 条："自国务院专利行政部门公告授予专利权之日起，任何单位或者个人认为该专利权的授予不符合本法有关规定的，可以请求专利复审委员会宣告该专利权无效。"在我国具体司法实践中，专利权的不稳定性在奥斯兰姆有限公司与上海宏源照明电器有限公司侵犯发明专利权侵权纠纷中表现得淋漓尽致，

---

❶ 北京市哲学社会科学研究基地. 中国专利政策研究报告［M］. 北京：知识产权出版社，2013：105-113.

该案涉及的专利权是中华人民共和国国家知识产权局于 2004 年 6 月 23 日授权公告的名称为"高亮度无电极低压电源"的发明专利,其申请号为 96191079.8。诉讼中,2005 年 11 月 18 日,宏源公司针对涉案专利权向中华人民共和国国家知识产权局专利复审委员会提出无效宣告请求,后宏源公司撤回该无效宣告请求。2006 年 4 月 28 日,宏源公司再次针对涉案专利权向专利复审委提出无效宣告请求。2006 年 12 月 20 日,专利复审委作出第 9313 号无效宣告请求审查决定:宣告涉案专利权部分无效,即宣告涉案专利权的权利要求 1-4、6-10、14-17、19-20 无效,在权利要求 5、11、12、13、18、21 的基础上维持涉案专利权有效。2008 年 2 月 25 日,宏源公司针对部分有效的涉案专利权第三次向专利复审委提出无效宣告请求,要求宣告涉案专利权全部无效。2008 年 8 月 18 日,专利复审委作出第 12102 号无效宣告请求审查决定:宣告涉案专利权全部无效。[1]

二、专利权经济价值内涵的界定

专利权的形成最终来讲都依赖于国家的强制机制,对专利权经济价值的研究应从专利制度本身入手。由于发明创造的无形性,使得专利权无法像有形财产那样借助物本身或通过精确的测量来界定,为此,专利法提供了特殊的权利界定制度,先借助专利文件来描述其发明创造和表达其权利要求,然后用实质性条件设置授权门槛,再通过审查程序确认权利,最后通过解释确定权利范围。

基于以上分析,笔者认为:专利权经济价值的内涵是指以专利文件为载体,以专利行政部门授予的排他性权利为核心,以司法机关的司法确认为边界,藉由权利人行使而呈现的经济价值。

专利权经济价值的内涵包括以下四个方面:

---

[1] 奥斯兰姆有限公司与上海宏源照明电器有限公司的专利侵权纠纷历经多年,经历了专利权侵权诉讼的一审【(2005)沪二中民五初字第 317 号】、二审【(2009)沪高民三终字第 53】,奥斯兰姆有限公司与国家知识产权局专利复审委员会发明专利权无效行政诉讼的一审【(2009)一中行初字第 808 号】、二审【(2011)高行终字第 847 号】。

(一) 专利权经济价值以专利文件为载体

专利权并非源自法律规定而自动产生或专利行政部门主动授权,而是由有权申请专利的主体自愿提出专利申请,经专利行政部门审查认为符合专利授权条件的,才授予其专利权。说明书和权利要求书中的相关权利要求在授权时向社会公众公告,是专利授权文件最主要也是最重要的组成部分,其与被解释的权利要求的关系最为密切,其内容由申请人决定并由申请人提交。❶ 同时,在专利授权程序中,针对审查员提出的反对意见,专利申请人通常通过陈述意见进行争辩。专利申请人提交争辩意见有时伴随着对申请文件的修改,有时仅仅是提出争辩意见而不修改申请文件。在专利确权程序中,为了维持专利权有效,针对无效宣告请求人的无效理由,专利权人也往往需要对权利要求书中的技术术语、技术特征或技术方案进行解释。如果在专利授权、确权程序中关于权利要求的解释对其保护范围产生了限缩性影响,则对专利权的经济价值亦产生重要影响。

在专利权的取得阶段,申请专利时,专利申请人需依据《专利法》第26条的规定,说明书应当对发明或者实用新型作出清楚、完整的说明,以所属技术领域的技术人员能够实现为准;必要时,应当有附图。权利要求书应当以说明书为依据,清楚、简要地限定要求专利保护的范围。本条强调专利申请人提交的说明书应充分公开,侧重点在"充分"一词,而对权利要求书要求的范围,侧重点在"范围"一词,这也是"充分公开换保护"在专利申请阶段的体现。在这一阶段,权利要求的范围由申请人请求,专利行政部门只是遵循请求原则审查权利要求书是否合理,是否超出说明书公开的范围,而对于权利要求的概括是否适当,以使其保护范围正好适应说明书所公开的内容则不是专利审查员审查的内容。但是根据《最

---

❶ 专利文件中说明书与权利要求书的作用不同,说明书记载的内容是专利申请人向社会贡献的内容,而权利要求书所限定的排他性范围才是所要求的保护范围。专利申请人有权向社会贡献很多技术内容,而仅仅要求很小的保护范围,其具体表现为专利申请人在权利要求书中不写入某些公开的技术方案,不写入权利要求的技术方案即被视为捐献给社会而不要求保护。

高人民法院关于审理侵犯专利权纠纷案件应用法律若干问题的解释》第 5 条规定，对于仅在说明书或者附图中描述而在权利要求中未记载的技术方案，权利人在侵犯专利权纠纷案件中将其纳入专利权保护范围的，人民法院不予支持。该条款即是规定的专利法理论中的捐献规则。❶ 专利行政部门进行审查授权时，对于在说明书中出现但未在权利要求书中要求保护的技术方案一般不做审查，当然，同样对于未在权利要求书中要求保护的技术方案也不审查其在说明书中是否充分公开（如果本领域的普通技术人员根据专利说明书的教导能够使用或制造全部专利请求项范围的发明创造，且不需过度的实验，那么就符合《专利权》第 26 条的规定）。在专利权的保护阶段，因为专利权的本质为排他权，权利人行使排他权的范围为专利权的保护范围。《专利法》第 59 条："发明或者实用新型专利权的保护范围以其权利要求的内容为准，说明书及附图可以用于解释权利要求的内容。"但是《最高人民法院关于审理侵犯专利权纠纷案件应用法律若干问题的解释》第 6 条规定，专利申请人、专利权人在专利授权或者无效宣告程序中，通过对权利要求、说明书的修改或者意见陈述而放弃的技术方案，权利人在侵犯专利权纠纷案件中又将其纳入专利权保护范围的，人民法院不予支持。❷ 本条规定的是专利法理论中的禁止反悔原则，将申请人的意见陈述作为判断专利权保护范围的重要依据。《专利法》第 7 条："被

---

❶ 捐献规则是指，对于说明书记载而权利要求未记载的技术方案，视为专利权人将其捐献给社会公众，不得在专利侵权诉讼中主张上述已捐献的内容属于等同特征所确定的范围。例如，申请人请求保护的权利要求保护范围不适当，使其保护范围远小于说明书所公开的内容，以至于出现了在说明书或者附图中描述而在权利要求中未记载的技术方案。

❷ 申请人应特别注意，向专利行政部门提交的专利文件应确保说明书符合《专利法》第 26 条第 3 款规定的要求。因为申请人一旦提交了专利文件，并被受理的，则无论是申请人自己发现还是经专利审查员发现说明书不符合本条第三款规定的缺陷，尤其是存在不完整，不能使所属技术领域的技术人员实施该发明创造的缺陷，均无法通过修改克服，从而使已提交的专利文件无药可救。审查指南规定对于说明书的修改，主要有两种情况，一种是针对说明书中本身存在的不符合专利法及其实施细则规定的缺陷作出的修改；另一种是根据修改后的权利要求书作出的适应性修改，上述两种修改只要不超出原说明书和权利要求书记载的范围，则都是允许的。

诉侵权技术方案包含与权利要求记载的全部技术特征相同或者等同的技术特征的，人民法院应当判定其落入专利权的保护范围。被诉侵权技术方案包含与权利要求记载的全部技术特征相同或者等同的技术特征的，人民法院应当认定其落入专利权的保护范围；被诉侵权技术方案的技术特征与权利要求记载的全部技术特征相比，缺少权利要求记载的一个以上的技术特征，或者有一个以上技术特征不相同也不等同的，人民法院应当认定其没有落入专利权的保护范围。"本条款规定了专利法理论中的全面覆盖原则和等同原则。由此可见，专利权经济价值的取得和保护均围绕专利文件展开，专利文件作为专利权经济价值的载体名副其实。

除专利权的授权阶段和专利权的保护阶段皆以专利文件为载体外，专利文件还可以用来评价技术方案的技术水平，因为现代专利制度以权利要求来界定专利权保护范围的规则，这个规则本身即可评价发明创造的技术水平高低。因此对于技术方案新颖、创新性强、技术水平高或者在技术上有重大突破的发明创造，如前文所述，此时专利申请人在撰写权利要求时，在其独立权利要求中不必为使权利要求满足授权条件而写入过多的必要技术特征，同时由于不受现有技术的限制，其独立权利要求的前序部分必要技术特征也将很少，此时写出的权利要求使专利权获得最大的保护。反之，专利申请人在撰写权利要求时，为使独立权利要求满足授予专利权的条件，而不得不写入更多的必要技术特征、使用更下位的概念、限定更具体的使用用途，并且由于受现有技术和最接近技术方案的影响，其独立权利要求的前序部分应写入更多的与最接近的现有技术共有的必要技术特征，此时写出的权利要求使专利权获得的保护范围自然较小。❶

---

❶ 专利权利要求书的作用是向公众公示构成专利技术方案所包含的全部技术特征，从而确定专利权的保护范围。权利要求的撰写可谓"一字千金"，正如上海市第一中级人民法院在原告王某某诉被告上海申沃客车有限公司侵犯实用新型专利权纠纷一案中所指出的："现实工作中可能因疏忽或撰写水平等问题导致在撰写权利要求书时会存在某种失误，由此产生的法律后果应由专利申请人自己承担，而不应由信任法律的社会公众来承担侵权的后果。在保护阶段，如果轻易忽略记载在专利权利要求中的一些技术特征，将这些技术特征确定为非必要技术特征，则无形中扩大了专利的保护范围，这将会使社会公众因权利要求内容不可预见的变动而感到无所适从。"

（二）专利权经济价值以专利行政部门授予的排他性权利为核心

发明创造作为一种技术方案具有天然的外部性，因为发明人一旦公开其发明创造，公众即可以通过合法途径获取、掌握和实施该技术方案，发明人无法像对自己创造的有形财产一样，基于对有形财产的占有而获得利益。❶ 这将导致发明人无法从其发明创造中获得利益，长此以往，作为理性经济人的市场主体会逐渐终止发明创造。❷ 为鼓励技术创新，刺激市场主体发明创造，就要削弱这种外部性。为此，人们设计了专利制度将具有外部性的创新成果内部化，这即是专利制度的本质内容。通过《专利法》第11条的修法沿革可知，我国专利制度从建立之初便采取通过授予专利权人消极的排他权来保障权利人获得预期经济收益，驱动专利制度推动创新活动，实现"创新—收益—再创新"的良性循环。❸

但是，由于我国建立专利制度的历史短暂，社会各界对专利权本质的认识仍不够深入。司法实践中，对专利权的本质为排他权抑或独占实施权仍时有错误理解，误将专利权的本质理解为独占实施权，将会得出专利权终止或无效后，该专利技术随即进入公有领域的错误结论。例如，北京市高级人民法院在舒某某、国家知识产权局专利复审委员会与济宁无压锅炉厂发明专利权无效纠纷一案中，认定舒某某在先申请并被授权的91211222.0号实用新型专利已于1999年2月8日权利期限届满而终止，进而认定该专利技术已进入公有领域的错误结论。❹ 北京市高级人民法院

---

❶ 此外，专利的正外部性也可以这样理解，改进专利的出现会降低基本专利的商业价值，这体现了改进专利的负外部性；某项专利实施在市场上获得成功，会使相关领域的专利增值，这体现了专利的正外部性。

❷ 张勤. 知识产权基本原理 [M]. 北京：知识产权出版社，2012：102-162.

❸ 需要注意的是，不同国家的法律对专利权保护内容的规定不尽相同。如日本专利法规定，产品专利的保护内容包括制造、转让、出租、进口专利产品，为转让、出租而提供仅限于制造专利产品所使用的物品等；澳大利亚专利法规定，产品专利的保护内容包括制造、使用、出租或其他处置专利产品的行为或为上述行为许诺，或使用该产品，或进口该产品，或为上述活动而保管专利产品等。

❹【案件字号】：北京市高级人民法院（2002）高民终字第33号行政判决书。

认为:"多数情况下,专利权的终止会导致该技术进入公有领域,但作为一种排他权的专利权,其终止仅表明权利人不能再就该技术方案向他人行使该专利权,但这并不表示在该技术上已经不存在任何其他权利,不能得出一项专利权一旦终止有关技术就进入了公有领域的结论。"例如,从属专利在期限届满前的终止并不意味着从属专利技术就当然进入公有领域(更准确的说法应该是从属专利技术的特许用益权终止,因为专利技术就其作为信息的本质属性来说,始终处于公有领域,仅其特许用益权处于私有领域。但是,对于一般人来说,这种表述似乎不够大众化,因此为了便于读者理解,本书称之为专利技术从私有领域进入公有领域),如果基本专利仍然有效存在,他人仍然不能自由实施该从属专利技术。❶

专利权的经济价值以专利行政部门授予的排他性权利为核心,意味着专利权的经济价值和专利权的排他性关系密切。研究专利权的经济价值需要从专利权的保护着手,而这往往与专利侵权诉讼关系密切。因此,正如某些西方学者所述:"专利权即是诉讼中的权利。"❷ 一项好的专利技术,权利人要想实现其经济价值,往往需要借助专利行政部门授予的排他权。控制论之父维纳甚至称"一张专利权证书几乎就是一张诉讼传票"。❸

专利权作为一项禁止性的法定权利,其经济价值以专利行政部门授予的排他性权利为核心,意味着专利权利要求书限定的专利权的范围和法律保护的专利权的范围并不等同,一般而言,法律赋予专利权的排他权大于权利要求限定的专利权的范围。各国的实践也表明为有效保护权利人的专利权,需要建立一种以权利要求所限定的保护范围为核心,并在一定程度上进行适当扩展的规则。各国为此先后形成了许多理论,例如,英国的

---

❶ 最高人民法院在审理舒某某等与济宁无压锅炉厂发明专利权无效纠纷一案中,在解决对同一专利权人的两项专利权,如何使用重复授权原则的问题时,明确提出,专利权为一项排他权,专利权人对一项有效的专利权,可以对侵犯其专利权的侵权行为行使排他权,但该项专利权的终止、无效并不直接导致该项专利技术进入公有领域。

❷ 徐棣枫.专利权的扩张与限制[M].北京:知识产权出版社,2007:34-55.

❸ [美]诺伯特·维纳.发明:激动人心的创新之路[M].赵乐静,译.上海:上海科学技术出版社,2002:117-129.

"发明精髓原则"、德国的"总的发明构思原则"、美国的"等同原则"等,目前,前两者已经废止,而等同原则在世界各国均得到承认。❶

(三) 专利权经济价值以司法机关的司法确认为边界

专利权的本质为排他权,其权利的直接客体为体现发明人技术思想的权利要求书,技术思想的抽象性特点决定了专利权的内容及权利范围须经过司法机关解释方能确定。这也是为什么世界各国的专利法关于授予专利权的规定较为详细,而关于保护专利权的规定则较为原则的原因。这并不是因为专利授权条件更为重要,而是因为专利权保护规则涉及许多复杂问题,很难用简单的法律条文清楚地对此作出规定。在我国对专利权的保护主要是通过最高人民法院作出相关的司法解释,指导各级法院专利审判工作。❷《专利法》(2008 修正)第 59 条:"发明或者实用新型专利权的保护范围以其权利要求的内容为准,说明书及附图可以用于解释权利要求的内容。"本条规定的是专利权的保护范围,但是专利权保护范围的确定与侵犯专利权行为的认定不仅是密切相关的,而且是不可分离的。通过对具体纠纷案件的审理或者处理,许多人都有这样的体会,即专利权保护范围的确定固然需要有一整套规则和理论,但最终确定其范围常常离不开对专利侵权行为的认定。因为认定一种实施行为构成侵犯专利权的行为,则表明该专利权的保护范围可以被解释为能够大到足以囊括该种行为的程度;认定另一种实施行为不构成侵犯专利权的行为,则表明该专利权的保护范围不能被解释为达到能够囊括该种行

---

❶ 专利制度对专利权提供了强有力的保护力度,因为专利权不仅可以阻止简单的仿冒者,还可以打击有能力对其技术做一定程度变革的竞争者,甚至是仅仅因为没有仔细研究和关注该专利,而误使自己的发明或设计落入该专利保护范围的自主研发者。

❷ 1984 年制定《专利法》后,最高人民法院于 1985 年 2 月发出了《关于开展专利审判工作的通知》;1992 年第一次修改专利法后,该院于 1992 年 12 月发布了《关于审理专利纠纷案件若干问题的解答》;2000 年第二次修改专利法后,最高人民法院于 2001 年 6 月发布了《关于审理专利纠纷案件适用法律问题的若干规定》;2008 年第三次修改专利法后,最高人民法院于 2009 年 12 月发布了《关于审理侵犯专利权纠纷案件应用法律若干问题的解释》。

为的程度，这本身就是在确定专利权的保护范围。❶

司法机关对专利权保护范围的确认规则在不同国家，甚至同一国家的不同时期都有所不同。仍以等同原则为例，等同原则最早在美国被提出，并在实践中确立了方式、功能、效果基本相同三个要素标准。其方法是判断全部技术特征等同，即根据权利要求中的技术特征与被控侵权物中的技术特征一一比对，进行三要素判断。从欧洲来看，德国联邦最高法院认定等同的要件主要有两个，一是被控侵权与本专利具有相同的作用效果；二是本领域普通技术人员可以从权利要求中得出被控侵权物的技术方案。日本司法机关对等同原则的适用更为严格，其明确确定了适用等同原则的五个要件：非本质部分、置换可能性、置换容易性、非公知技术和特别事由（禁止反悔）。等同原则在我国司法实践中，采用的方式、功能、效果三要素标准和置换容易性严于美国的规定，实践中多采用技术特征的逐一比对方法，往往忽略技术特征直接的合并与拆解。再以多余技术指定原则为例，❷《知识产权报》李艳新指出："英国法院承认多余技术指定原则，但认为法院在适用这一原则时，必须衡量这项特征在权利要求中的作用，并且推定撰写人在权利要求中加进这项技术特征的用意。美国在历经多年的暧昧和摇摆后，终于在 Hilton 案中明确否定了这一原则。在该案中，美国最高法院的法官指出在确定专利发明的范围时，权利要求中的每一个技术特征都是重要的。因此，等同原则必须适用于权利要求中的每一个技术特征，而不是适用于整个发明。重要的是要确保等同原则的适用，即使是适用于一个技术特征时，也不允许采取实际上取消该技术特征的宽泛做法。"多余技术指定原则在我国法律条文中并无明确规定。该原则被使用在我国

---

❶ 参见尹新天. 中国专利法详解 [M]. 北京：知识产权出版社，2012：551-594；闫文军. 专利权的保护范围——权利要求解释和等同原则适用 [M]. 北京：法律出版社，2007：1-14.

❷ 多余指定原则，其基本含义是在解释独立权利要求和确定专利权保护范围时，将记载在独立权利要求中的明显附加技术特征略去，仅以独立权利要求中的必要技术特征来明确专利权的保护范围，判定被控侵权物是否覆盖专利权保护范围的规则。如果被告的被控侵权物中不含有该项多余技术特征，仍可以被认定为侵权。

司法审判中的第一个案例是北京市法院审理的周某诉北京奥美光机电联合开发公司、北京华奥电子医疗仪器有限公司侵犯专利权纠纷案。❶ 但是，2005 年最高人民法院在仁达建材厂诉新益公司专利侵权纠纷案的判决书中指出"本院不赞成轻率地借鉴适用所谓的多余指定原则"。❷ 随后，发布《最高人民法院关于审理侵犯专利权纠纷案件应用法律若干问题的解释》，通过这一司法解释，最高人民法院明确摒弃了多余指定原则。

（四）专利权经济价值藉由权利人行使而呈现

专利权经济价值借由专利权人积极行使专利排他权而呈现。当前，我国许多人对专利权经济价值的认识存在很多不恰当的解读，获得专利授权便被误认为申请专利的技术水平很高、商业价值很大，有的企业利用这种误解将专利作为广告宣传，企图通过专利信息提升企业品牌形象、夸大产品技术特点，利用消费者对专利制度的无知误导消费者。❸ 另外，也有学者误认为基于专利权所享受的税收优惠和财政补贴也是组成专利权经济价值的一部分。产生此种情形的主要原因是作为激发创新积极性、鼓励发明创造、促进科技成果的转化和推动创新型国家战略的政策措施在实际执行中产生了较为严重的负面影响。在许多实体经营企业中，专利权被沦为公司的精美包装，并没有在提升产品竞争力上发挥实际功能，以致专利权在促进科学技术进步和经济社会发展中的作用落空。以创业板中"专利门"事件的主角苏州恒久光电科技股份有限公司为例，尽管事件涉及的专利权本身并无经济价值，但正是这些"无用"的专利，使企业获得了诸多税收优惠及政府补贴。该公司披露的财务信息显示：2006 年、2007 年、2008 年和 2009 年，公司享受的所得优惠合计分别为 54.61 万元、

---

❶【案件字号】：北京市高级人民法院（1995）高知终字第 22 号民事判决书。
❷【案件字号】：最高人民法院（2005）民三提字第 1 号民事判决书。
❸ 以我国某品牌的广告语为例，"本公司参加世界前三大历史悠久的瑞士日内瓦发明展，该届参展发明品达一千多种，勇夺金牌。"利用消费者对专利制度的不了解，对瑞士日内瓦、德国纽伦堡、美国匹兹堡等发明展组织形式的不熟悉，给消费者营造一个该产品一定非常优秀的"假象"。其实只要了解各发明展的组织形式，便明白参展无非是利用社会对专利制度的无知，为升学、职称评定等加分、提升高校名声或者提升公司形象，整个发明展举办方和参展方各怀目的，参展者乐于交钱，举办方顺水推舟颁奖，只是各取所需的一门"营生"。

530.47万元、455.40万元和375.29万元，占当期利润的比例分别为13.72%、30.25%、18.45%和18.29%；科技开发和产业化项目政府补贴1709.5万元，所获政府补贴（税后）占2006年、2007年、2008年和2009年净利润的比例分别为41.63%、55.01%、11.13%和4.13%。综上，苏州恒久光电科技股份有限公司享受的所得税优惠与获得的财政补贴、增值税优惠等三项净额合计占2006年、2007年、2008年和2009年净利润的比例分别为63.86%、90.63%、34.49%、26.06%。以上专利尽管给公司带来了丰厚的经济利益，但这些利益不能被视为专利权经济价值。

专利权经济价值藉由权利人行使而呈现，注定专利权经济价值本身并非为一个客观存在的客体，从专利排他权行使角度看，其经济价值具有一定的权利主体依附性。专利权人的既有优势对专利权经济价值的实现有重要影响，这些既有优势不仅包括广为人知的品牌优势、长久积累的经验、原料供应的最佳渠道以及其他优越资源的优先使用权等，而且还包括其在供应链和产业链中的特殊地位。例如，同一项专利权由不同类型的专利权人行使，其经济价值往往大有不同。例如，专利权由 Patent Troll（非实施实体专利权人之一种）持有和由实施实体专利权人持有相比，通常由 Patent Troll 持有专利权的经济价值更大，这是因为非实施实体与一般商业竞争对手的商业模式不同。具体来说，非实施实体并未向市场推出自己的产品。由于没有产品，被诉企业就无法依据自己的专利组合对非实施实体提起防御性专利侵权诉讼。❶

---

❶ 但同时，国际上对这种非实施实体的专利侵权诉讼，一些国家已经开始采取措施，特别是司法救济上的措施，这对专利权人行使专利权实现经济价值也将产生重要影响。比如，近年美国专利制度对侵犯专利权的救济方式，在一些技术领域就发生微妙变化，原因是 Patent Troll 兴起，危害到实体产业的发展。例如，2006年制造黑莓手机系统的 Research in Motion（RIM）在联邦地方法院被判专利侵权并核发永久禁制令后，其上诉至最高法院的改判请求亦被拒绝。法院核发的永久禁制令将迫使 RIM 停止其规模庞大的商业运作，并严重影响黑莓机使用者的利益。最终，RIM 别无选择，和原告 NTP 达成和解，以6.12亿美元的授权许可费为条件，结束了这场旷日持久专利诉讼。随后，在2006年5月，最高法院在 eBay 案拒绝了过去联邦巡回上诉法院所建立的"普遍原则"，废除了专利权人胜诉后法院应自动核发永久禁制令的原则，部分改变了专利世界原本的生态。在 Patent Troll 指控专利侵权的案件中，金钱损害赔偿成了替代永久禁制令的主要救济方式。

三、界定专利权经济价值内涵的意义

本书首次明确界定了专利权经济价值的内涵，构建了专利权经济价值内涵分析的判断指标，为后续研究分析专利权经济价值、完善专利权经济价值评估奠定了理论基础，具有重要意义。通过界定专利权经济价值的内涵将专利权经济价值分析和专利制度连结起来，可为分析、辨识、剔除瑕疵专利提供理论依据。专利权经济价值的内涵将专利权的经济价值界定为专利权人依专利权的保护范围实现的经济价值，防止在未来评估专利权经济价值时将"过度"超出专利权保护范围的其他产品计入评估专利权经济价值的基数中。

同时，明确专利权经济价值的内涵还有助于引导我国专利制度走上良性轨道，因为当前发明人、企业、专利代理人对专利权利要求还不够重视，关注专利申请授权，但不关心专利授权保护范围的现象普遍存在。

第三节　专利权经济价值的外延

近30年来，受国际贸易和世界贸易组织等外在要求，我国在专利侵权诉讼和国际贸易报复环境中，引入并不断修订专利制度，无论立法、司法、还是行政，多从单一保护的观念着手处理各项有关专利事务。❶ 然而，如此狭隘的"智财决胜"理念不仅局限了专利权应有的产业优势机能，弱化了专利权的经济价值，而且不知不觉被引入专利权的殖民地中，使我国

---

❶ 正如《专利保护宣言》所宣称的，是市场而不是知识产权创造了创新机会并提供创新利益，因此与专利权有关的立法、司法、行政均应与本国的产业事实为依据。唯有如此，企业的专利布局才不致脱离实际产业运作事实，盲目追求所谓的"智财决胜"。

的技术发展及全球营销的自主性遭受严重限缩和压制。❶ 迄今，我国许许多多的产业仍需向国外企业支付巨额的专利许可费，对取得一定市场规模的企业而言，在国外被起诉专利侵权也未曾间断；与之对比，鲜有我国企业凭专利权获取全球科技领先地位和产业竞争优势龙头地位，并进而收取专利许可费和损害赔偿金。因此，笔者认同我国台湾地区周延鹏教授多年来宣扬的观点，认为在强调专利保护的语境下，专利管理的概念被局限于专利权本身的过度法律操作，而未实际触及专利权的基础产业事实，一定程度上可以解释我国专利权未能产生积极经济收益与过分强调法律保护不无关系。传统专利制度过分注重保护的观念，有碍于专利权经济价值的实现，亟须进行观念改造。本书认为未来若能加入专利运营的观念，将专利权与产业结构、规模经济、企业经营相结合，才能跳出桎梏，开创新局。

---

❶ 以 DVD 产业为例，DVD 在 1999 年第一次走进中国后，中国一跃成为 DVD 生产大国和世界最大的 DVD 市场。同时，还成为 DVD 出口大国，1999 年，DVD 影碟机出口 105 万台，到 2001 年出口量已达到约 1000 万台，仅北美市场就达 800 万台。2002 年 3 月 Thomson、Mitsubishi、Time Warner、Hitachi、Matsushita、Sharp、Samsung、LG 等 6 大技术开发商结成的专利保护联盟向中国 DVD 生产商开出每台 18 美元的专利使用费（迄 2003 年 3 月，总计 3230 件，该联盟主张的专利技术主要在于电路技术部分的侍服控制、系统控制和资料处理三大类上），除此外，尚有 MPEG LA、Dolby、DTS、Macrovision 等联盟及厂商对 DVD 特定专利技术收取专利许可费，就这样曾经让国人引以为傲的中国 DVD 产业，在随后几年全军覆没。再以稀土产业为例，中国拥有超过全球 36% 的稀土资源储量，并占据了全球 97% 的市场份额，但资源优势不及专利技术优势。截至 2011 年 6 月，在矿山开采方面，世界稀土矿山开采类专利有 10 293 项，其中，日本 2634 项，占 25.6%；美国 1316 项，占 12.8%；欧盟 389 项，占 3.8%；我国仅拥有 24 项，占比不到 0.3%。在冶炼分离方面，世界稀土冶炼技术类专利有 2833 项，我国 63 项，仅占 2.2%；世界稀土分离技术类专利有 911 项，我国 21 项，占 2.3%；世界稀土发光材料类专利有 2994 项，我国 24 项，仅占 0.8%；世界稀土贮氢材料类专利有 2866 项，我国 4 项，仅占 0.1%。与此同时，与国外企业相比，我国的专利技术含量相对较低，多属外围专利或实用新型专利。2013 年 8 月中国稀土企业拟联合起诉日本日立金属，不论案件结果如何，中国稀土产业受制于人的现状显露无疑。自 1997～2010 年，我国稀土资源储量占全球总储量的比重已从 43% 降至 30%；同时，自 1990～2005 年，中国稀土的出口量增长了近 10 倍，平均价格却跌至 1990 年时的一半。稀土作为一种极其重要的战略物资，在几十年的时间里，不仅技术自主无从谈起，而且也没有给我国带来应有的经济收益，甚至目前连国内产销市场都要受到严重的限缩和压制。

一、一个专利围剿案例引发的思考

上海市纺织科学研究院于20世纪70年代自主研发出一种全新的耐高温材料——芳砜纶，经测试，其耐热性、阻燃性、染色性、稳定性均超过了美国杜邦的芳纶产品，该发明创造先后获得了国家科技进步三等奖、纺织部科技进步二等奖和上海市科技进步一等奖。芳砜纶是以医药产业的废料做原料，试验成功后组建了一条年产20万吨的生产线。但是1988年就被美国杜邦公司以几十万美元收购了其专利技术，杜邦在收购其专利技术之后即将芳砜纶设备毁坏，并将相关科研人员聘请至美国本部担任杜邦的氨纶产品推销员，向中国大陆推销。中国的原创技术芳砜纶就这样被扼杀在摇篮中，杜邦甚至把研究人员都控制在手中，要求他们不得再研究芳砜纶。这件事情一直使科研人员耿耿于怀，事隔十年之后，终于在1997年，季国标、孙晋良、姚穆、郁铭芳等院士联名向国家领导层上书，经过两三年的不懈努力最终引起相关方面注意，并于2001年重新搭建研发班子研究芳砜纶。❶

2002年，上海纺织控股集团公司集中旗下上海市纺织科学研究院和上海市合成纤维研究所优势力量，投资1000元在奉贤建立了芳砜纶产业化研究基地。经过数年攻关，芳砜纶产业化工程获得了可靠的设计数据，制订了可行的工艺标准，完成了年产50吨的中试，并获得核心技术专利。❷ 2006年3月，上海纺织（集团）有限公司投全资注册成立上海特安纶纤维有限公司，

---

❶ 在芳纶纤维生产领域，产能主要集中在日本、美国和欧洲。如美国杜邦公司的Kevlar纤维，日本帝人公司的Technora纤维，荷兰阿克苏诺贝尔公司的Twaron纤维和俄罗斯的Terlon纤维等，品牌有Nomex、Conex、Fenelon纤维等。参见钱伯章．芳纶的国内外发展现状［J］．化工新型材料，2007（8）：26-27.

❷ 芳砜纶综合性能和芳纶1313纤维相当，而耐热性、高温尺寸稳定性和阻燃性均优于美国杜邦公司的芳纶产品Nomex，是一种性能更优、应用范围更广的新型耐高温纤维。芳砜纶纤维主要用于对耐热性、阻燃性要求更高的领域，特别是它的染色性能优良，织物手感柔软，是消防服、特种军服及其它各种防护织物的理想材料。目前，开发的产品以芳砜纶短纤维为主，产品规格有1.5D、2.0D、3.0D，长度分别为38mm、51mm、65mm，可广泛应用于防护制品、过滤材料、电绝缘材料、蜂窝结构材料、代石棉制品以及其他工业织物。

作为芳砜纶产业化项目的运行实体,在上海奉贤星火开发区建设一期年产1000吨的芳砜纶纤维生产线。2007年,该基地生产的产品已正式投放市场,用于安全防护、绝缘、复合材料和过滤等重要领域。与此同时,以上海纺织控股集团公司、上海市纺织科学研究院、上海市合成纤维研究所的名义申请了"芳香族聚砜酰胺纤维的制造方法",申请日2002-07-16,申请号02136060.X,此专利于2004-11-17获得专利权,还有"连续化双螺杆制备聚砜酰胺纺丝溶液的方法",申请日2004-11-19,申请号CN200410084387.X,以及另外5项发明专利申请。按计划,上海纺织有限公司将联合其他具备相关条件的企业共同开拓面料专业市场,加快芳砜纶产业化进程,争取早日形成芳砜纶产业链,使芳砜纶成为企业高附加值产品的一个增长亮点。其产业化不仅能大大增强我国在这一领域的核心竞争力,而且其延伸的系列高性能产品都将受到知识产权的保护,由此所形成的中国自主的产业化专利技术体系和知识产权体系,将使我国高性能纤维产业实现质的飞跃。

然而,就在我们为民族工业所取得的技术突破深感自豪时,以为纺织集团的纤维可以取代杜邦的一种产品,甚至在耐高温方面还超过了杜邦。但是这一切早已在杜邦的商业情报系统监控之内。2007年年初,在生产线建设过程中,杜邦首席科学家加巴拉来到中国,访问特安纶公司并希望收购公司,遭到拒绝。于是,在2007年8月,杜邦几乎同时在美国申请了13件围绕该纤维的下游产品专利。该纤维可以用于阻燃、过滤、绝缘,该纤维的制备单体是"3,3'-DDS"或"4,4'-DDS"而杜邦的专利都是从该纤维的这两种单体出发,与其他下游厂商常用的材料混合,形成阻燃、过滤、绝缘等材料。因此,上海特安纶纤维有限公司的所有下游厂商使用它的纤维生产产品,都会侵犯杜邦的权利。这样一来,特安纶公司的下游厂商就只能购买杜邦的替代产品,而不敢买特安纶公司的该纤维产品了。值得警醒的是尽管杜邦的专利运作在2007年8月就开始了,但特安纶公司对此却毫无察觉,直到有国外客户告诉公司,不敢买它们的产品了,因为可能会侵权杜邦的专利权,特安纶公司才察觉到这些专利的存在。2010年2月,这些专利的PCT申请进入中国国家阶段,目前处于审查阶段。

这一残酷的专利围剿案例,让我国企业以惨重的代价学习了专利权的本质为排他权,一国专利行政部门依据其专利法授予专利申请人的仅是未经授权不得实施其发明创造,并未授权其具有自行实施其发明创造的权利。同时,专利不仅要申请自己现有做到的产品,申请人还要考虑它的上中下游的产品,从供应链、价值链、产业链的角度去布局专利,唯有如此,权利人才有可能最大限度的实现其专利权的经济价值。

二、专利权经济价值中引入产业结构化的理论基础

(一) 企业标歧立异的生产经营战略与竞争优势

波特教授认为企业竞争优势是竞争性市场中企业绩效的核心,它归根到底来源于企业为客户创造的超过其成本的价值。标歧立异和成本领先是竞争优势的两种基本形式。在标歧立异的生产经营战略下,企业会选择一种或多种被客户认可的特质,借此获得竞争优势。❶ 企业构建歧异经营的基础来源于产品本身、销售交货系统以及营销渠道等。从成本收益的角度看,对于创造并保持歧异性的企业,如果其产品价格溢价超过了它为产品的独特性而附加的额外成本,那么它在该产业中便成为盈利高于平均水平的优胜者。生产经营的歧异性可以使企业控制溢价,使其在一定的价格下销售更多的产品,或者在周期性或季节性的经济衰退时,获得诸如客户忠诚等。

依波特教授的竞争理论学说,如果一个企业能够为客户提供某种具有独特性的东西,那么它就具有了不同于竞争对手的生产经营歧异性。实践中,虽然企业之间常常各不相同,但却不具有生产经营歧异性。这是因为企业所追求的独特性不能为客户所认同,或者说企业提供的某种独特性对

---

❶ [美] 迈克尔·波特. 竞争优势 [M]. 陈小悦, 译. 北京: 华夏出版社, 2005: 1-31. 波特教授认为, 标歧立异战略的逻辑, 要求企业选择那些有利于竞争对手, 并使自己的经营具有特色的那些特质。另外, 与成本领先不同的是, 如果存在多种为客户广泛重视的特质, 产业中将有不止一种的标歧立异战略。

客户没有价值,则该企业仍不具经营歧异性。❶ 生产经营的歧异性来源于企业的价值链,通过价值链为买方创造价值。企业可以通过降低买方成本或者提高买方效益两种机制为买方创造价值,换言之,独特性如果不能为买方降低成本或者提高效益,那么其不但不能使企业形成竞争优势,反而会由于独特性要求企业付出额外成本使企业处于劣势。同时,波特教授认为企业成功的标歧立异战略来源于企业所有活动之间的相互协调,而不仅仅取决于某一个具体的部门。

企业间的竞争优势是动态的,产业内相对优势地位反映了竞争者之间永无休止的斗争。以技术创新为例,技术创新是企业获得竞争优势的重要举措,宇田川胜等对日本企业间竞争的研究发现,在差别化竞争环境下,企业容易形成开拓性技术创新,而在同质化竞争环境下,企业容易形成改进型技术创新。在差别化竞争环境中,竞争企业各自研发新产品、新制造方法等,在研发过程中,有时产生具有开拓性的技术方案。领先者创造的开拓性技术在竞争方面的竞争优势一经显现,模仿行为也就开始了,于是竞争方式开始由差异化竞争转向同质化竞争。此时,领先者的竞争优势表现为先发优势,先发优势的大小决定了企业能否在未来企业之间的竞争中获胜。在同质化竞争的环境中,竞争企业之间通过相互的模仿和改进行为,实现彼此改进型的技术创新。这时,竞争者要在未来企业间竞争中获胜,往往需要与强有力的竞争对手共同构筑自己的地位。此外,同质化竞争也是产业成熟化的过程,该产业的进一步发展必须等到新一轮差别化竞争和同质化竞争重复发生时。❷

(二)专利权经济价值的实现以需求创造行为为前提

传统有形财产的价值实现基本符合市场需求的营销模式,其营销理论无论是4P(产品、价格、地点、推广),STP(市场区隔、目标客户、市

---

❶ [美]迈克尔·波特. 竞争优势[M]. 陈小悦,译. 北京:华夏出版社,2005:122-169.

❷ [日]宇田川胜,等. 竞争力——日本企业间竞争的启示[M]. 锁箭,译. 北京:经济管理出版社,2011:237-246.

场定位），还是 3V（价值客户、价值主张、价值网络）都被各行业广泛接受。但是，专利权经济价值的实现与此不同，最初往往不能以符合市场需求的营销方式实现，因为专利交易通常没有既成市场。即使少部分具有市场需求的专利权，绝大多数需求者通常会主张标的专利无效，抑或进行回避设计，尽量避免交易。因此，要实现专利权经济价值，专利权人需要深入了解专利交易的营销特点，准确规划创造市场需求的技术创新活动。通常，这种需求创造行为以专利侵权诉讼为后盾，设定专利权要攻击的各厂商的相关产品，进而有计划地通过专利侵权诉讼，启动相关需求市场，形成常态性的、规模性的专利市场。至此，专利权经济价值的实现才能以符合市场需求的营销方式实现。

如周延鹏教授所言，纵观全球工业产业发展情形，产业发展与上中下游产业结构、产业链、价值链息息相关。❶ 企业在投资、技术和产品的发展上也与各产业全球主要厂商的知识产权紧密结合，也就是，知识产权理论和实务的发展，均从产业结构化的观点出发和落实。以技术方案为客体的专利权，其技术创新除需要发明人和专利代理人的专业知识与经验外，还需要掌握所属产业的市场竞争状况、竞争对手情况等经济知识。要实现专利权经济价值，需要有计划地将专利权的各项权能与产业结构经营层面同步连结，让专利权与有形财产相结合，并通过高质量专利在全球主要国家和地区的布局、许可、让与、联盟等，建立起排他性竞争优势地位。这就要求企业动态地从产业结构层面研究与企业所属产业有关的知识产权部署；从产业链和价值链的角度来研究与企业所属产业有关的知识产权的作价投资、授权、技术移转、侵权诉讼等；从企业所属产业的技术结构和产品结构角度来运用知识产权。

（三）专利权经济价值实现中对立及冲突如影随形

知识经济时代，各界均面临着专利等无形产品营销理论及实务的诸多议题，在专利权营销研究中，不乏主张援引有形产品的营销理论发展

---

❶ 周延鹏．一堂课 2000 亿——智慧财产的战略与战术［M］．台北：商讯文化出版社，2006：111-154．

专利财产的营销理论。众所周知，有形产品的价值实现，基于对市场区隔、市场目标及市场定位，据此利用产品、价格、渠道以及促销等要素运营有形产品而实现。有形产品的营销理论基础，主要是让消费者感受产品的价值以获取消费者的青睐并持续购买，因此在营销上始终关注的是消费者的满意度及忠诚度。与有形产品的价值现实不同，专利权经济价值的实现无论是从产品消费者利益还是企业顾客利益角度来观察，双方利益均存在对立及矛盾。例如，1996 年澳洲科学与工业研究院（CSIRO）获得 US 5487069 号专利授权，随后向 IEEE 提交保证函，承诺依据 FRAND 条款授权其所拥有的 IEEE 802.11 标准之标准必要专利（US 5487069）。之后，CSIRO 开始尝试将该专利许可授权给无线网络晶片制造商收取权利金，但未获得成功。自 2003 年起，CSIRO 在美国德州东区法院控告 Buffalo Technologies、Toshiba、ASUStek、Fujitsu、D‑link、3 Com 等厂商侵犯其 069 号专利，CSIRO 最终赢得侵权成立即决判决及禁止令核发，藉由诉讼而产生的权利金便高达 4.32 亿美元。自此，该专利开始为 CSIRO 挣取源源不断的专利许可费。❶ 因此，专利权营销的价值顾客是从专利权人的立场出发，不是从企业顾客立场出发，更不是从产品消费者立场出发。❷ 专利权营销的价值顾客主要是能给专利权人带来经济价值的企业顾客。

在传统有形产品的商业交易中，买卖双方履行买卖合同后，该笔交易即告完成，鲜有其他法律纠纷滋生。纵使一方发生违约，仍属债务不履行的民事违约责任问题，而非滋生侵犯财产权的新问题。但是，与有形产品交易不同，在专利交易中，交易一方于专利权所附着的有形产品载体交易

---

❶ 经济部智慧财产局. 通信产业专利趋势与专利诉讼分析研究计划 [R]. 2013：464-503. 另外，需要补充的是 CSIRO 的 069 号专利在这一过程中，轮番遭受来自英特尔、微软、惠普、戴尔、AT&T 等的专利无效和不可执行主张。

❷ 周延鹏教授认为，专利权营销的价值顾客是指专利权人经缜密部署并定位其专利权于全球相关产业链的关键位置后，始能进而依专利权的各项法律权能，据以在产业水平方向找到相同竞争者及在垂直方向找到竞争者的顾客声明其产品或制程实施了其专利权，并强力主张其行为构成专利侵权，再经由专利侵权诉讼、授权或转让模式获取高额经济价值或换取其等值的知识产权而免除对价。

完成后，其对专利权的法律关系并未像有形产品中的交易即告终了，仍有专利法律关系约束着有形产品交易的相对人，要求相对人不得未经许可实施其专利权所附着的有形产品载体。否则，专利权人可以主张相对人对其专利构成侵权行为，并基于各种综合因素的考量，依各国专利法规定，拟采取民事救济、行政救济甚至刑事救济，寻求法院判决责令相对人停止侵权、赔偿经济损失。❶ 因此，知识经济时代，专利权人向专利行政部门检举、向司法机关起诉客户、客户的下游企业及本产业领域相关第三人并对其采取各种法律救济措施的情形屡见不鲜。❷

学术界对发展中国家产业模式的发展阶段有多种划分方式，笔者在相关研究的基础上，加入了台湾鸿海集团总裁郭台铭先生提出的CMMS模式，将发展中国家产业模式的发展划分为四个阶段（见图2-2）。第一阶段，原厂委托制造阶段，简称OEM，此阶段厂商接受客户完全指定，按原图设计代工制造。第二阶段，电子专业制造服务阶段，简称EMS，在这个阶段厂商提供经济规模及全球各地的电子专业代工制造服务。第三阶段，电子专业制造代工阶段，简称ODM，厂商为客户提供设计、制造代工的服务。第四阶段，快速模组、制造服务阶段，简称CMMS。CMMS是鸿海集团首创的代工模服

---

❶ 周延鹏．一堂课2000亿——智慧财产的战略与战术［M］．台北：商讯文化出版社，2006：189-204.

❷ 需要说明的是，长期以来，传统上人们误认为诉讼中的被告具有可非难性、不正义性等片面认识，但是，张勤教授认为知识产权的财产权并无人类共同的道德基础，其设立依据仅仅是各国立法主体所代表的本国整体利益最大化。现今日益增多的跨国专利侵权诉讼再也不是一个关于道德的议题，而是一个商业议题。这要求我们破除旧观念的束缚，否则势必为企业、甚至国家带来灾难。简言之，专利交易中，各方均不应将自己囚锢于道德劣势的牢笼，更不应被人误导而将专利保护与国际贸易或其他利益的交易脱钩，各方应光明正大地与贸易伙伴商讨各方综合利益最大化。由于与一般案件不同，专利侵权诉讼是任何有光明前景的厂商都势必面临的问题，而且不是仅发生一次，因为厂商只要在国际上具有良好的商业地位，具有良好的营收获利能力或潜力，则其他企业基于竞争或盈利的因素，专利侵权诉讼便不可避免，并且跨国专利诉讼亦呈现出规划性的特点，即为达成商业目的（权利金、市场形象抑或市场占有率）而有规划地开展专利侵权诉讼，有国外大企业甚至订出每年告多少家公司，追讨多少赔偿金的目标。

务模式。其中 C 为零组件,两个 M 分别为模组与移动,S 为服务。CMMS 内涵包括两种,分别为 JDVM (Join DeVelopment Manufacture) 共同设计开发制造与 JDSM (Join Design Manufacture) 共同设计服务制造。

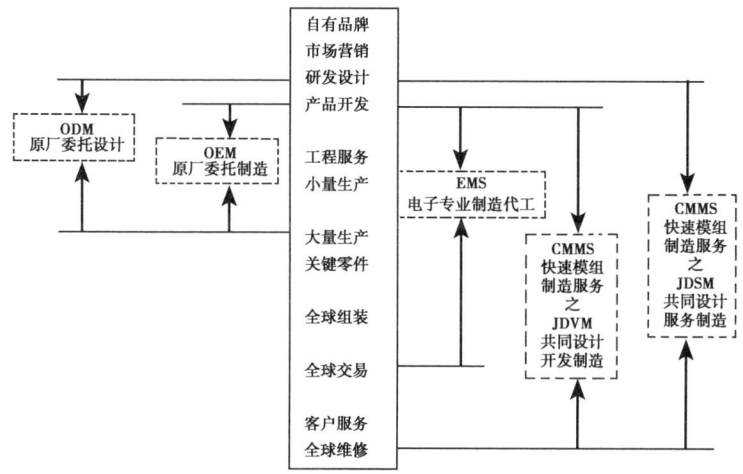

图 2-2 OEM、ODM、EMS 和 CMMS 产业模式示意图

资料来源:张殿文. 虎与狐 [M]. 台北:远见天下文化出版股份有限公司,2005:236-249.

知识产权的形态及其法律权能范围广,其排他性权利涵盖企业所有产销行为。❶专利权的法律效力涵盖着供应链中的每一环节,影响着产业链的材料、零组件、模组及系统产品的成本、经营及法律风险,尤其是,越处于产业链下游的产品其所承受的专利侵权损害赔偿额、专利许可费、被禁令禁止的成本、经营和法律风险越大。产业链上游的产品如果在价值链上处于较高或顶端位置,其知识产权的侵权成本和法律风险也很大。❷ 由以

---

❶ 依《专利法》第 11 条,发明和实用新型专利权被授予后,除本法另有规定的以外,任何单位或者个人未经专利权人许可,都不得实施其专利,即不得为生产经营目的制造、使用、许诺销售、销售、进口其专利产品,或者使用其专利方法以及使用、许诺销售、销售、进口依照该专利方法直接获得的产品。

❷ 周延鹏. 一堂课 2000 亿——智慧财产的战略与战术 [M]. 台北:商讯文化出版社,2006:49-62.

上可知，无论是 OEM、ODM、ESM、JDVM 或者 JDSM，企业基于产销营运需求，需要向第三方采购材料、零组件、模组或系统产品，而后经加工、制造或组装成产品销售，或者购入后转销给客户。此类自行采购的产品，企业需要专项调查核实供应商有无知识产权保护及否存在侵犯他人知识产权等具体实务问题。

三、专利权经济价值外延的界定

专利权经济价值的外延是指专利权人（企业）以产业结构化为导向，通过各部门协同化的运作机制，以在最小可销售专利实施单位层面上形成控制供应链、分配价值链、主导产业链的非常竞争优势，并藉此获取的多元化经济利益。

专利权经济价值的外延包括以下三个方面。

（一）专利权经济价值的实现须以产业结构化为导向

专利的作用在于保护企业的产品免受竞争者仿造以及降低企业的运营风险。❶ 专利制度具备天然的产业结构属性。正如笔者在专利权经济价值的内涵部分所论述的，专利权（发明专利）是发明人对产品、方法或者其改进所提出的新的技术方案，专利权人对该项新技术方案行使权利的范围是以权利要求书为载体，司法机关通过个案认定的方式确定专利权的具体保护范围。不仅在专利审查授权阶段，创造性的判断主体基准为所属技术领域的技术人员，而且在专利权的保护阶段，司法机关在解释权利要求的保护范围时，特别在等同侵权的情况下，对以基本相同的手段、实现基本相同的功能、达到基本相同的效果，三个等同的判断基准仍为本领域的普

---

❶ ［美］布鲁斯·伯曼. 从资产到利润——Competing for Ip Value & Return ［M］. 罗文星，等译. 北京：机械工业出版社，2011：1-15.

通技术人员。❶ 现行法规对该拟制判断主体应具备的知识和能力规定为，他知晓申请日或者优先权日之前发明（或者实用新型）所属技术领域所有的普通技术知识，能够获知该领域中所有的现有技术，并且具有应用该日期之前常规实验的手段和能力，但他不具有创造能力。这样无论是在专利权的创造、运用、保护及管理中，对专利权利要求书中技术特征的解释均不得从一般公众的角度来理解，而应作为一个专业技术用语，从本技术领域的技术人员的角度解释其特定的含义。由此可见，学习和运用专利制度不能脱离产业结构，发明人对现有技术，特别是专利技术和权威专业期刊的日渐累积，所掌握的本领域的专业技术用语及其上下位概念，一定程度上可以说直接决定了专利权经济价值的大小。

专利权基于一国（地区）专利行政部门授权而产生，同一项专利申请在不同国家（地区）可能有不同的权利要求，被授权不同的专利权保护范围。❷ 专利权人（企业）所拥有在不同国家专利权的价值，视该专利权相应的产品及技术在该国产业结构、规模经济及（或）在研发、制造及市场经济环境中的重要程度而定。也就是说，在现有各国边境执法措施的条件下，若一件专利权相应的产品及技术在一国产业规模甚微或不存在，或没有竞争者在该国研发、制造或销售者，则该国纵有专利制度，其相应产品及技术的经济价值也难谓有之。因此，产业结构、规模经济和经济发展关

---

❶ 基本相同的手段是指一般技术特征在被诉侵权行为发生日前专利所属技术领域惯常替换的技术特征、工作原理基本相同的技术特征以及申请日后出现的虽然工作原理与专利技术特征不同但是属于被诉侵权行为发生日所属技术领域普通技术人员容易想到的替换特征。注意根据北京市高级人民法院新颁布的《专利侵权判定指南》第54条的规定，对于功能性技术特征等同侵权判定的时间点是专利申请日。

❷ 根据《专利审查高速路（PPH）用户手册》的规定，考虑到由于翻译和权利要求格式造成的差异，如果国家知识产权局申请的权利要求与对应申请的权利要求有着同样或相似的范围，或者国家知识产权局申请的权利要求范围比对应申请的权利要求范围小，那么，权利要求可以被认为是"充分对应"。具体地，权利要求的"充分对应"一般指下列情形：(i) 完全相同；(ii) 进一步限定，国家知识产权局申请的权利要求相对于对应申请的权利要求增加了被说明书（说明书正文和/或权利要求）支持的附加技术特征；(iii) 仅引用关系发生改变，尤其是多项从属关系修改。

系着企业全球专利申请、许可、移转和诉讼。❶ 在国内，长期以来，无论是企业内部知识产权部门的工作人员抑或是委托外部的知识产权代理机构（法律事务所），专利作业的工作流程从研发、申请、保护、管理等均是建立在一件一件的个案基础上，专利从业人员也多为个案作业，且各个案似乎又是彼此互不联系的过程。这种作业模式，致使专利工作过度强调专利法律操作，而忽视了种种非法律因素的考量，最终的结果即是限缩了专利权的经济价值。反观国际上一些专利管理特别优秀的跨国企业，往往会针对一个案子部署很多专利，其中只有几项专利会加以实施利用，其他更多专利则是针对竞争对手可能进入的技术领域，事先申请专利加以阻挠干预。❷ 当然，如此运作的前提条件是要对产业结构、技术结构及产品结构有相当充分的认识，否则很难有效落实下去。❸ 此外，还需要有好的检索工具，可以用图表来详述产业结构、技术结构和产品结构，将技术用各种树形图展现，模拟竞争者如何进入该领域，再决定权项和权利范围的组合怎样部署，然后配合企业营销部门的产品组合图，布置合适的专利权组合。因此，专利管理应有机地将专利权与企业各经营层面同步交叉连结，进而藉由高质量的专利权在全球主要国家、地区占据关键产业位置，建立

---

❶ 但值得注意的是《反假冒贸易协议》有可能改变这一现状，因为加盟国边境执法措施的强化，意味着在全球主要的产品集散地申请专利，可能同样具有重要的经济价值。

❷ 例如，《知识产权博弈———一场控制与反控制的"战争"》报道中所提到的，"鸿海集团仅在电子设备连接器方面就累计申请专利7000多个，其中仅在P4连接器上就申请了179个，涵盖连接器游戏杆的材质、固定角度与散热方式。如此高密度的专利，给试图进入者设置了强大的压力，同样也给设备整机生产商带来了压力，因为没有其他任何一家厂家可以绕过去，如果不交给鸿海生产，或者获得鸿海的授权生产，那么这个产品最终无法走向市场，鸿海也因此拥有较高的订单谈判筹码和利润保障"。

❸ 依周延鹏教授的观点，专利组合指一项专利内包含的所有权利项的集合，包括独立权利要求和从属权利要求等，也包括在同一技术或产品的专利权之外，另行申请一项或多项不同的专利权的集合。知识产权群集是指在同一技术或产品中，以一种或一种以上的知识产权态样（含专利、技术秘密、集成电路布图等）布局组成。其目的是制造多种障碍，让竞争者能回避一关，却无法回避另一关。例如能回避专利部分，却不能避开营业秘密。

排他性竞争优势产业地位，专利权经济价值才有可能得以彰显。

（二）专利权经济价值实现的重要保障是企业各部门协同化运作机制*

研发过程中对解决技术方式的各种实现路径及未来技术发展趋势进行严密论证，配合及时精确的市场营销资讯和产业情报，便可在发明创造过程中，规划好专利侵权诉讼的被告、被许可的对象等，并在专利申请授权环节，为被告、被许可对象、竞争对手量身订做排他范围，通过充分合理的专利权利项安排将他们的产品纳入专利权保护范围内。否则，专利权人便无法凭借授权专利对竞争厂商主张权利，不断巩固和发展其非常竞争优势。同时，研发部门、知识产权部门应将发明创造过程中的资料文献妥善存放（含此过程中与发明创造有关的电子文档、电子邮件，因为发明人和企业内部的知识产权管理人员或专利代理人常常就申请过程中的一些事项进行邮件沟通），并做好档案管理。这些资料对企业法务部门至关重要，因为在专利侵权诉讼中，这些档案材料是证明专利有效性或者判断有无侵权行为发生的重要证据材料。

研发环节与生产制造环节不能脱节，研发部门的技术创新成果最终在生产制造部门应用。因此，要实现生产制造阶段与研发阶段、专利申请授权阶段的资讯同步连结，便不能忽视制造过程中所作的设计变革。企业生产实践中，很多原先申请专利的技术方案在试产、小量生产阶段，可能由于生产效率、生产成本等方面的原因而需要改进。因而修改了原申请专利的技术方案的权利要求范围，此时生产制造部门应同步将这些改变反馈给知识产权部门和研发部门，协助知识产权管理部门重新调整申请专利的权项组合。以美国企业为例，知识产权运用好的企业多数专利申请都有很多

---

* 根据 1993 年 IBM 的亨德森（Henderson）和文卡特拉曼（Venkatraman）两位顾问所提出的 IT 策略校准模型，企业的主要营运机能，包括生产制造、营销业务、研究发展、人力资源、财务会计、资讯网络、商业模式、投资并购、授权移转与租税法制等均可以此架构展开。参见 JOHN C. HENDERSON，AND VENKATRAMAN NATARAJAN. Strategic Alignment：Leveraging Information Technology For Transforming Organizations [J]. IBM Systems Journal，1993，32（1）：4-16.

连续案、分案、接续案,就是因为美国厂商将生产制造阶段获得的相关资讯同步连结到知识产权部门,后者据此不断调整专利申请授权的进程和权项组合及专利权组合。❶ 美国企业在协同化运作机制的保障下将美国专利法中的连续案、分案、接续案制度发挥到极致,为企业后续的生产运营、专利运营奠定了坚实的基础。

专利权作为维持企业核心竞争力的非常竞争优势工具,其价值体现在对竞争对手的排他性上,及时掌握竞争对手的研发、生产和营销资讯,对为其量身订做专利权组合与权项安排至关重要。如能将营销资讯与技术研发并行连结,知识产权部门便可掌握第一手最新的市场资讯,了解该领域所有主要竞争者及其市占率,在专利布局时便能快速精准地选择专利申请的区域。在专利授权后,市场资讯还可以作为决定是否维持各国专利的重要决策依据。因此,营销部门亦应将营销阶段获得的资讯同步连结到知识产权部门。在销售商品或提供服务时,知识产权部门应会同营销部门制定专利权的使用规则,明确专利权在产品、服务、包装、广告、图样等的标示方法和使用规范,并定期向营销部门的工作人员告知企业专利权在其商品或者服务上应用的情况,使他们了解公司所有产品专利的组合,即哪些专利覆盖哪些产品。在此基础上设计整套合理可行的制度,使他们方便快捷地将营销过程中知悉的竞争者的产品信息、市场信息同步反馈给营销部门和知识产权部门。这里需要特别注意的一点就是,专利权以一国(地区)专利行政机构的授权而产生,具有鲜明的属地属性,专利权在全球范围内的申请、包括在不同国家(地区)权利要求书权利项的组合都应依据该国家(地区)专利技术的应用情形及主要竞争者不同而有所侧重,而不

---

❶ 例如,在 InterDigital v. Nokia 案中,InterDigital 据以起诉的 US7117004、US7190966 和 US7286847 即是其不断以延续申请、部分延续申请等扩大 InterDigital 在通信产业上的涵盖范围,从元件、模组、系统到服务,并通过参与标准化活动积极获取其他公司的发明成果和技术标准组织的技术规格定义域范围,修改、完善相关专利权利要求项,将目标厂商及未来产品纳入其专利权保护范围之内。

是在所有拟申请的国家均一成不变地作简单的语言转换翻译。❶ 公司营销部门会同知识产权部门以一国（地区）为单位收集、汇总营销人员收集到的市场资讯，并将这些资讯同步反馈给营销部门、知识产权管理部门和研发部门。

综上所述，因为公司事业是始于研发、经商品开发投入生产、后进行销售并提供售后服务的大循环。如丸岛仪一先生所言"智力创造的核心"即研发、获得专利、应用，这三个环节具有连贯性。

（三）专利权经济价值实现的终极目标是控制供应链、分配价值链、主导产业链，同时经济价值的实现方式具有多元性

专利权作为与技术、法律和商业紧密结合的一项排他性权利，技术方案的创造性程度和有效的法律排他性保护是专利权获得商业上成功的基础。❷ 一项好的专利技术要取得商业上的成功，需要包括市场、人力、资金、相关配套财务等许多条件的配合，有些时候还需要时机，甚至还需要

---

❶ 研读专利文件可知，有少数大型跨国公司的专利族，在不同国家申请专利说明书和权利要求书依不同国家的产业结构情形而有所不同（当然最终授权文本的不同，也跟各国专利行政机构的审查人员的业务能力有很大关系），同时他们也十分重视专利文件撰写的语言水准。但全球大部分的公司，包括一些其他方面十分领先的公司，对专利文件的语言水准还不够重视，以其来中国申请专利为例，多是将其在美国、或其本国申请的专利申请文件拿来，找一家大型的律师事务所或专利事务所进行照本翻译（这些大型的律师事务所或法律事务所很多以翻译为主要业务来源），翻译过程中常出现逻辑结构错误、逻辑关系错误、产业术语翻译错误、语法错误等，其结果便是将一些优秀的发明创造翻译成低质量的申请文件，使一个原本价值连城的专利技术，在中国变得一文不值。换一个角度看，当然这种情况也为中国留下了产业发展的空间，提供了一个很好的机会，即通过改变传统的作业模式，扫除我国技术自主和市场自主的障碍。

❷ 日本知识产权实务及运营权威，佳能知识产权之父丸岛仪一认为知识产权工作是一项需要同时判断技术走向、事业走向和知识产权走向的综合性工作。知识产权工作的首要任务是扫除竞争公司利用专利阻碍本公司发展的障碍，以成就公司事业为其宗旨。

有点运气，缺少其中的任何一项，专利商品化及产业化便不能成功。❶ 专利管理实践中，专利权唯有与有形产品连结整合，其经济价值方有可能得以实现，脱离有形产品（市场）资讯，专利技术商品化和产业化亦难以实现。❷ 以产业结构化为导向，整合产业结构、供应链、价值链、产品结构、技术结构和专利权结构等各方面资讯，通过本企业各部门协调一致的协同化运作机制，将其应用到企业领先的创新技术研发成果上，并经由知识（经验）丰富和具有相关专业能力的知识产权管理人员在全球范围内合理地进行布局与组合，该专利技术才有望成为全球范围本技术领域内可控制供应链、分配价值链、主导产业链的关键专利。专利权作为知识经济时代企业（非营利组织）的一项非常竞争优势资源，其经济价值也便随之实现。

专利权是一项解决了特定技术领域中某一技术问题，产生了预期技术效果的技术方案。依《专利审查指南（2010）》的规定，如果一项发明的技术方案成为解决某一个实际技术问题的唯一的技术方案，则该技术方案将因此丧失创造性。❸ 从这个意义上说，专利权就是为了获得更好的技术效果而需要对最接近的现有技术进行改进而完成的一项技术方案。解决一个技术问题的技术方案并不是唯一的，这涉及回避设计的问题。❹ 如果

---

❶ 例如，张勤教授 2013 年 11 月的《知识产权质押与风险转移》讲座中，列举的中国西电捷通无线网络通信公司提出的宽带无线 IP 网络安全技术 WAPI 产业失败的例子。再如国外一项尖端的实验室研发出来的一些具有时代开创性的专利技术，由于某些条件的缺少，很多也都没有被产业化和商品化。

❷ 当然也有例外，在某些技术领域，特别是医药领域，由于研发周期非常漫长，投入资金非常巨大，所以阶段性技术方案，甚至是通过实验证明某一技术方案不具可行性的具体实验数据、流程等多种形式实现其经济价值；但若从整个医药产业的整体观念研究，其最终价值仍是通过其他企业的专利药品的销售实现。

❸ 实践中，确定发明实际解决的技术问题并不是一成不变的，因为发明的任何技术效果都可以作为重新确定技术问题的基础，只要本领域的技术人员从该申请说明书中所记载的内容能够得知该技术效果即可。

❹ 更有甚者，如比亚迪的王传福，曾直言："一款新产品的开发，60% 来自公开文献，30% 来自现成样品，自身的研究实际上只有 5% 左右。我们大量使用非专利的技术，把专利技术剔除掉，非专利技术的组合就是我们的创新。专利需要尊重，但可以回避。"

一项专利不能阻绝特定的回避设计，便不可能控制产业链中的某一环节，因为其容易被竞争对手通过回避设计进行规避。❶ 同时，说明本专利创造性程度的欠缺，而低创造性的专利一般均无须经过漫长的研发过程或投入昂贵的研发经费。因此，通过微小的创造性取得授权的专利一般不可能具备多大的经济价值。但是，对于标准必要专利，则是另一种情形，因其可以借助公共资源强势营销其标准必要专利，这也从侧面印证了国内流行的"一流企业卖标准，二流企业卖专利，三流企业卖产品"的说法。企业若拥有技术标准中的标准必要专利，不仅是对该企业科技声誉的一种宣示，而且更要的是，其专利技术在该技术标准中是不可或缺的。其他企业生产的符合该技术标准的产品都将使用其专利技术，一些优秀的跨国企业，特别是在通信领域，通过技术标准中的标准必要专利实际控制了该产业的原材料、关键零组件，主导了该产业的发展，分配了价值链中大部分利润。所以，在某些产业领域，下游厂商投入巨大的人力、物力、财力，但其在价值链中分得的利润份额仅为上游领先企业的二三十分之一。

专利赋予专利权人，未经其许可不得为生产经营目的制造、使用、许诺销售、销售、进口其专利产品的权利。专利权能的多样性，加之日新月异的商业环境，专利权经济价值的实现方式从传统的主要将专利作为保护技术研发及专利侵权诉讼的工具，逐渐开始复杂化和多元化。与有形产品通过向消费者销售商品实现其经济价值不同，专利权经济价值的实现要复杂得多，❷ 在残酷现实的商业实践中，专利权人通过"放水养鱼""插圈

---

❶ 特别是目前很多国家商业秘密的保护制度还不够健全，科研人员在竞争厂商之间频频跳槽的现象屡见不鲜，因为发明人对其发明创造的技术方案的理解最具权威性，其作为解决特定技术问题专家，对该技术领域的现有技术水平及未来发展趋势亦有独到见解。因此，竞争厂商如利用原发明人对其发明创造的技术方案进行回避设计，成功率会很高，成本也较低。

❷ 以专利许可为例，不仅专利权人在许可条件中会对被许可人使用专利技术做很多严格的限制，对原材料、设备、制程、各种后端的应用、授权的区域分割等都会限制不同的条件，而且专利许可费的多少计算依据及各种付款条件的复杂程度，绝非仅凭一般有形产品的销售经验就可以理解，更有甚者，专利许可还有可能涉及各国（地区）竞争法规的约束。

弄套",最后"斩尽杀绝"的运作模式屡见不鲜。因此,专利权经济价值的实现过程常伴随对立及冲突。另外,专利权经济价值的实现方式也具有鲜明的多样性特点,包括新创事业、作价入股、许可与移转、侵权诉讼、技术服务、融资担保、技术标准、专利联盟等专利商品化与产业化形式。

四、界定专利权经济价值外延的意义

知识经济时代,发达经济体社会的财产观念已发生重大变化,专利权成为一种新的财产形式。在一定程度上可以说,专利权更像一种经济制度,而不是一种单纯的法律制度、产权制度或技术制度。当前,我国的专利制度,无论是立法、司法、行政多从单一保护的观念着手处理各项有关专利事务,误入"智财决胜"的制度、理论及实践误区,局限了专利权应有的产业优势机能,弱化了专利权的经济价值。现代专利制度是以市场为核心的法律制度,专利权的经济价值来源于市场,具体表现为专利权人(企业)通过专利权对相关市场形成的控制供应链、分配价值链、主导产业链的非常竞争优势。本书通过界定专利权经济价值的外延,将专利权经济价值分析与具体的产业事实连结起来。界定专利权经济价值的外延对改变企业现有的消极被动的专利管理模型,提升专利权人对其专利权的创造、运用、保护、管理同样具有重要意义。

第四节 专利权经济价值分析中的"木桶理论"

"木桶理论"是现代管理学上一个著名的理论,是指用一个木桶来装水,如果组成木桶的木条参差不齐,那么它能盛下的水的容量不是由这个木桶中最长的木条决定,也不是由这个木桶中全部木条长度的平均值决定,而是由这个木桶中最短的木条决定,所以"木桶理论"也被称为"短板效应"。随着它被应用得越来越频繁,其应用场合及范围也越来越广泛,意义更加丰富,表现出强大的生命力。本书将"木桶理论"引入一个新的领域,以专利制度的基础理论为起点,分析影响专利权经济价值的各

要素，为构建专利权经济价值分析范式奠定理论基础。❶

一、专利权保护与"木桶理论"的桶底基础

美国著名经济学家哈罗德·德姆塞茨指出："产品一旦在市场上达成，两组产权就发生了交换。虽然一组产权常附着于一项产品或劳务，但交换物品的价值却由产权的价值决定的。"❷ 这一论断如进一步延伸，在专利权交易中，交易客体的经济价值源于对专利权的保护。这是因为：一方面，援引张勤教授的观点，虽然专利权的终极客体是特定有用信息，并且信息具有可无限复制、无稀缺性、无排他性、可永久存续的基本属性，❸ 但是，在知识产权领域，专利权的终极客体和专利的财产权客体是分离的。专利财产权的客体是可在市场上估价和交易的使用特定有用信息或知识的特许用益权。❹ 按照这一观点，可以说，现今专利管理实践中，专利权的转

---

❶ 专利权经济价值的内涵是指以专利文件为载体，以专利行政部门授予的排他性权利为核心，以司法机关的司法确认为边界，藉由权利人行使而呈现的经济价值。本书界定的专利权经济价值更加关注专利权授权文本的质量（含与专利审查相关的文件档案，因为这涉及捐献原则和禁止反悔原则）以及司法机关对专利案件的审理标准，笔者之所以以相对保守的态度界定专利权经济价值的内涵，是因为我国目前批准的专利权偏多、"问题专利"较多以及专利司法保护也存在一些问题。

❷ ROBERT P. MERGES, AND C. GINSBERG JANE. Foundations of Intellectual Property [M]. New York：Foundation Pr, 2004：1-68.

❸ 张勤教授提出的信息的基本属性包括以下五个方面：一是信息承载于介质，但并不绑定于特定介质，因而是独立于介质而存在的另一种客观存在的事物；二是信息可无限复制；三是信息无天然的排他性，可多主体同时使用；四是信息不会因使用而减少或消灭，可永久存续；五是信息仅仅处于公有领域。

❹ 张勤教授在其著作《知识产权基本原理》中指出，之所以需要区分专利权的终极客体和专利的财产权客体，是因为无论在法学领域还是在经济学领域，人们往往都忽略了财产与财产权之间的区别。尽管，在物权领域财产和财产权不可分离，是同义词，因而无需区分财产和财产权。但是，在专利领域，这种区分非常必要，因为专利权的终极客体并不处于私有领域，其配置方式与物权领域的财产分配方式完全不同，于是再将物权领域的经济学理论套用到专利领域就不灵了。故此，唯有厘清专利权的终极客体和专利的财产权客体，才能阐明作为私权的专利权如何建立在仅仅处于公有领域的知识或信息之上。

让、许可、出资、质押融资、证券化及专利拍卖的直接客体都是发明创造的特许用益权,专利财产权——特定有用信息的特许用益权本身即成为交易对象,无需附着于另外的一项产品或劳务。另一方面,发明创造需要大量的投入和高智商的艰苦劳动,其成果应当受到严格的知识产权保护。如果缺少对专利权的严格保护,再好的专利权也只能被视为一份"荣誉证书",不具有市场意义上的稀缺性而只能被束之高阁。缺少对专利权的保护便扼杀了对特定有用信息的特许用益权,该特定有用信息便只能成为公共产品,难以为创造者带来经济效益。张勤教授在《知识产权基本原理》的开篇提到一个案例:"作者曾接触一家国内某行业领军企业的老总,该企业的一项发明专利技术已经成为业内事实上的标准,但其周边侵权企业达四十多家,打击侵权难度很大,因为这些企业太多,地址和法人信息模糊不清且时常更换,难以取证。于是这家企业只能采取优质低价的策略将这些侵权企业挤出市场。本应获得高额回报的发明专利却成了无用的摆设。"❶

很容易理解,用木桶来装水,木桶容量的根基体现在桶底上,单位面积下,桶底承担的压力最大,缺少桶底,木桶便不能盛水。这正如前文所述的例子,因为缺少知识产权保护这个"桶底",致使特定有用信息的特许用益权丧失,专利权人投入的大量资源无偿流入公有领域之中。所以在专利制度中,专利权保护既是专利制度有效运行的保障,也是专利权经济价值得以体现的"桶底"。专利权保护是作为专利财产权可在市场上进行交易和估价的基础,可以从专利权保护的"宽度"和"高度"两个维度来衡量其作为桶底是否足够坚固。专利权保护的"宽度"是指对专利权提供的保护类型,例如民事法律规范保护、行政法律规范保护以及刑事法律规范保护。从专利权保护的"宽度"来看,在专利权保护的"高度"确定的前提下,保护宽度越广,则对专利权保护的越充分。同时,在专利权保护的"高度"确定的前提下,拓宽专利权保护的"宽度"也是提升专利权保护水平的重要举措。专利权保护的"高

---

❶ 张勤. 知识产权基本原理 [M]. 北京:知识产权出版社,2012:2-162.

度"是指对在专利权保护的"宽度"范围内,法律法规打击侵犯专利权的严厉程度。从专利权保护的"高度"来看,在专利权保护的"宽度"确定的情况下,保护高度越高,对专利权保护得越充分。同时,在专利权保护的"宽度"不变的情况下,提高专利权保护的"高度"也能提升专利权的保护水平。例如,中华人民共和国专利法第四次修改草案(征求意见稿)所涉及的七个条款的修改即是从专利权保护的"宽度"和"高度"着手为全面提升专利权保护所做的努力。本次修改的背景是:国家知识产权局的调研结果显示,"30%的专利权人遇到了侵权纠纷,其中仅有10%的权利人采取维权措施,很多权利人因为专利权难以得到保护已经丧失了对专利制度的信心"。

二、专利权经济价值与"木桶理论"木条的长短

专利权的终极客体是特定有用信息。作为信息,因为其具有可无限复制、无排他性并可永久存续的基本属性,而不具有市场上的稀缺性。而专利权经济价值的体现又以稀缺性为前提条件,因为如果不具备稀缺性,专利财产权便无经济价值,无法在市场上进行交易。经济学意义上讲就是所有可以交易的产品都具有稀缺性,不能为所有需求者获取,否则便不能成为商品。基于以上论述可知,专利权的终极客体本质上不可能在市场上进行交易和估价,而按照笔者的观点,专利权又是可以交易和估价的。两者之间有何区别?解决这个问题,还要回到张勤教授所论述的与专利权相关的两个基本概念上,即专利权的终极客体和专利权的财产权客体。显然,两者是不同的。专利权的终极客体是特定有用信息;而专利权的财产权客体是对特定有用信息的特许用益权。明确了两者的区别才能理解信息产品与信息商品的不同。专利权经济价值分析和研究的是信息商品而非信息产品,其研究的对象是专利权的财产权,即专利权经济价值分析,研究的是权利人对特定技术方式使用和收益的权利。这引出对另一个问题的探讨,即在专利制度内,特定有用信息该怎么理解?回答这一问题,需要回顾一下专利制度发展的历程。专利制度建立初期,专利文件只包含专利说明书,而没有权利要求书。经过一段时间的实践,发现这种做法存在严重问

题。因为任何发明创造都是在现有技术的基础上做出来的，专利说明书要达到使所属领域的技术人员能够实施的程度，就需要在现有技术的基础上，对其发明创造做全面详细的说明，其中既包括对背景技术的描述，也包括对发明点的描述；既包括对发明创造原理的说明，也包括对实施例的详细介绍。以上内容交织在一起，篇幅非常大。面对这样的专利文件，无论是公众还是法官，都很难从中归纳出哪些是发明人的发明创造。即使归纳出来，也因人而异，难以统一。为了解决这一难题，西方国家为专利文件设计了一个特殊的法律文件——权利要求书。❶ 现今，世界各国的专利法规定的对专利申请文件的种种要求及专利审查的所有标准，实际上都是围绕权利要求书展开的。

基于以上论述，那么，特定有用信息指的是专利说明书还是专利权利要求书？笔者延续张勤教授的研究思路，认为专利权说明书公开了权利人的特定有用信息，而权利要求书则公示了权利人对特定有用信息行使特许用益权的权利范围。理由在于特定有用信息意味着其对该信息所属领域的一般技术人员是有用的。正如，美国联邦索赔法院1967在Autogiro Co. Of America v. United State 案的判决中指出："权利要求从表面来看不可能是清楚的，毫无含糊之处。权利要求的准确含义必须通过它所要传递的发明思想来确定。只有搞清楚了发明思想，才能够确定有多少阴影遮挡了真相。"❷ 专利实践也告诉我们，仅凭专利权利要求书，本领域技术人员基本上不可能再现该技术方案。明确了这一点，也就很容易理解，特定有用信息的判断具有较高程度的客观性。而专利权利要求书作为圈定对特殊有用信息的使用和收益的特许用益权，是一份由专利申请人自己提出、由专利行政部门经审查予以授权的法律文件，权利人对特定有用信息使用和收益的特许用益权范围的认识依赖于自身的判断。实践中，各国法院规定专利权利要求书应当以说明书为依据，但并未要求权利要求书中圈定的对该技术方案的使用和收益的权利与说明书中公

---

❶ 尹新天. 专利权的保护 [M]. 北京：知识产权出版社，2005：239-368.
❷ Electric and Musical Industries Ltd v. Lissen Ltd; HL 1938.

开的该技术方案相一致。特别是当前，我国专利代理实践中，权利人在权利要求书中圈定的对本技术方案的使用和收益的权利小于或远小于说明书中公开的该有用技术方案的情况屡见不鲜。

虽然日常生活中人们所见的木桶的木条是一样长的，但是在专利权经济价值分析中，影响专利权经济价值的因素很多，包括法律因素、技术因素和经济因素三方面，具体涉及的分项指标更是多达几十个。这些影响指标遍布专利权的创造、运用、保护、管理各个环节，专利权经济价值是以上四个环节在经济收益上的整体最终体现。由于涉及多个环节，并且各个环节之间存在紧密联系，任何一个环节出了"差错"，对专利权经济价值的实现都是致命的。专利实践中，创造、运用、保护、管理四条"木条"长短并不一致，例如，相比其他两个环节，当前我国在运用和保护上整体还比较薄弱。上述每个"木条"又由若干更小的"木条"组成。以专利权的创造为例，它就包括从技术方案的最初构思、到形成专利文件、再到授予专利权整个流程。前文通过上述分析，明确了专利权经济价值研究和评价的是对该技术方案使用和收益的特许用益权，特许用益权的范围由专利权利要求书圈定。现行《专利法》第26条第3款、第4款规定，说明书应当对发明或者实用新型作出清楚、完整的说明，以所属技术领域的技术人员能够实现为准；必要的时候，应当有附图。摘要应当简要说明发明或者实用新型的技术要点。权利要求书应当以说明书为依据，清楚、简要地限定要求专利保护的范围。《现行专利法》第59条第1款规定，发明或者实用新型专利权的保护范围以其权利要求的内容为准，说明书及附图可以用于解释权利要求的内容。因此，在专利权的创造环节，专利权说明书、权利要求书、撰写方式等"木条"的长短也是参差不齐的。

三、专利权经济价值分析与"木桶理论"的短木条

在桶底和桶箍确定的情况下，木桶盛水量的多少取决于最短的木条。类似该理论，专利权经济价值分析是一个复杂的系统工程，涉及专利权创造环节的分析、运用环节的分析、保护环节的分析以及管理环节的分

析四大部分；以上每一环节中又可进一步分析适用"木桶理论"。首先，在专利权的创造环节，这个环节主要包括技术方案的形成、专利行政部门审查授权到最终专利申请人获得专利权的过程。该环节可以看作是专利申请人在其拟公开的特定有用信息范围内"圈地"的行为，经专利行政部门审查授权后申请人对被其"圈定"的特定有用信息——专利技术方案享有特许用益权。该对特定有用信息的特许用益权是可以在市场上交易和估价的，这也就是本书研究分析专利权经济价值的原因所在。专利权人特许用益权的范围由专利权利要求书确定，所以在专利权的创造环节，笔者主要分析权利要求书这根"木条"的长度，《专利法》第59条第1款也规定，发明或者实用新型专利权的保护范围以其权利要求的内容为准，说明书及附图可以用于解释权利要求的内容。而在分析权利要求书这根"木条"的长短之前，有必要介绍一下在专利制度中，分析衡量该木条长短的规则。权利要求是以发明或实用新型的技术特征来表示的，同时也是以这种技术特征来限定发明或者实用新型的保护范围。❶一件专利申请的权利要求书中，应当至少有一项独立权利要求和若干从属权利要求。独立权利要求应当从整体上反映发明或者实用新型的技术方案，记载解决技术问题的必要技术特征。从属权利要求应当用附加的技术特征，对引用的权利要求作进一步限定，因此，从属权利要求应当包括引用部分和限定部分。以上每一项权利要求都确定了一个保护范围，该范围由记载在该权利要求中的所有技术特征来确定，这些技术特征的总和构成

---

❶ 根据全部技术特征原则，一个权利要求所具有的技术特征越多，专利所给予的保护范围就越小。因此，在审查过程中，如果审查员认为独立权利要求中记载的技术特征还不够充分，缺少解决技术问题所必不可少的某些技术特征，就会依据该条款提出反对意见。专利申请人为了克服上述缺陷，必须在权利要求中写入原来缺少的必要技术特征，这样其实也就缩小了权利要求的保护范围。

了该项权利要求所要求保护的技术方案。❶ 另外，按照《专利法》第 11 条的规定，对同一项拟申请专利的技术，即使不考虑申请人的撰写水平，申请人采用不同的撰写方式撰写权利要求，所得到的专利权的保护范围往往不同。❷ 由此可见，在专利权的创造阶段影响专利权经济价值的"木条"主要是权利要求的撰写。❸ 目前，我国专利代理服务无论是数量还是服务质量总体比较低，甚至不少服务机构将代理专利申请的授权率作为广告宣传。事实上，具有专利实战经验的人都清楚，单纯地想获得专利授权其实很容易，只要将主权利要求的技术特征写得多一点，权利要求范围搞得窄一点，基本都能获得专利授权，但这样的专利权基本没有"圈到地"，徒费专利费。因此专利权经济价值分析在专利权的创造阶段需要重点分析的短"木条"包括：一是权利要求技术特征的多少，对必要技术特征的鉴定是一项技术性很强的工作，如果权利要求特别是主权利要求中包含非必要技术特征（不必要或不适当地列举技术参数、逻辑关系的表达错误等），将不可挽救地造成该专利财产权"圈不到地"或几乎"圈不到地"。二是

---

❶ 专利实践中，不少人认为既然独立权利要求的保护范围最大，就无需多写从属权利要求，其实这是一种误解，原因有以下两个方面：一是国家知识产权局对无效宣告请求的审查程序有明确的规定，一般不允许专利权人在无效宣告程序中将仅仅记载在说明书中而没有记载在授权权利要求书中的技术特征通过修改加入到权利要求书中。这样，如果授权专利只包括一项独立权利要求，在无效程序中发现该独立权利要求所要求保护的技术方案不具备新颖性或者创造性时，即使说明书中还记载了其他技术特征，专利权人也无法通过修改，在权利要求中加入这些技术特征来维持其专利权有效。因此，申请人在撰写权利要求时，通过适当的撰写方式使从属权利要求在保护范围的大小上形成一个梯队层次对维持专利权人的专利权意义重大。二是在专利侵权诉讼中在专利权人预感到其独立权利要求的保护范围过宽，有可能被宣告无效的情况下，如果被控侵权的客体也落入其从属权利要求的保护范围，则专利权人可以选择以该从属权利要求来提起专利侵权诉讼，这对维护专利权人的利益，减少不必要的无效宣告程序，提高专利制度的运作效率有很大帮助。

❷ 例如，尽管从理论上说产品的用途发明属于方法发明的类型，但是在许多情况下既可以采用产品权利要求予以保护，也可以采用方法权利要求予以保护。这种状况容易导致对以不同方式撰写的权利要求的保护范围产生不同理解。

❸ 权利要求在现代专利制度中的地位至关重要，西方学者在讲到专利法时，称现代专利法是"名为权利要求的游戏"。

技术特征措辞的上下位关系，用"下位"的方式撰写权利要求，容易获得专利授权，但专利申请人却无法获得他本应有权获得的有效保护。用"上位"的方式撰写权利要求，使之具有尽可能宽的技术含义，则可以确保在专利权的创造环节获得理想的专利权保护范围。本领域技术人员需要仔细推敲每一个需要写入权利要求的技术特征的措辞，不当地以"下位"的方式撰写技术特征，同样会造成"圈地"减少。

其次，在专利权的运用环节，专利运用具有比较宽泛的内涵，一般而言，这个环节主要包括专利权的实施、许可、融资、组建专利联盟、推动专利标准化以及专利信息的传播等。目前，总体来看，相对于国外巨头们运用专利战略的娴熟，我国专利权人在专利权经营意识和专利运用策略方面仍显得相当稚嫩，甚至存在不少误区。专利权的运用阶段同时也是专利权经济价值的实现阶段。如上所述，专利权运用方式的多样性也决定了影响专利权运用的因素具有一定程度的复杂性。从技术因素上讲，专利技术方案的先进性、专利技术方案配套技术的情况都影响着专利权的运用。从政策因素上讲，国家或地方对专利技术方案的实施是否有鼓励和扶持政策、在政府或单位采购上有无激励措施、在各项税收上有无优惠政策等也都影响着专利权的运用。从商业因素上讲，专利权人的现有产品的市场规模情况（其产品在市场同类产品中的市占率）、该类产品市场的竞争情况（与该类产品形成直接竞争关系的竞争者的数量、经营实力比较、市场占有率比较等）、在本国该类产品的未来市场需求规模大小等从一定程度上可以说决定着专利权的运用。再次，在专利权的保护环节，专利权的保护包括立法和执法两个方面的含义。一国对专利权的保护理应与该国的发展阶段相适应，以确保本国利益最大化。我国现在正处在经济转型期，国家整体利益在不断地发生变化，这就要求立法者不断优化专利制度体系，制定和完善专利法律法规，建立健全合理协调的专利权保护体制和机制。另外，"徒法不能以自行"，特别是在当前，普遍存在专利维权取证难、周期长、成本高、赔偿低等突出问题的情况下，需进一步加强专利权行政执法体系建设，发挥司法保护的主渠道作用。笔者认为，在一个法制健全、市场经济活跃的国家，专利权的经济价值大小很大程度上取决于该国的专利权司法保护实践。特别是专利权侵权诉讼中，司法保护措施中对是否颁发禁令的把握程度，专利侵权诉讼赔偿的计算方式的选择、控辩双方举证责任的分配，最终判决的专利侵权诉讼赔偿额对专利权人经济价值的实现有很大的影响，甚至可以说起着决定性作用。不容否认的是，目前我国司法机关并未为权利人提供适当的司法保护，如前文所述，专利司法保护普遍存在"取证难、周期长、成本高、赔偿低"。很容易想象，即使权利人对发明创造的特定有用的技术方案"圈定"了一大片"良田"，但如果一国对擅自闯入"良田摘果子"的侵权不进行处罚，或仅进行象征性的处罚，这样将导致今后有更多的人会选择"闯入良田摘果子"。因此，权利人所"圈定的良田"也就仅有字面上的意义，而事实上已经成为"公共产品"了。正是基于以上认识，笔者在界定专利权经济价值的时候特别支持专利权经济价值需以司法机关的司法确认为边界，而目前司法确认是专利权经济价值分析中的"短板"之一。

最后，专利管理环节渗透在专利权的创造、运用和保护三个环节之中，包括政府和专利权人两个层面。在这个环节，对政府的要求是要创建良好的管理制度和文化环境，提供支撑服务平台建设、培训人才、提高审查质量和速度等；对专利权人的要求则是在专利权的创造、运用、保护等方面进行协调，可以概括为实施企业知识产权战略。由于前文对专利权的创造、运用、保护已进行较为详细的介绍，此处不再赘述。仅以政府在专利权利管理环节的职责为例，论述其对专利权经济价值的影响。作为实施国家知识产权战略的重要内容之一，政府应向社会公众提供便捷的能够满足查全和查准要求的专利权公共信息。但目前，政府在提供支撑服务平台建设方面仍有待改进，虽然《专利法》第三次修改时在第21条中增加了一款："国务院专利行政部门应当完整、准确、及时发布专利信息，定期出版专利公报，"但这只是简单公布专利申请、授权、无效等个案信息，未能提供便捷有效的检索服务平台，内部统计信息也较少对外公布，其他政府机关如海关对较深层次的专利数据信息公布的就更少了。如此大量有价值的信息不被公开，致使专利权人在专利权的创造、运用和保护环节无法进行有效的专利信息分析、无法作出有效的预期和采取得当措施，使专利权的创造、运用和保护程度受限,这不得不说是专利管理中的一大"短板"。

四、专利权经济价值分析与"木桶理论"的桶箍

就木桶而言,桶箍起着固定和强制作用,缺少桶箍,木条就不可能最终被塑造成木桶,长短木条就如散沙一般,甭提盛水了。应用在专利权经济价值分析中,正如前文笔者对专利权经济价值的界定中提到其涉及专利行政机关、司法机关及专利权人三方主体,专利权经济价值分析是一个整体的概念,专利行政机关、司法机关及专利权人都对专利权经济价值产生影响,缺少任何一方或者任何一方存有"短板"都导致"盛水量减少"。除此之外,专利行政部门、司法机关和权利人之间协作配合不融洽也会造成"盛水量的流失"。权利人"圈到的良田良地"被一道道"缝隙"划分开,木桶漏水,最终的结果自然便是专利权人的专利权经济价值难以实现。因此专利权经济价值分析需要研究专利行政部门、司法机关和专利权人之间的"桶箍"是否紧密,三方的合作是否融洽。

对专利行政部门和司法机关而言,专利行政部门和司法机关之间"桶箍"紧密的总体表现在于专利审查和侵权判断中对权利要求的保护范围应当采取彼此一致的解释立场。在我国,专利工作者已注意到权利要求的撰写和专利局的审批标准及权利要求的解释方式之间的这种相互依存和相互影响的关系,并呼吁进行必要的调整。尹新天先生认为:"一项专利权所能提供的实际保护不仅取决于对其权利要求的解释环节,也取决于权利要求的形成环节,这一点可以用形象的公式来表达:实际保护力度等于权利要求的形成乘以权利要求的解释。"❶ 权利要求的形成在专利局审批授权专利过程中形成,权利要求的解释在发生专利侵权纠纷时由人民法院来确定。假如专利局在审查授权过程中对专利权利要求的范围做过于严格的限制,并随后在专利权利要求的解释环节人民法院对专利权利要求作进一步的严格解释,则根据上述公式,专利权人获得的专利权实际保护强度就偏

---

❶ 尹新天. 专利权的保护 [M]. 北京:知识产权出版社,2005:239-368.

小。相反，如果专利局允许专利权人获得过于"上位"化的权利要求，随后人民法院又对专利权利要求作扩大解释，则专利权人的专利权实际保护强度就偏大。为了给予专利权人合理充分的保护强度，专利局和人民法院之间的协调非常重要。对专利权人和司法机关及专利行政部门而言，专利权人和司法机关、专利行政部门之间"桶箍"紧密的总体表现在于专利权人不得滥用专利权破坏公平竞争的市场秩序，❶ 司法机关和专利行政部门有义务采取适当的措施为专利权人提供合理充分的保护，确保实现专利财产权的基本原则——国家整体利益最大化。《国家知识产权战略纲要》将"加强知识产权保护"和"防止知识产权滥用"并列作为重点。对"加强知识产权保护"而言，纲要提出要"修改惩处侵权知识产权行为的法律法规，加大司法惩处力度，提高权利人自我维权的意识和能力，降低维权成本，提高侵权代价，有效遏制侵权行为"。对"防止知识产权滥用"而言，纲要提出要"制定相关法律法规，合理界定知识产权的界限，防止知识产权滥用，维护公平竞争的市场秩序和公众合法权益"。❷

综上所述，"桶底""长短木条""短木条"以及"桶箍"构成了"木桶理论"的整体，也是专利权经济价值分析的四个重要组成部分。从专利管理的角度看，夯实专利权保护的"桶底基础"，知悉影响专利权经济价值的因素或环节的"木条参差不齐"，重视创造、运用、保护、管理四环节影响专利权经济价值的"短木条"，以及箍好专利行政部门、司法机关、专利权人之间的"桶箍"是专利工作人员做好工作，落实《国家知识产权战略纲要》的根基。

---

❶ 专利权人行使专利权的方式主要是许可和诉讼，对专利权的滥用的规制也主要围绕其进行，目前国内对许可关注比较多，而对诉讼则关注的少一些。笔者认为国外特别是美国对"专利流氓"滥用诉权的规制措施，值得我们进一步关注。

❷ 尹新天. 滥用专利权的内涵及其制止措施 [J]. 知识产权，2012（4）：3-9.

第三章 专利权经济价值内涵性要素分析

专利权不同于传统物权，传统物权作为私有财产权存在已久，是一种清晰、明确的客观存在。而专利权作为财产权的存在必须以立法为前提，以专利文件为载体，天然的具有不确定性的特点。专利权作为一项法定的排他性权利，专利权利要求形成了专利权具有排他性的本质，其排他性程度是专利权具有经济价值的制度要求。专利质量与技术发明创造质量不同，专利权是一项在发明创造上授权的法律工具，因此高质量的专利而非高质量的发明创造，是专利权经济价值的必要条件。犹如分析一套房子的价值，需要考虑它的面积大小、容积率等实物状况以及地理位置、周边环境等区位状况，分析一项专利权的经济价值时，需要考虑专利文件所涵盖的技术方案以及司法机关对专利排他权保护的确认程度。

第一节 专利质量评价[*]

专利质量是专利权经济价值的必要条件，专利权经济价值是专利质量

---

[*] 2013年12月国家知识产权局出台了《关于进一步提升专利申请质量的若干意见》，认为专利申请质量以专利申请文件为载体，主要由专利申请的文件撰写水平和专利申请的技术创新水平决定。专利质量作为专利申请质量的上位概念是专利权经济价值的"优质"要求的重要组成部分。另外，朱雪忠教授和万小丽博士在竞争力视野下的专利质量的定义中亦体现了专利的经济价值，并且他们认为专利质量最终体现为经济价值，专利质量是专利权经济价值的重要决定因素，参见朱雪忠，万小丽. 竞争力视角下的专利质量界定[J]. 知识产权，2009（4）：7-14. 综合上述两方面因素，本书将专利质量评价作为专利权经济价值内涵性因素分析中的一节予以论述。

的实践,专利质量的高低决定了专利权经济价值的大小。一项创造程度高、市场前景好的技术方案,在专利申请及审查授权中,如果专利质量出了问题,那么同样不存在专利权经济价值。进一步说,专利质量并不是专利权经济价值的充分必要条件,专利权竞争优势、专利布局等对专利权经济价值的实现同样具有重要影响。

专利权经济价值分布是一个长尾式分布,只有少量的专利权产生高额的经济回报,其分布近乎遵从对数正态分布。❶ 伯曼指出"一家公司只有不到5%甚至可能只有2%具有可识别的价值,也许有45%的专利权可作为议价的筹码,以及留做将来使用是必需的,剩余50%,或者更多没有价值。"❷ 精工爱普生株式会社的知识产权部长上柳雅誉也曾提出"30%塔尖专利"理念,即一个企业所申请授权的专利权,从层次或者质量上看呈金字塔状,越靠金字塔顶尖的,专利质量越高,数量也越少,对企业战略发挥至关重要的专利权只是30%塔尖的高质量专利。科技部火炬中心林耕先生在"专利技术转移的现状与思考"讲座中指出,专利权经济价值在我国的分布同样也是极不均匀的。❸ 他提到某外国企业曾对清华大学申请授权的1万多件专利权进行专业分析后发现:1/3的授权专利是从国家科技进步和科技计划项目中产生的,交易受限制,外国企业不能碰;1/3的授权专利具有经济价值的实践前景,值得碰;1/3的授权专利是低质量专利,没有经济价值,不值得碰。

一、我国专利质量问题的提出

如果说专利代表技术研发能力,那么从专利的申请、授权数量看,我

---

❶ 欧洲专利价值开发研究的结果显示,大约3.5%的专利权占据了潜在专利权经济价值的77%。

❷ [美] 布鲁斯·伯曼. 从资产到利润:Competing for Ip Value & Return [M]. 罗文星,等译. 北京:机械工业出版社,2011:45-65.

❸ 讲座发布于2013年12月举行的"思博知识产权交流年会"上。林先生提供的一组数据显示,2012年全国共有2751项专利交易合同,北京市也仅有483专利交易合同。如果将专利授权数作为分母,那么,2012年全国平均专利转让实施率为0.41%,北京市专利转让实施率为1.49%。

国已居世界首位。但实际上，我国的技术创新实力果真如此吗？依据国家发展改革委宏观经济研究院马晓河的研究，目前中国炼油工业80%的技术装备依靠进口，大型飞机、半导体和集成电路专用设备、数字电视等消费电子领域的芯片都长期依赖进口，高档数控系统国产品牌国内市场占有率仅为1.5%，国产系统软件和基础软件市场占有率仅为5%，生物医药95%以上为仿制药。超大规模集成电路、高性能计算机等领域与国外先进水平差距更大。❶进一步说，由于自主创新能力不足，企业的利润率很低。2013年我国企业500强分析报告显示，209家国有企业的平均收入利润率为1.90%，291家民营企业的平均收入利润率为2.87%。更进一步说，由于我国专利质量总体上处于较低水平，致使专利转化率低、转化效益差，对提升企业国际核心市场竞争力作用有限。从专有权利使用费和特许费的收支数据看，2009年以来我国的国际收支逆差一直在100亿美元以上，并有逐年增加的趋势。另外，根据2012年世界贸易组织的数据，我国知识产权贸易出口额只有美国同期的0.75%。❷

众所周知，专利制度设计的初衷是以公开换保护。由于专利权保护的这种特点，要求必须高度重视专利申请文件的撰写。国家知识产权局也指出专利申请质量以专利申请文件为载体，主要由专利申请的文件撰写水平和专利申请的技术创新水平决定。❸但是，实践中相关当事人对专利申请文件的撰写果真如此重视吗？刘洋和郭剑的专利质量状况调查结果显示，被调查者认为专利质量主要体现在技术水平（34%）、权利稳定（30.2%）和市场前景（28.2%）三方面，专利申请文件的撰写水平仅占7.7%。❹如果说在专利制度建立初期，专利代理水平普遍不高，我国法院在司法实

---

❶ 马晓河. 迈过"中等收入陷阱"的需求结构演变与产业结构调整［J］. 宏观经济研究，2010（11）：3-11.

❷ 朱雪忠. 理性看待我国的知识产权贸易逆差［N］. 中国知识产权报，2015-6-3.

❸ 参见《关于进一步提升专利申请质量的若干意见》。

❹ 刘洋，郭剑. 我国专利质量状况与影响因素调查研究［J］. 知识产权，2012（9）：72-77.

践中创立了"多余指定",降低了对专利申请文件的撰写要求;那么,现阶段由于引导政策和考核评价工作的不当做法,导致实践中出现重数量、轻质量,重授权考核、轻保护范围的不良倾向,淡化了对专利申请文件的撰写要求。

理论上讲,从专利审查的角度,高质量专利要求授权的专利权利要求边界清晰、保护范围适当,并且授予的专利权权利稳定。但同时专利审查授权又是一种公共政策手段,其目的是最大限度地满足国家整体利益的最大化的要求。专利审查授权的政策工具属性要求审查标准、审查质量、审查周期等专利审查工作要与国家现阶段的科技创新和经济发展要求相适应,并服务于创新型国家战略和创新驱动发展战略。现阶段,我国是知识产权大国,但不是知识产权强国,原创型、基础型的高价值专利还比较少。不仅如此,过多低技术水平的专利有可能形成彼此之间的过渡围堵封杀,导致市场主体陷入低水平专利彼此包围的混乱格局之中,动辄需要面对专利官司,增加社会生产成本,阻碍生产力的健康发展。❶ 其中部分原因在于专利审查工作存在一些问题和不足。一方面专利审查工作激励创新、促进经济发展质量提高的政策导向作用体现得尚不够充分,低质量专利申请较多;另一方面授予发明专利所必需的创造性的门槛不高,大量低技术含量的发明专利被授权。

二、跳出数字化评价的桎梏,科学界定专利质量内涵

工业经济时代,对于传统的制造业而言,企业经营管理人员对质量管理的概念早已耳熟能详,生产实践中,也已经开发出许多质量管理的制度和系统,用以改善和提升产品的质量。例如,摩托罗拉公司的比尔·史密斯早在 1985 年就提出了六标准差的构想(在完美情况下每十亿个测量值中,其缺点只有两个机会,亦即良品率有 99.9999998%),1987 年摩托罗拉公司开始在公司推行实施,伴随着摩托罗拉公司骄人的产品质量管理绩

---

❶ 张勤. 评 2012 年我国每万人有效发明专利拥有量超过 3.3 件 [J]. 知识产权,2013(1):54-56.

效,六标准差开始在各行业蔚然成风。

但是,知识经济时代,企业和专利行政部门至今尚未对专利质量形成类似上述产品质量管理的有效管理制度和系统。究其原因,传统有形财产作为一种自然的所有权,是一种清晰、明确的客观存在,而专利权本质上是一种法定的排他权,两者之间存在本质的区别,对专利质量缺少明确的理解和判断。实际上,迄今专利质量问题仍是一个众说纷纭的话题。有学者将专利质量与专利权经济价值混同,认为专利权经济价值越大,专利质量越高,这种观点表面上合乎逻辑,但实际上变成了循环论证。有学者将专利质量与技术方案本身的质量混同,即通过技术角度看一项发明创造对社会进步与发展的影响程度,影响程度越大,专利质量越高。但是,技术先进性仅是评价专利质量高低的一个方面,一项发明创造从申请到授权包含很多创造性劳动,这些创造性劳动最终体现在专利文件上(包括专利说明书、权利要求书及专利审查档案),将技术质量等同于专利质量,实质上是忽视了专利权的撰写、申请及授权环节。有学者将专利质量视为专利申请获得授权的成功率。他们可能不知道社会上一些专利代理机构都能做出保证授权的承诺,但这样一件只要证书不管范围的授权专利,很多可能连"废品"都不如,徒增费用,毫无质量可言。也有学者将获得中国专利奖的专利等同于高质量的专利,忽视了专利质量研究的用途之一便是为专利评奖提供参考,因此,将获得专利奖的专利等同于高质量的专利实际上也变成了循环论证。

对专利质量的界定,至今国内外仍没有一致的认识,现有研究多是从某一角度界定专利质量。瓦格纳(Wagner)将专利质量界定为专利申请文件与法定授权条件的一致性。❶ 伯克(Burke)和莱兹格(Reitzig)将专利质量界定为专利行政机关依照专利授权的技术质量标准对专利作出的一致性分类。❷ 他们

---

❶ R. Polk Wagner.The Patent Quality Index [EB/OL]. [2013-11-13]. https://www.law.upenn.edu/blogs/polk/pqi/documents/2006_ 1_ presentation.pdf.

❷ PAUL F. BURKE, REITZIG MARKUS. Measuring Patent Assessment Quality—Analyzing The Degree And Kind Of (In) Consistency In Patent Offices' Decision Making [J]. Research Policy, 2007, 36 (9): 1404-1430.

提出专利质量是发明的技术经济质量，专利技术质量与专利技术价值高度相关，技术质量和技术经济可以互换。坎宝（Combeau）认为专利质量应该涵盖专利审查的整个过程。❶ 格拉夫（Graf）将专利质量界定为专利权在何种程度上符合法定可专利性要件，包括技术方案的客体、新颖性、创造性、实用性及适当的说明和实现方式。❷ 托马斯（Thomas）将专利质量界为专利的效力是否在诉讼中经得起考验。菲利普（Philipp）将专利质量界定为他人能以不侵权的方式接近受保护的发明创造的程度，即通过专利保护范围来界定专利质量。❸ 斯蒂文（Steve）将高质量专利界定为收益超过成本的专利权。❹ 亚伯拉罕（Abraham）和莫伊拉（Moitra）提出了技术层次的概念，并认为专利质量越高，专利权利要求包含的细节越少。❺ 万小丽博士将专利质量界定为专利技术对技术使用者形成竞争力的重要程度。❻ 同时，万小丽博士将被引用次数、权利要求数量和发明人数量三个指标作为反映不同专利质量的信息综合为一体，构建了专利质量指数模型（PQI）。

$PQI = \sum_{i=1}^{n} X_i^* W_i$，其中，$X_i^*$ 为第 i 个指数的相对指数，W_i 为第 i 个指数的权重。

在上述研究的基础上，笔者认为，专利权作为一项法定的财产权，研

---

❶ J Combeau. Patent Quality [EB/OL]. [2013-11-13]. www.ficpi.org/library/07 AmsterdamColloqu/5-Combeau_ revised.pdf.

❷ SUSAN WALMSLEY GRAF. Improving Patent Quality Through Identification Of Relevant Prior Art: Approaches To Increase Information Flow To The Patent Office [J]. Lewis & Clark L. Rev., 2007 (11): 495.

❸ MINOO PHILIPP. Patent Filing And Searching: Is Deflation In Quality The Inevitable Consequence Of Hyperinflation In Quantity? [J]. World Patent Information, 2006, 28 (2): 117-121.

❹ ADAM STEVE. Quality over Quantity: Strategies for Improving the Return on Your Patents [J]. Computer and Internet Lawyer, 2006, 23 (12): 18.

❺ BIJU PAUL. ABRAHAM, AND D. MOITRA SOUMYO. Innovation Assessment Through Patent Analysis [J]. Technovation, 2001, 21 (4): 245-252.

❻ 万小丽. 专利质量指标研究 [M]. 北京：知识产权出版社，2013：29-56.

究专利质量必须从专利制度出发，分析专利质量的构成要素。首先，从专利权作为一项技术方案的形式出发，作为一项发明创造，其创造性程度越高，对现有技术越能形成颠覆性创新，其技术方案越能给其他发明人以技术启示，其他发明人越会在该发明创造的基础上进行进一步增量式创新或应用型创新，因此专利引用情形应作为专利质量的重要内容。其次，从专利审查制度的角度出发，因现行专利审查实践是建立在现有技术基础之上的，因此，专利申请人及专利行政部门对专利文件和专利审查授权作业应作为专利质量的重要内容。再次，从专利权作为一项法定的排他权出发，排他权的范围由权利要求书确定，但专利说明书、专利申请及答辩中的相关专利文件会导致专利权排他性范围的限缩，因此，专利文件应作为专利质量的重要内容。最后，从专利作为现代商业竞争的非常竞争优势工具的角度出发，专利权作为企业专利权人排除竞争对手的重要法律工具，通过专利权在产业链、价值链、供应链中形成主导优势是专利权质量内涵的应有之义，因此，专利权对专利权人竞争优势分析应作为专利质量的重要内容。

综合以上四方面的分析可知，专利质量是指专利权人对经专利行政部门审查授权的符合法定授权要件的专利权行使排他性的程度。

三、跨越割裂的评价标准，融入体系化的评价系统

近年来，全球主要创新国家开始纷纷关注专利质量问题。❶ 社会各界开始对专利撰写质量、专利行政部门的审查质量和授权标准进行反思。但是对专利质量的反思未从专利权的财产权属性出发全面研究专利质量，而是将其割裂开来。专利权作为一项法定的排他性权利，专利权利要求形成了专利权具有排他性的本质，其排他性程度是专利权具有经济价值的制度

---

❶ 2006年，美国众议员伯曼向众议院提交《2006专利质量法》提案。2012年，欧洲专利局经济和科学咨询委员会发表声明，建议改进专利体制，主要强调专利质量在促进创新方面的重要性。2012年，加拿大代表团和联合王国代表团在第十八届专利法常设委员会上提交《关于专利质量问卷的提案》。2013年，中国国家知识产权局出台《关于进一步提升专利申请质量的若干意见》。

要求。同时，专利权作为以技术方案为客体的法定财产权，其经济价值具体体现在被排他的技术方案上。进一步说，这便涉及专利质量与专利价值的关系。对此，正如周延鹏教授所言，专利质量是专利价值的前提，而专利价值是专利质量的实践，没有专利质量就不存在专利权经济价值。笔者认为，在新财产观念的语境下，对专利质量的研究应融入知识经济系统中，进行系统化的分析研究。

以专利制度和产业事实为基础，将专利质量评价系统化地融入专利权经济价值的理论框架之中，不仅有助于深入研究专利质量评价的理论体系，而且将专利质量同经济与产业对接也有助于我国知识产权强国建设。本书第二章从内涵和外延两个不同的角度界定了专利权经济价值。专利权经济价值的内涵是指以专利文件为载体，以专利行政部门授予的排他性权利为核心，以司法机关的司法确认为边界，藉由权利人行使而呈现的经济价值。专利权经济价值的外延是指专利权人（企业）以产业结构化为导向，通过各部门协同化的运作机制，以在最小可销售专利实施单位层面上形成控制供应链、分配价值链、主导产业链的非常竞争优势，并藉此获取的多元化经济利益。可见，专利权是企业维持其核心竞争力的非常竞争优势工具，实践中要发挥其作用需要专利权人、专利行政部门和司法机关紧密配合，通力协作。其中，专利质量高低是决定专利权能否成为企业发展国际核心市场竞争力的关键一环。专利权在商业竞争中所表现出的非常竞争优势，通过专利排他权实现，亦即发明专利权被授予后，除专利法另有规定的以外，任何单位或者个人未经专利权人许可，都不得实施其专利，即不得为生产经营目的制造、使用、许诺销售、销售、进口其专利产品。高质量的专利权代表着较高的排他性程度，即在商业竞争中扮演着较大的非常竞争优势。

笔者认为专利质量不是非黑即白，而是模糊的，一定程度上也可以说专利质量是灰色的。从专利代理人撰写的专利文件来看，语言表达方式的多样性，决定了对专利文件的撰写质量的评价不存在统一的标准。虽然对专利文件中文字用词和语法的精确性、权项组合的逻辑性、保护范围的涵盖性的评价，远不像专利引证次数、被引证次数、权利要求数量、发明人数量、科学关联度、即时影响力等简单直观,但是这些难以量化的评价要素才是决定专利质量的关键所在。权利要求数量、发明人数量等数据虽然简单直观,但是这些指标割裂了专利的制度基础和产业属性。从专利的审查授权机制看,各国专利行政部门在审查中对申请专利是否符合专利法规定的授权条件所作出的决定并非权威的、终局的。特别在法定授权条件中对创造性的把握,不仅不可避免地带有专利审查员的个人主观色彩,而且更为重要的是,对现有技术的检索只能是相对检准检全,因此对现有技术的检索不可避免地带有审查员个人能力的烙印。需要说明的是,专利质量不是非黑即白,而是灰色的,并不否认可以对专利质量进行科学的评价。只是未来对专利质量的研究应融入一个体系化的评价系统,和专利权经济价值联系起来,以产业结构化的视角研究专利权在商业竞争中的非常竞争优势,以此推动专利质量研究进入一片新的广阔天地。

四、高质量专利所具备的四项基本特征

知识经济时代,专利权人萃取专利权经济价值,筛选高质量的专利权是其首要。根据作者对专利质量的界定,专利质量的高低由申请人撰写的专利文件、审查员的审查标准及审查质量、专利方案的技术质量、专利的经济质量均直接影响专利权的排他性程度。为在专利权经济价值分析中简洁、快速地筛选出高质量的专利,萃取专利权的经济价值,笔者归纳概括出高质量专利所具备的四项基本特征。

(一) 旁征博引

旁征博引包含两层含义,一是授予专利权的专利文件引用较多的现有技术包括科技论文、专利说明书、专著等;二是授予专利权的专利被其后的发明人引用的次数也比较多。对于现有技术的引用,我国《专利审查指南(2010)》第八章实质审查程序中规定:"说明书背景技术部分应当记载与该独立权利要求前序部分所述的现有技术相关的内容,并引证反映这些背景技术的文件。如果审查员通过检索发现了比申请人在原说明书中引用的现有技术更接近所要求保护的主题的对比文件,则应当允许申请人修

改说明书,将该文件的内容补入这部分,并引证该文件,同时删除描述不相关的现有技术的内容。"与我国仅有义务规定,缺少必要罚则的规定不同,《美国专利法实施细则》第1.56条(a)款规定,每一个参与专利申请提交及审查的个人均对美国专利商标局负有诚实与善意义务,包括向美国专利商标局披露其一致的、与可专利性相关的重要信息。在整个专利审查授权阶段,上述披露义务持续有效,且披露范围包括审查授权过程中所获得的所有信息,否则将导致专利申请的所有权利要求不可执行,导致专利权人失去整个专利权,在特殊情况下也可能导致其他的相关专利不可执行。❶ 另外,对现有技术的充分引用,对于提升授权专利的稳定性也有很大帮助,因为实践中一项授权专利被无效宣告的可能性非常高。如果能在专利申请授权阶段充分披露现有技术,包括专利行政机关在审查授权中检索到的对比文件的质量和数量的提升,可提升专利审查授权中对新颖性、创造性的确定程度,日后专利被无效的可能性就较少。

对授予专利权的专利被其后的发明人引用的情形,笔者称之为专利引证。专利引证通常由专利行政机关专利审查员的引文而建构,因为发明创造具有很强的继承性和连续性,几乎所有的发明创造都是在前人研究成果的基础上发展起来的。如前文所述专利引证乃由各国专利行政机关的专利审查员引文构建,因此各国专利引证的解释效力也存有比较大的差异。专利引证既具有法律意义又具有技术意义。从法律意义角度看,专利行政机关专利审查员进行专利引证主要是用作技术参照,授权专利申请所要求的权利范围。一项专利的专利引证越多,对其后的专利的限制作用越大,后续增量式创新产生的专利权的行使往往需经颠覆式创新专利的许可,如果其后续专利没有将其无效掉,则间接说明该专利的稳定性较强,专利质量较高。从技术意义角度看,技术创新整体上是一个累进创新的过程,但被某些颠覆式创新技术打破该累进进程的情形也时有发生,这些颠覆式的创新技术成为下一个累进式创新进程的起点,如此循环反复。因此便容易理

---

❶ 刘珍兰.美国专利法不正当行为原则的最新发展 [J]. 武汉大学学报,2011(5):106-111.

解，专利引证越多本发明创造的颠覆性程度越大，技术重要程度越高，专利质量也越高。

(二) 面面俱到

面面俱到是指一项发明创造包含项数较多的权利要求或者申请专利范围。在现代专利制度下，专利权作为一项法定排他性权利，对专利申请人而言，法定排他权的范围是一个从无到有的阶段，也就是专利代理人（发明人）将技术交底书（详述本发明创造的技术改进或技术创新的技术材料）按照专利法及其实施细则的要求撰写出符合法定形式的专利申请文件提交给专利行政机关，最终由专利行政机关的专利审查员依据专利法、专利法实施细则及专利审查指南的相关规定对满足专利申请和专利授权条件的申请案授予专利权。❶ 这要求高质量的专利在专利申请之初，就要做到专利技术信息的充分揭露，专利说明书的详细描述，使本领域的一般技术人员可以实施，专利文件用语准确，专利申请保护范围撰写适当，形成对专利技术方案的完整保护。❷ 高质量的专利所具有的面面俱到的特点，不限于上述专利权保护范围从无到有的创造阶段。关于在撰写阶段专利代理

---

❶ 需要说明的是，技术交底书不同于技术报告，技术报告中侧重描述技术方案的结果或功能，而技术交底书中不仅需要详细描述技术方案的结果或功能，更需要详细描述实施技术方案的过程，脱离技术方案实施过程单纯描述技术方案的结果或功能对专利代理人撰写专利申请文件几乎没有任何帮助。

❷ 不少专家以专利被引用次数作为评价专利质量的基础，没有考虑到专利说明书及权利要求书的撰写水平、专利申请授权的答辩历程等对专利质量的影响。忽视了上述影响因素，纵使专利技术层次很高、被引用次数很多，专利质量也未必高。以专利申请授权的答辩历程为例，申请人在专利答辩中，即使有很好的答辩论点，如果语言撰写能力不足导致答复意见不能被审查员理解或者被审查员误解，则可能导致有授权前景的专利不能被授权，被授权的专利因上述的不当描述而使保护范围受到限缩。根据 Phillips v. AWH 案件所揭示的专利保护范围的解读原则，不仅权利要求书，专利说明书中的遣词造句也需要严谨，因此语言写作能力的重要性更加凸显。在 Semitool, Inc. v. Dynamic Micro Sys 案中，CAFC 认为原告专利权利要求 1 所载 "a processing vessel defining a process chamber there within" 意指处理室是处理器的整个内部空间，最终专利权人因不能将其解释为 "处理室是处理器内的某特定区域" 而败诉，因该专利说明书的内容排除此种有利于专利权人解释的可能性。因此，专利文件的用词表达对专利权利范围的解释极具关键性，评价专利质量不可将其忽视。

人应在符合法定条件的情况下为申请人谋求最大的权利保护范围，可从技术特征的提取、上下位概念的归纳、权利项的逻辑组合等方面实现，而且要考虑后续专利行政机关在审查授权阶段及复审答复阶段可能涉及的修改问题。❶ 因为高质量的专利其较宽的保护范围、较高的技术重要程度容易在审查授权环节引发创造性不足的问题，在授权后容易被后续增量创新的发明人提起无效程序；高质量的专利要求在撰写申请文件时充分考量涉及修改的问题，提高后续修改申请文件的可预计性，例如通过在撰写申请文件阶段将权利保护范围进行梯度式概括（逐级限定）来提高后续修改申请文件的主动性。

正如美国联邦巡回上诉法院的法官 Giles S. Rich 所言"专利制度是名为权利要求的游戏"，游戏的核心规则围绕权利要求书展开。从专利权作为一项法定排他权的本质出发，高质量的专利权应从面面俱到的视角研究专利权利要求，其权利要求应具备全方位性、多角度性及易于指控侵权。《专利法》第11条："发明和实用新型专利权被授予后，除本法另有规定的以外，任何单位或者个人未经专利权人许可，都不得实施其专利，即不得为生产经营目的制造、使用、许诺销售、销售、进口其专利产品，或者使用其专利方法以及使用、许诺销售、销售、进口依照该专利方法直接获得的产品。"专利权的权能很长，涵盖制造、使用、销售、进口各环节，因此在专利文件中必须充分考量侵权主体的定位，确保将制造者作为其预想的侵权主体并为其量身订做特定的权利要求项及其组合。在某些技术领域，某一技术方案的实现有时涉及多项主体参与，在此种情形下，权利要求书的权利要求的撰写应采用适当的撰写策略将潜在侵权主体限定为单一的直接侵权主体，并通过从属权利要求的科学配置定位尽可能多的潜在侵权主体，包括客户端和服务供应端。在现行专利侵权判断的全面覆盖原则之下，专利主题的确定需从产业结构化的导向出发，结合产品的使用和销

---

❶ 《专利审查指南2010》第八章实质审查程序规定，如果申请的内容通过增加、改变和/或删除其中的一部分，致使所属技术领域的技术人员看到的信息与原申请记载的信息不同，而且又不能从原申请记载的信息中直接地、毫无疑义地确定，那么，这种修改就是不允许的。

售模式，将任务的最小单元作为权利要求的选定主题申请专利权，这样便顺应了消费者使用和销售模式的改变，也更易于指控竞争对手侵犯其专利权。

（三）慢工出细活

慢工出细活是指一项发明创造从专利申请经专利审查到专利权授予需要经历较长时间。前文论述了高质量的专利具有面面俱到的特点，其撰写的申请文件中通过梯度式概括的方式将不确定写入独立权利要求的技术特征，写入从属权利要求，独立权利要求所记载的技术特征越少越好。但是保护范围和专利授权条件中的创造性判断很多时候是一对矛盾，现行专利审查制度为权利要求中通过记载较少技术特征谋求较大保护范围的行为，提供了可以进行补救的后续修改程序。❶ 这样便容易理解高质量的专利因专利审查员对专利申请的创造性认定不足，而要求申请人修改专利申请文件，这必然比那些撰写权利范围小、权利要求记载技术特征多的专利申请耗费时间长，花费专利代理人精力多。专利权作为企业专利权人的一项非常竞争优势工具，企业生产实践中，很多原先申请专利的技术方案，可能由于在试产、小量生产阶段、生产效率、生产成本等方面的原因而需要改进，因此娴熟的企业往往通过连续案申请、分案申请、接续案申请等制度构建高质量的专利权。❷ 通过分案申请客观上延长了专利行政机关的审查

---

❶ 在专利审查授权过程中，专利审查员可能认为独立权利要求中记载的必要技术特征没有清楚完整地记载要求的专利权保护范围或者独立权利要求中记载的技术方案不是一个清楚完整地解决某个技术问题的技术方案，并据此发出审查意见。这将导致审查授权程序的耽误，需要经历较长的时间才能获得专利授权。

❷ 笔者认为，某种意义上，优秀的专利代理人也可被称之为"第二发明人"。因为，一般情况下，发明人完成发明创造后，在技术交底书中对技术方案的描述基本为纯技术性的，但专利申请文件是一种法律性和技术性都极强的申请文件，发明人有时对专利法意义上的发明点描述并不清楚完整，这就需要专利代理人通过专业的思考和挖掘（特别是挖掘确认最接近的现有技术），在上述交底材料的基础上，经和发明人的反复沟通后（与发明人从技术角度和专利法律角度的有效沟通有利于全面准确分析技术特征及其变形，这对从属权利要求的撰写有重要影响），撰写出高质量的专利申请文件，最终协助申请人取得具有较大经济价值的专利权。

授权时间，并由于多次分案申请，再次分案时和最早提交专利文件的日期相隔数年之久，专利申请人有机会利用技术的最新发展情形，通过专利审查指南关于专利文件修改的规定，扩大专利权的保护范围，并通过一分再分的分案申请操作间接延长专利保护时间。

慢工出细活的特征对专利行政机关的审查授权程序同样适用。❶ 专利质量是专利制度的重中之重。一定程度上可以说，专利质量的高低取决于专利审查员是否检索到最相关的现有技术以及是否正确地援用可专利性判断法则。❷ 如果专利审查员没有找到实际存在的最相关的现有技术，或者没能正确利用找到的最相关现有技术来核驳审查中的专利权利项，那么就会因为授予了不该授予的专利造成专利质量低下。❸ 对现有技术的检索，尽管受客观条件限制不存在绝对完善的检全率与检准率，但对检全和检准尽可能完善的追求除需专利检索机构具有较强的数据加工能力和采用相对完善的检索系统外，专利审查人员尽可能全面地检索现有技术需要较长的时间，并且由于很多检索的现有技术是外文专利文件，受语言障碍影响，阅读并理解这些现有技术用以判断该专利申请文件的新颖性和创造性条件同样需要较长的时间。❹ 为保障经审查授权的专利申请符合专利法及实施细则规定的授权条件，需要专利审查员仔细阅读专利申请文件，特别是权

---

❶ 这与当前国家知识产权局对专利审查员的评价机制存在一些矛盾。目前专利审查程序中，因审查员追求时间性，在数据加工能力薄弱、检索系统功能有限、存有语言障碍的情况下，专利审查授权中漏检情形时有发生。以至于审查员对专利申请中必要技术特征的理解可能存有偏差，对申请人提交的修改文本可能没有进行仔细认真的审查与核对，对权利要求是否清楚、功能限定是否恰当的审查有时会发出错误的审查意见，这些都会使得被授权专利文本存在瑕疵。某种程度上可以说，过分追求专利审查周期也会影响我国专利质量的提升。

❷ 彼得·达沃豪斯教授甚至认为，专利审查员是专利质量最终的决定者。

❸ 以创造性为例，创造性审查首先应抽丝剥茧般地找出最接近的现有技术，然后通过透彻的说理和缜密的论证去重构发明的创新历程，诠释创造性的正当性，找出为实现发明目的对现有技术作出的技术贡献。

❹ 专利检索具有一定的主观性，检索对比文件的过程中，数据库的选择、检索要素的挖掘、检索表达式的编辑、检索结果的筛选等均受个人主观影响。因此不同审查员针对同一专利申请得到的对比文件，在数量、范围、专利申请的相似度等方面均可能不同。

利要求书和说明书，正确理解权利要求中的必要技术特征，这些都需要审查员在专利审查授权中付出较多精力、花费较多时间。前文论述到，高质量的专利具有面面俱到的特征，很多高质量的专利其初始专利文件中独立权利要求往往寻求较大的法律保护范围，专利行政机关在审查授权中根据检索到的现有技术情况往往需要申请人修改专利文件，在专利文件修改中专利审查员对申请人提交的修改文本没有进行仔细认真的审查与核对，则可能导致修改超范围的问题，所以此过程亦需要专利审查员付出较多精力、花费较多时间。

（四）兵家必争之地

传统军事学上兵家必争之地是指天然地势险峻的所在，地形适合防御或进攻。知识经济时代，专利权是企业专利权人在商业竞争中形成控制供应链、分配价值链、主导产业链的非常竞争优势工具。对商业竞争中的竞争者而言，专利权成为新时代的"核武器"，高质量的专利成为商业竞争对手竞相争夺的战略要地。高质量的专利不仅具备旁征博引和面面俱到的特征，具有较高的技术重要程度和较宽的法律保护范围，并以产业结构化为导向部署在全球相应国家（地区）。现代专利制度下，专利权的地域性特点及国际产业分工的细化决定了高质量的专利需要在全球主要的产销地及贸易关口部署专利。从国际贸易的发展现状及发展趋势来看，美国、欧洲及中国是现今及未来专利战争的兵家必争之地，高质量的专利权需在这些国家（地区）同时申请、授予专利权，否则，如果没有在这些战略要地部署专利权，其在未来难以通过专利攻击战取得控制供应链、分配价值链和主导产业链的非常竞争优势。但全球战略要地的专利部署，并非简单的语言转换后通过PCT或径自向相关国家提交专利申请文件，其应严格遵循不同国家（地区）的专利授权条件和审查授权程序，在每一国家（地区）的授权专利文本都应符合旁征博引、面面俱到、慢工出细活等高质量专利的特征。

相对于市场上的兵家必争之地，技术上的兵家必争之地部署起来要困难得多。这是由于一项发明的技术方案不可能成为解决某一个实际技术问题的唯一的技术方案。对于颠覆式技术创新尚好，因为没有或较少现有技术的限制，其权利要求确定的保护范围可以非常大，比较容易在专利侵权攻防战中将潜在竞争对手使用的技术涵盖在其专利权的法定保护范围之内。但对于增量式技术创新而言，由于现有技术的存在，其权利要求书划定的法定权利保护范围一般较小，且由于实现改进式创新的技术方案的多样性，专利权人难以将其竞争者的产品涵盖在其法定保护范围之内。因此对于高质量的增量式创新专利，就需要有一个严密的专利布局战略，尽可能将解决该技术问题的技术方案通过分案申请等方式都申请专利。对高质量的改进型专利不仅要申请自己现有生产的产品，还要从供应链、价值链、产业链角度，在它的上中下游产品布局专利，形成"断水节流"局面，藉此取得兵家必争之地的战略优势。

如前文所述，我国诸多产业发展的惨痛教训让我们认识到，知识经济时代，规模经济不及专利技术优势，资源优势亦不及专利技术优势。专利的价值在于市场，专利权人通过在全球市场科学地运用和管理其专利权可形成控制供应链、分配价值链、主导产业链的非常竞争优势，并借此获取多元化经济利益。本节研究专利质量的目的是为加强专利运用，充分发挥和转化创新优势，促进我国经济发展，提升我国在国际市场上的专利技术竞争力，走出专利权的殖民地，让专利权为我国各产业技术发展及全球营销的自主性保驾护航。申请人撰写的专利文件、审查员的审查标准及审查质量、专利方案的技术质量、专利的经济质量均直接影响专利权的排他性的程度，决定专利权质量的高低。决定专利排他性程度的四项基本要素之间的关系适用现代管理学的"木桶理论"思路，即专利质量的高低由四项要素中的最短板决定。同时，决定专利质量高低的要素中存有不可量化、不易量化的因素，唯有厘清专利质量的内涵，并将其融入体系化的分析系统，才有机会科学地研究专利质量。

第二节　专利文件分析

现代专利制度是建立在文字表达基础上的精密体系，专利文件的文字解读应坚持文义主义价值立场。文义主义并不同于文义解释，文义解释是有权解释主体针对法律条文语词的字面含义所进行的通俗化的说明活动。而文义主义,亦被称为字面解释、文法解释、语法解释,是根据字义、词义和语法规则来阐明专利文件含义的解释方法。自1870年美国专利法首次规定权利要求书的"区别性"要求,确立了"权利要求"制度在专利制度中的主导地位后,专利权利要求解释方法从"中心界定"主义逐步转向"周边限定"主义。❶ 发明或者实用新型专利的专利文件均包括说明书、权利要求书、附图以及说明书摘要等,现今各国专利法一般都规定专利权的保护范围以其权利要求记载的内容为准。专利请求项定义了专利权人对其发明创造的合法排他权范围。权利要求项不应被解释为冗余或者无意义的文字,也就是专利权利要求中的每一个请求项都有说明的必要,因此专利权利要求的撰写需要字斟句酌。采用专利申请范围来界定专利权的排他性保护范围,要求对专利文件的文字作严格、忠实的解释。这要求分析权利要求中的一个特定用语时,只能以发明人发明创造的,并企图在请求项中所涵盖的范围确定其含义,其文字记载所描述的具体结构就是该专利的保护范围。虽然我国未像美国一样采用周边限定主义,而是采用的折中主义,但是司法实践中对源自美国的等同原则和禁止反悔原则的认可,表明我国的折中主义实际上是"周边限定的折衷主义",因此专利权经济价值分析中对专利文件(特别是专利权利要求)文义的解读剖析是专利权经济价值内涵分析的重要组成部分。

一、专利文件中文字用词及语法的精确性分析

发明或者实用新型专利权的保护范围以其权利要求书的内容为准,说明书是权利要求书的依据,权利要求书是在说明书的基础上,用构成发明或者实用新型技术方案的技术特征来表明申请专利保护的范围。权利要求是发明或者实用新型专利要求保护的内容,具有直接的法律效力,是申请专利的核心,只有记载在权利要求书中的技术特征才会对该权利要求的保

---

❶ 梁志文. 论专利授权行为的法律效力:兼评专利法改革中的制度选择[J]. 法律科学,2009(5):157-164.

护范围产生限定作用，在说明书中予以描述而没有在权利要求书中予以记载的技术特征，不能用来限定权利要求保护范围。对于权利要求的撰写存在明显瑕疵，导致保护范围明显不清楚的专利权，因为专利权排他性保护范围的丧失，实践中没有专利权经济价值可言。❶一般情况下，当本领域普通技术人员对权利要求书相关表述的含义可以清楚确定，且说明书又未对权利要求的术语含义作特别界定时，应当以本领域普通技术人员对权利要求自身内容的理解为准，而不应当以说明书记载的内容否定权利要求的记载，即不能简单地将该用语的含义限缩为说明书给出的某一具体实施方式体现的内容。因此，一定程度上，权利要求的基本属性决定了权利要求所记载的技术特征越少，表达每一个技术特征所采用的措辞越是具有广泛的含义，该权利要求的排他性保护范围就越大，越能帮助专利权人形成非常竞争优势，该专利权的经济价值也就越大。❷

但同时，需要注意的是专利文件中说明书、附图、权利要求书（包括在不同国家或地区申请使用的用语），❸ 以及专利申请人、专利权人在专利

---

❶ 在柏万清与成都难寻物品营销服务中心、上海添香实业有限公司侵害实用新型专利权纠纷案中，最高人民法院认为："准确界定专利权的保护范围，是认定被诉侵权技术方案是否构成侵权的前提条件。如果权利要求的撰写存在明显瑕疵，结合涉案专利说明书、本领域的公知常识以及相关现有技术等，仍然不能确定权利要求中技术术语的具体含义，无法准确确定专利权的保护范围的，则无法将被诉侵权技术方案与之进行有意义的侵权对比。因此，对于保护范围明显不清楚的专利权，不应认定被诉侵权技术方案构成侵权。"

❷ 《最高人民法院知识产权案件年度报告（2012）》指出："实践中，如果专利权人在专利授权程序中出于各种原因未能恰当地选择权利要求的撰写方式，选择了保护范围相对较小的封闭式权利要求书，从而导致其获得授权的权利要求没有其预想的保护范围大，专利权经济价值变小，那么，专利权人只能接受这种后果。因为，在有充分的机会主张更宽保护范围的权利要求而没有这么做的专利权人与更为普遍的社会公众之间，应当由专利权人承担未能为其发明或者实用新型确定更有利的权利要求表达方式的代价。"

❸ 例如，权利要求中技术术语使用上的不同，例如在日本的申请中使用了术语"通孔""被安装部"来撰写权利要求，而在我国的申请中由于日译英与英译中翻译的问题将上述术语描述为"孔""第一安装部"，用语的不同可能导致专利权保护范围被限缩，专利权经济价值被减小。

授权或者无效宣告程序中，通过对权利要求书、说明书的修改或者意见陈述中的用词和语法的精确性对专利权的排他性保护范围和专利权的经济价值的意义同样重大。❶ 因为说明书和附图可以用于解释权利要求、对权利要求的内容存在不同理解时应根据说明书和附图进行解释，即权利要求中的术语在说明书有作特别解释的情况下应从其特别解释，不同权利要求中采用的相关技术术语应当解释为具有相同的含义、专利权人在专利授权和无效宣告程序中为保证获得专利权或者维持专利权有效而对相关术语所作的解释对专利权的保护范围均有限定作用，也影响专利权经济价值的大小。

（一）专利权利要求中语法用词"差之一毫"，专利权经济价值"谬以千里"

专利权利要求书中用词追求至善至美，稍有瑕疵便对专利权经济价值产生重要影响。《专利法》第56条规定，发明或者实用新型专利权的保护范围以其权利要求的内容为准，说明书及附图可以用于解释权利要求。凡是权利要求书中没记载的内容，不在保护范围之内。说明书及附图、权利要求书中的相关权利要求、专利审查档案进行解释只能用于解释权利要求中的用词，而不能根据说明书和附图扩大保护范围，禁止以说明书的记载修改或者否定含义清楚且说明书未作特别界定的权利要求用语。❷

申请再审人无锡市隆盛电缆材料厂、上海锡盛电缆材料有限公司与被申请人西安秦邦电信材料有限责任公司、原审被告古河电工光通信有限公司侵犯专利权纠纷案中，西安秦邦公司获得授权的"平滑型金属屏蔽复合带的制

---

❶ 实践中，申请人通过对专利权利要求的限缩修改或解释，从而获得专利的有效性，但在侵权诉讼中又试图通过等同侵权将已放弃的技术方案重新纳入专利权的保护范围。为确保专利权保护范围的安定性，维护社会公众的信赖利益，专利制度通过禁止反悔原则防止专利权人上述"两头得利"情形的发生。

❷ 权利要求内容的确定，应当根据权利要求的记载，结合本领域普通技术人员阅读说明书及附图后对权利要求的理解进行。但是，当本领域普通技术人员对权利要求相关表述的含义可以清楚确定，且说明书又未对权利要求的术语含义作特别界定时，应当以本领域普通技术人员对权利要求自身内容的理解为准，而不应当以说明书记载的内容否定权利要求的记载，从而达到实质修改权利要求的结果，并使得专利侵权诉讼程序对权利要求的解释成为专利权人额外获得的修改权利要求的机会。

作方法"发明专利中,专利权利要求中对"使塑料膜的表面形成 0.04~ 0.09mm 厚的凹凸不平粗糙面"用词的表述不精确,致使司法机关对该技术特征不能解释为塑料膜的厚度为 0.04~0.09mm。❶ 以致该技术特征在该特定的专利技术方案中不具涵盖性,可谓专利权利要求中"差之一毫",专利权的保护范围便"谬以千里"。该案专利权利要求 1 的"使塑料膜的表面形成 0.04~0.09mm 厚的凹凸不平粗糙面"的含义是清楚、完整的,是指塑料膜表面凹凸不平粗糙面的厚度为 0.04~0.09mm。该案专利说明书对于技术方案的描述过于简单,既未对"使塑料膜的表面形成0.04~0.09mm 厚的凹凸不平粗糙面"进行详细说明,又未对塑料薄膜的厚度进行限定和解释,而仅仅在实施例中提及塑料薄膜的厚度分别为 0.04mm、0.09mm 和 0.07mm。在此情况下,该领域普通技术人员在阅读权利要求书和说明书之后,难以形成权利要求 1 中"使塑料膜的表面形成 0.04~0.09mm 厚的凹凸不平粗糙面"的认识,这一表述实际上应为"塑料膜厚度为0.04~0.09mm"。虽然"使塑料膜的表面形成 0.04~0.09mm 厚的凹凸不平粗糙面"这一表述中"0.04~ 0.09mm"的数值范围与实施例中塑料膜厚度数值之间较为接近并存在重叠,但是简单地以此为由认为该表述存在明显错误,并进而将塑料膜表面凹凸不平粗糙面的厚度修正为塑料膜的厚度,依据不足。因此,该案专利权利要求 1 中"使塑料膜的表面形成 0.04~0.09mm 厚的凹凸不平粗糙面",其含义是指塑料膜表面凹凸不平粗糙面的厚度为 0.04~0.09mm,即塑料膜表面形成 0.04~0.09mm(40μm ~90μm)的凹凸落差表面结构,而非塑料膜的厚度为 0.04~0.09mm。

该案被评为最高人民法院 2012 年审结的知识产权和竞争案件 34 件典型案件之一,可否利用说明书修改权利要求用语的明确含义也成为最高人民法院 2012 年度归纳出的 37 个具有普遍指导意义的法律适用问题之一。最高人民法院指出:"当本领域普通技术人员对权利要求相关表述的含义可以清楚确定,且说明书又未对权利要求的术语含义作特别界定时,应当以本领域普通技术人员对权利要求自身内容的理解为准,而不应当以说明书记载的内容

---

❶ 【案件字号】:最高人民法院(2012)民提字第 3 号民事判决书。

否定权利要求的记载。"

（二）专利权利要求中语法用词"毫厘不差，价值彰显；妄加分毫、价值不存"

专利权利要求中凡是写入权利要求的技术特征，均应理解为专利技术方案不可缺少的必要技术特征，对专利保护范围具有限定作用，在确定专利保护范围时必须加以考虑。❶ 权利要求中语法用词应力求毫厘不差，不多不少，恰到好处，唯有如此专利权经济价值方能得到最大彰显；否则，权利要求中用词稍有分毫之差，便可能导致专利权排他性保护受到极度限缩，专利权经济价值随之荡然无存。

申请再审人株式会社岛野与被申请人宁波市日骋工贸有限公司侵犯发明专利权纠纷案中，株式会社岛野获得"后换档器支架"发明专利的授权。❷ 在该案专利申请的审批过程中，株式会社岛野提交的原始文本的权利要求 1 的内容为："1. 一种在自行车车架的后叉端的供安装换档器的延伸部上形成的连接结构将后换档器连接到自行车车架上的后换档器支架，该后换档器支架包括：一个支架体；设在该支架体一端近旁，用于将所述后换档器连接到该支架体上的第一连接结构；设在该支架体另一端近旁，用于将该支架体连接到所述自行车车架的所述连接结构上的第二连接结构；和用于与所述供安装换档器的延伸部接触从而使后换档器相对于所述后叉端以一种预定的姿势定位的定位结构。"随后，根据国家知识产权局的两次审查意见通知书，申请人株式会社岛野对原始文本的权利要求 1 都作了进一步限定，以更清楚地描述本发明与现有技

---

❶ 尽管在【（2011）民申字第 630 号】中，最高人民法院认为，在被诉侵权技术方案缺少权利要求书中记载的一个以上技术特征的情况下，应当认定被诉侵权的技术方案没有落入专利权的保护范围。但是，引用逯长明先生的观点，在理想状态下，如果专利申请文件特别是专利权利要求的撰写没有失误的情况下，通过必要技术特征的省略来达到侵权的目的通常很困难，强迫省略必要技术特征，从市场竞争的角度看可能导致产品或方法没有意义；否则该省略技术特征的技术方案则是一项新的发明创造，即是一项新的发明。逯长明．改劣特征的存在形态［J］．中国发明与专利，2008（3）：50-52.

❷【案件字号】：最高人民法院（2012）民提字第 1 号民事判决书。

术相比符合专利授权条件的新颖性要求。申请人经过上述两次答复审查意见,并修改其权利要求。该案专利授权文本的权利要求书记载:"1.一种用于将后换档器连接到自行车车架上的自行车后换档器支架,所述后换档器具有支架件、用于支撑链条导向装置的支撑件以及一对用于连接所述支撑件和所述支架件的连接件,所述自行车车架具有形成在自行车车架的后叉端的换档器安装延伸部上的连接结构,所述后换档器支架包括:一由大致 L 形板构成的支架体;设在所述支架体一端近旁,用于将所述后换档器的所述支架件连接到所述支架体上、可绕第一轴线枢转的第一连接结构;设在所述支架体另一端近旁,用于将所述支架体连接到所述自行车车架的所述连接结构上的第二连接结构;以及用于与所述换档器安装延伸部接触从而使所述后换档器相对于所述后叉端以一种预定的姿势定位的定位结构;其特征在于:所述第一连接结构和所述第二连接结构的布置应使当所述支架体安装在所述后叉端上时,所述的第一连接结构提供的连接点是在所述第二连接结构提供的连接点的下方和后方。"比较该案专利的授权文本与原始公开文本中权利要求 1 的内容,可以清楚地看出株式会社岛野为获得本案专利授权在保护内容和范围上所作的明显缩小的修改。株式会社岛野第一次公开的原始文本的权利要求 1 对后换档器支架所安装的自行车车架结构及具体安装方式并没有作限定,修改后的第二次公开的原始文本的权利要求 1 对后换档器支架所安装的自行车车架结构作了限定,即"所述自行车车架具有形成在自行车车架的后叉端的换档器安装延伸部上的连接结构"。

宁波市中级人民法院初审、浙江省高级人民法院终审、浙江省高级人民法院再审均以"全面覆盖原则"判决被诉侵权产品未落入该专利权的保护范围,不构成直接侵权。对株式会社岛野二审庭审中提出适用间接侵权的请求,二审法院也认为:"我国专利法律、法规尚没有关于专利间接侵权的规定,司法实践中认定构成专利间接侵权,要以存在专利直接侵权为前提。"❶ 该案中不存在直接侵权,故不能认定日骋公司构成间接侵权。最高人民法院援引使用环境特征,对专利权保护范围的限定作用提出了一种新的解释,其认为:"使用环境特征对权利要求保护范围的限定程度需要根据个案情况具体确定,一般情况下应该理解为要求被保护的主题对象可以用于该使用环境即可,而不是必须用于该使用环境,但是本领域普通技术人员在阅读专利权利要求书、说明书以及专利审查档案后可以明确而合理地得知被保护对象必须用于该使用环境的除外。"❷ 最高人民法院通过审理认为,将被诉侵权产品安装在具有后叉端延伸部的自行车车架上,是被诉侵权产品唯一合理的商业用途,可以认为本案被诉侵权产品在商业上必然用于本案专利权利要求1限定的自行车车架。最高人民法院据此认定被诉侵权产品具备权利要求1关于自行车车架的环境特征。笔者认为,对于专利权人而言,通过此种方式获得专利权排他性保护范围的确认风险非常大,在实践中如何确定环境技术特征是唯一合理的商业用途非常困难,并且在司法机关的司法实践中有适用"多余指定原则"之嫌。❸ 在专利权经济价值分析中,对专利权利要求撰写语法用词的精确分析是专利权经济价值内涵分析的重要组成部分,一厘一毫的误差,都可能导致专利权排他性保护范围的严重限缩,专利权经济价值的急剧缩小。

(三)专利权利要求中语法用词间关系要精准,"和"还是"或"亦影响价值

专利权利要求中语法、用词、表达方式均影响专利权的排他性保护范围,进而影响专利权的经济价值。例如在化学领域,专利技术方案中组合

---

❶ 间接侵权理论上,必须证明涉嫌间接侵权者知道:(一)有被侵害专利的存在,(二)侵害的元件或成分是为了侵害用途设计,而且是专利侵害物的主要部分,以及(三)这个元件或成分,不是主要的流通民生商品。

❷ 使用环境特征是指权利要求中用来描述发明所使用的背景或者条件的技术特征。

❸ 对这一问题的进一步探讨可以参考姜雪梅提出的观点,即用途特征对保护范围是否起限定作用,应以审查授权中是否对新颖性和创造性作出贡献而定。

物权利要求应当用组合物的组分或者组分和含量等组成特征来表征。❶ 组合物权利要求有开放式、封闭式两种表达方式。开放式表示组合物中并不排除权利要求中未指出的组分；封闭式则表示组合物中仅包括所指出的组分而排除所有其他的组分。❷ 专利权利要求中语法用词之间的关系同样对专利权的排他性保护范围有重要影响。司法实践中，很多因为专利权利要求中是"和"还是"或"，是"逗号"还是"分号"而决定专利权的排他性保护范围，并进而影响专利权的经济价值。

在申请再审人台山先驱建材有限公司与被申请人广州新绿环阻燃装饰材料有限公司、付某某侵犯实用新型专利权纠纷案中，付某某是专利号为ZL200420017642.4，名称为"玻镁、竹、木、植物纤维复合板"实用新型专利的专利权人。❸ 该专利权利要求 1 是："一种玻镁、竹、木、植物纤维复合板，它由镁质胶凝竹、木、植物纤维复合层和玻纤网格布层或竹编网增强层组成，其特征在于：镁质胶凝竹、木、植物纤维复合层至少有两层，玻纤网格布层或竹编网增强层至少有一层，两层镁质胶凝竹、木、植物纤维层置于玻纤网格布层或竹编网增强层的下面和上面。"一审法院广东省广州市中级人民法院认为："如果专利权利要求书记载的技术内容与专利说明书中的描述或体现不尽相同，则专利权利要求书中的记载优先，不能以说明书及附图记载的内容'纠正'专利权利要求书记载的内容。如果专利说明书及附图中公开的技术内容范围宽，而专利权利要求书中请求保护的范围窄，则原则上只能以权利要求书中的技术内容确定专利权的保护范围。"该案中，根据专利权利要求 1，镁质胶凝竹、木、植物纤维复合层是该专利的必要技术特征。从"镁质胶凝竹、木、植物纤维复合层"的

---

❶ 其他技术领域，如机械领域发明或者实用新型专利申请文件中权利要求的撰写较多采用开放式表达方式，但在要素省略发明等少数情况下也可能采取封闭式表达方式。

❷ 开放式权利要求的保护范围较大，但在实质审查中更容易受到有关"新颖性""创造性"或"权利要求得不到说明书的支持"等方面的质疑，获得授权的难度较大；与此相反，封闭式权利要求因其授权后的保护范围较相应的开放式权利要求小，审查授权中更容易通过实质审查而获得授权。

❸【案件字号】：最高人民法院（2012）民提字第 3 号民事判决书。

通常含义理解，该复合层是由镁质胶凝、竹、木、植物纤维制成的混合物，即并列采用了竹、木、植物纤维三种材料。但在专利说明书实施例中，该复合层被赋予特定含义，即由氯化镁、氧化镁和竹纤维或木糠或植物纤维制成的混合物，对竹、木、植物纤维三种材料的采用是三者择一。根据该特定含义，说明书公开的技术内容范围比权利要求1请求保护的范围宽。由于说明书描述的技术内容与权利要求1的记载不尽相同，且前者比后者保护范围宽，根据上述权利要求1的记载优先原则，该案应当以权利要求1记载的技术内容确定该专利权的保护范围，即该复合板并列采用了竹、木、植物纤维三种材料。最高人民法院提审审理后认为："《中华人民共和国专利法》第五十六条第一款规定，发明或者实用新型专利权的保护范围以其权利要求书的内容为准，说明书及附图可以用于解释权利要求。因此，如果对权利要求书的表述内容产生不同理解，导致对权利要求保护范围产生争议，说明书及其附图可以用于解释权利要求。仅从本专利权利要求1对'竹、木、植物纤维'三者关系的文字表述看，很难判断三者是'和'的关系还是'或'的关系，应当结合说明书记载的相关内容进行解释。根据专利说明书实施例的记载：'镁质胶凝植物纤维层是由氯化镁、氧化镁和竹纤维或木糠或植物纤维制成的混合物。'由此可见，专利权利要求1对'竹、木、植物纤维'三者关系的表述，其含义应当包括选择关系，即三者具备其中之一即可，而非竹、木及植物纤维三者必须同时具备。"

通过这件案件，更让我们深刻地认识到专利权利要求中字字珠玑，申请人对专利权利要求的追求应是尽善尽美，不可有丝毫疏忽大意，一厘一毫的疏忽，都可能对专利权的排他性保护范围造成严重的影响，进而影响专利权经济价值的大小。因此，专利权经济价值分析中对专利权利要求的分析至关重要。需要注意的是，对专利文件中文字用词和语法的精确性分析应以本领域普通技术人员对权利要求相关表述的理解为准。

（四）专利文件中用词须谨慎，禁止反悔限缩保护范围减损经济价值

专利权的排他性保护范围以其权利要求书的内容为准，但是禁止反悔

原则对专利权的排他性保护范围和专利权经济价值的意义同样重大。在专利授权或无效宣告程序中，专利权人主动或应审查员的要求，可以通过增加技术特征对某权利要求所确定的保护范围进行限制，也可以通过意见陈述对某权利要求进行限缩性解释，以便快速获得授权或维持专利权有效。这种行为虽然使得申请人或者专利权人快速获得授权或维持专利权有效，但同时也将特定技术方案的排他性保护范围放弃了，这会严重影响专利权经济价值的大小，甚至使专利权经济价值因此而丧失殆尽。

在湖北午时药业股份有限公司与澳诺（中国）制药有限公司、王某某侵犯发明专利权纠纷案中，孔某某向国家知识产权局申请"一种防治钙质缺损的药物及其制备方法"发明专利获得授权，该授权专利权利要求1为："一种防治钙质缺损的药物，其特征在于：它是由下述重量配比的原料制成的药剂：活性钙 4~8 份，葡萄糖酸钙 0.1~0.4 份，谷氨酰胺或谷氨酸 0.8~1.2 份。"❶ 涉案专利申请公开文本中，其独立权利要求为可溶性钙剂，可溶性钙剂包括葡萄糖酸钙、氯化钙、乳酸钙、碳酸钙或活性钙。国家知识产权局第一次审查意见通知书中，审查员认为："该权利要求书中使用的上位概念'可溶性钙剂'包括各种可溶性的含钙物质，它概括了一个较宽的保护范围，而申请人仅对其中的'葡萄糖酸钙'和'活性钙'提供了配制药物的实施例，对于其他的可溶性钙剂没有提供配方和效果实施例，所属技术领域的技术人员难于预见其他的可溶性钙剂按本发明进行配方是否也能在人体中发挥相同的作用，权利要求在实质上得不到说明书的支持，应当对其进行修改。"申请人根据审查员的要求，对权利要求书进行了修改，将"可溶性钙剂"修改为"活性钙"。最高人民法院审理后认为："涉案专利申请公开文本权利要求2以及说明书第2页明确记载，可溶性钙剂是'葡萄糖酸钙、氯化钙、乳酸钙、碳酸钙或活性钙'。可知，在专利申请公开文本中，葡萄糖酸钙与活性钙是并列的两种可溶性钙剂，葡萄糖酸钙并非活性钙的一种。此外，涉案专利申请公开文本说明书实施例1记载了以葡萄糖酸钙作为原料的技术方案，实施例2记载了以

---

❶ 【案件字号】：最高人民法院（2009）民提字第20号民事判决书。

活性钙作为原料的技术方案,进一步说明了葡萄糖酸钙与活性钙是并列的特定钙原料,葡萄糖酸钙并非活性钙的一种。"澳诺公司辩称:"专利申请人在涉案专利的审批过程中,将'可溶性钙剂'修改为'活性钙'属于一种澄清性修改,修改后的活性钙包括了含葡萄糖酸钙在内的所有组分钙。"然而,从涉案专利审批文档中可以看出,专利申请人进行上述修改是针对国家知识产权局认为涉案专利申请公开文本权利要求中"可溶性钙剂"保护范围过宽,在实质上得不到说明书支持的审查意见而进行的,同时,专利申请人在修改时的意见陈述中,并未说明活性钙包括了葡萄糖酸钙,故被申请人认为涉案专利中的活性钙包含葡萄糖酸钙的主张不能成立。❶ 被诉侵权产品的相应技术特征为葡萄糖酸钙,属于专利权人在专利授权程序中放弃的技术方案,不应当认为其与权利要求1中记载的"活性钙"技术特征等同。

通过这一案件,我们可以认识到对专利权经济价值的分析,不仅应分析专利权利要求中的语法、用词,还应当认真阅读分析说明书、授权及确权程序中的专利审查档案。❷ 技术的快速发展,司法机关的司法确认中对等同原则的适用日见增多,如果申请人或者权利人在专利说明书、附图及相关的专利审查授权及无效程序中,相应修改或意见陈述表述用词不谨慎,导致重要的特定技术方案被视为自动放弃,此种情势下申请人或者专利权人或许可以快速获得授权或维持专利权有效,但此专利权的排他性保

---

❶ 该案中专利权人在专利申请过程中根据专利审查员的意见对权利要求书进行了修改,将独立权利要求中的"可溶性钙剂"修改为"活性钙",并非是为了使其专利申请因此修改而具有新颖性或创造性,而是为了使其权利要求得到说明书的支持,正是这个原因,石家庄中级人民法院和河北省高级人民法院审理中认定,专利权对专利文件的修改不适用禁止反悔原则。

❷ 目前我国整体发明创造的专利文件质量较低,原因不仅体现在专利代理人方面,很多时候还体现在申请人方面,包括申请文件存在的各种缺陷、与专利代理人缺少基于专利法的技术问题的讨论导致不能达到申请专利的基本目的。

护范围已受到严重限缩，专利权经济价值因此也受到严重影响。❶

二、专利文件中权项组合的逻辑性及关联性分析

如笔者在专利权经济价值的外延部分所论述的专利权经济价值实现中对立及冲突如影随行，专利许可贸易中，被许可方一面谈判许可事宜，同时提起专利权无效宣告程序的情形屡见不鲜。实践中不少人认为，独立权利要求从整体上反映发明或实用新型专利的技术方案，记载解决技术问题的必要技术特征，所限定的保护范围最宽，侵权诉讼中司法机关在确定专利权保护范围时也多以独立权利要求的内容为准，进而认为从属权利要求不重要，甚至是可有可无的。显然，这种观点是错误的。❷ 从属权利要求

---

❶ 在北京蓝海通商贸有限公司与佛山市绿源纤维模塑科技有限公司（以下简称"绿源公司"）侵害发明专利权纠纷上诉案中，广东省高级人民法院指出，禁止反悔原则构成要件是：首先，专利权人对有关技术特征所作的限制承诺必须是明示的，而且已经被记录在书面陈述、专利审查文档、生效的法律文书中。其次，专利权人对与已有公知技术相关技术特征的对比，是明确作为区别特征予以申明的。由此可知，禁止反悔原则的使用前提是，必须在专利文档中有明示。该案中，绿源公司不能提供原告反悔的相应证据证明其存在导致禁止反悔的事由，即举证证明专利权人在申请过程中明示放弃了有关立体壁纸"正方形、长方形"的技术方案，即使专利权人在申请过程中明示删除了有关立体壁纸"正方形、长方形"的技术方案，众所周知，"平行四边形"包含了"正方形、长方形"，涉案专利权利要求1第（9）项技术特征有"平行四边形"的几何形状。因此，绿源公司提起禁止反悔抗辩的主张，没有事实依据，不予支持。在专利授权程序中，专利申请人提交争辩意见有时伴随着对申请文件的修改，有时仅仅是提出争辩意见而不修改申请文件。笔者亦通过相关书籍获知，美国苹果公司在专利复审或无效案件中，特别注重口审程序，充分利用了禁止反悔原则所要求的记录在案条件限制。两相结合，对我国企业提升专利权经济价值提供了一个小窍门，申请人或者专利权人通过在国家专利复审委员会答辩方式的选择，防止专利权排他性保护范围的限缩。

❷ 专利质量及价值评估的理论研究上，有不少学者仅从形式上追求从属权利要求与独立权利要求的配合，误认为权利要求数目越多专利质量越高、专利权经济价值越大，这种错误的研究倾向应当力求避免。因为，在从属权利要求中，无论是实例化的从属权利要求还是限定型的从属权利要求，如附件技术特征由公知技术特征组成，在独立权利要求1不成立时，无法通过从属权利要求的合并成新的独立权利要求；再者如果从属权利要求之间缺少必要的关联性，致使从属权利要求之间及与独立权利要求之间不能有效结合，如此，权利要求的数目再多，对专利质量及专利权经济价值而言，恐均无助益。

对专利技术方案而言是非常重要的,从属权利要求在发明创造的创造阶段、运用阶段、保护阶段均具有非常重要的作用。❶ 吴观乐先生认为从属权利要求的作用在于,在审批程序中为针对新颖性、创造性的审查意见提供答复的回旋余地;❷ 在无效程序中形成专利权人的多道防线;❸ 产业应用上限定一些比较有商业应用价值的具体技术方案,由于它的保护范围限定得十分明确而使交易当事人无纠缠余地,从而在侵权诉讼和许可证贸易中对专利权人十分有利。❹ 在此基础上,李文红先生认为某些从属权利要

---

❶ 中兴通讯股份有限公司经理皮波于《探讨与标准相关专利申请的实务操作》中指出:"通过对很多国外权利人的相关基本专利进行分析发现,很多专利的专利权人并没有将真正最核心的发明点写在独立权利要求中,而是写在从属权利要求中,独立权利要求完全是申请日之前的标准中已经公开的技术方案或者是现有技术,但是由于独立权利要求的技术方案并没有在标准中有完全对应的文字描述,而是通过一些插图、流程图、表格的方式体现的技术方案,并且有可能是零星地分散在标准中的各个章节,这对于审查员来说,要将大篇幅的标准文件组合起来将其作为对比文件,具有一定的难度。实际上,这种处理方式明显扩大了权利要求的保护范围,而核心发明点又埋藏在从属权利要求中,又能形成很好的防御。"这种方式在实务操作中虽不值得提倡,但作为专利申请人来说,也不失为一种技巧。

❷ 按照《专利法实施细则》第 51 条的规定,发明专利申请进入实质审查程序后,审查员在发出第一次审查意见通知书之前,对专利文件进行初步检索,申请人已经丧失对其权利要求进行主动修改的机会,申请人对专利申请文件进行修改应当针对通知书指出的缺陷进行修改。法律规定的修改不得超出权利要求书记载的范围,意味着如原保护范围较小的权利要求,申请人也不能主动修改了。另外,审查程序中,一旦独立权利要求缺少新颖性或创造性,审查员可以进一步判断从属权利要求是否具备专利性,而不必等到修改权利要求后再继续审查,从而加快了审查程序。

❸ 依《专利审查指南 2010》的规定:"在无效宣告程序中,发明或者实用新型专利文件的修改仅限于权利要求书,其原则是:(1)不得改变原权利要求的主题名称;(2)与授权的权利要求相比,不得扩大原专利的保护范围;(3)不得超出原说明书和权利要求书记载的范围;(4)一般不得增加未包含在授权的权利要求书中的技术特征。在满足上述修改原则的前提下,修改权利要求书的具体方式一般限于权利要求的删除、合并和技术方案的删除。"

❹ 吴观乐. 发明和实用新型专利申请文件撰写案例剖析 [M]. 北京:知识产权出版社,2010:35-126.

求还具有公开要求保护的技术方案以限制竞争对手的作用。❶ 他还指出："对于这种情况，如果某些意义在当前不是特别明显，但未来前景难以预期的技术方案，没有在专利申请文件中采用从属权利要求的方式来加以保护，将有可能带来不利的后果，例如在给竞争对手设置的专利壁垒中留下漏洞，甚至有可能被竞争对手抢得先机，为自己带来不必要的麻烦。"❷ 由此可知，从属权利要求对专利权经济价值分析与独立权利要求一样都是至关重要的。

明确了从属权利要求的重要性，即容易理解本书专利文件中权项组合的合理性分析主要是对独立权利要求和从属权利要求之间组合的合理性进行的分析，包括权利要求之间的引用关系分析，从属权利要求的分组排列分析，以及权利要求的结构分析等。❸ 进行上述分析的前提是确定附加技术特征，即从属权利要求所增加的技术特征，该技术特征不应被增加到独立权利要求中；而后分析从属权利要求所限定的技术方案的完整性和合理性，即分析该从属权利要求中记载的附加技术特征和其引用的权利要求的技术特征的集合能否有机结合成一个新的有效的技术方案，该技术方案能够实施并且能否解决特定的技术问题；❹ 然后再分析从属权利要求分组排

---

❶ 此也称之为技术指引，因为申请人的专利申请将可能作为竞争对手的专利申请的对比文件，尤其在技术点密集、竞争激烈的技术领域，此时将专利申请的技术特征进行多方向组合，衍生出多个技术方案，详细描述技术要点（勿需详细描述技术效果，因为这会给竞争对手技术启示）以扩大专利申请的信息传递范围，以增强专利申请对其他专利申请的"牵制力"。

❷ 李文红. 从属权利要求的撰写刍议 [EB/OL]. [2014-1-14]. http://www.uni-talen.com.cn/html/report/32240-1.htm.

❸ 从属权利要求的限定部分可以对在前的权利要求（独立权利要求或者从属权利要求）中的技术特征进行限定。在前的独立权利要求采用两部分撰写方式的，其后的从属权利要求不仅可以进一步限定该独立权利要求特征部分中的特征，也可以进一步限定前序部分中的特征。

❹ 从属权利要求应尽量将说明书中公开的有益的技术特征、技术方案均有层次地写入。确保说明书公开的有价值的技术方案完整地或者通过合并的方式从若干从属权利要求得出，被从属权利要求涵盖。

列的合理性。❶ 李文红先生曾将附加技术特征分为限定型非必要技术特征、追加型非必要技术特征和策略性非必要技术特征三种。据此，本书进一步将从属权利要求分为限定性从属权利要求、附加性从属权利要求和策略性从属权利要求三类。❷ 限定性从属权利要求是对独立权利要求中的上位概念进行进一步限定或实例化，强化独立权利要求中技术特征的专利性授权条件的从属权利要求，其意义在于加快审查授权程序及应对可能的专利无效宣告程序。附加性从属权利要求是在独立权利要求的基础上添加具有商业价值的技术特征。强化权利要求稳定性和针对性的从属权利要求，其意义在于，侵权诉讼中将专利保护范围限定得十分明确而限制对手的争辩余地，在专利权许可或者专利移转时通过"量身订做"的权利要求起到促成交易的作用。策略性从属权利是在独立权利要求的基础上通过添加一些前景不明显的技术方案的技术特征。破坏这些技术特征的新颖性，同时一定程度上提高必要技术特征的等同侵权可能性的从属权利要求，其意义在于，扩大必要技术特征的排他性范围，阻止他人日后就这些前景不明确的技术方案的技术特征获得专利授权。

分析独立权利要求和从属权利要求之间的引用关系，需要分析独立权

---

❶ 李文红．从属权利要求的撰写刍议［EB/OL］．［2014-1-14］.http：//www.uni-talen.com.cn/html/report/32240-1.htm.

❷ 限定型非必要技术特征指的是对所引用的权利要求中的技术特征进行修饰性说明或者实例化（下位概念）的技术特征，当所述限定型非必要技术特征限定引用的权利要求的原技术特征后，新的技术特征的集合应当是完整、合理的技术方案。追加型非必要技术特征，指的是在引用的权利要求的技术特征的集合的基础上增加的技术特征，将所述增加的技术特征镶嵌到引用的权利要求的原技术特征集合中应当能够构成一个新的、完整、合理的技术特征的集合，即新的技术方案。策略性非必要技术特征，指的是用于公开一些意义不是特别明显的技术方案的技术特征，其意义在于阻止他人的同日或在后专利申请获得授权。

利要求限定的技术方案和从属权利要求限定的技术方案之间的层次关系。❶ 理想状态下一组具有相互引用关系的权利要求的保护范围之间应该形成一种"树形"结构，其中"树干"可以形象地比喻为一个向上开口的"大圆锥"，每一级"树枝"逐次向上，在不同方位上呈现不同大小的"小圆锥"。分析独立权利要求和从属权利要求之间的引用关系需先行研究所对应的每一项技术主题的实施方式，在存有多个实施方式的情况下，分析这些实施方式之间的关系，每一实施方式对该技术主题做了哪些改进，厘清这些改进之间的关系，进而分析判断这些实施方式之间是并列关系、主从关系、抑或两者兼备。对于实施方式属并列关系的分析，申请人撰写的理想情况是以概括的方式描述其技术方案，以便使相应的实施方式均落入其保护范围。在这种情况下，需要分析对应技术方案的附加技术特征，对所包含的附加技术特征进行不同"角度"的概括，独立权利要求概括的程度最高，但也可能因此在授权、确权和无效阶段被认定为不具备新颖性、创造性，特别是创造性。因此，从属权利要求的"梯度"式概括便尤为重要。此部分主要分析从属权利要求对"上位"必要技术特征对应的不同层次的"下位"附加技术特征。这些不同层次的从属权利分别引用包含"上位"必要技术特征的权利要求，从保护范围上形成一个由大到小的"倒金字塔"形状。对于实施方式属主从关系的分析，申请人撰写的理想情况是针对主要的实施方式进行适当"上位"提炼后，撰写独立权利要求，然后针对进一步作出改进的实施方式，通过"逐级"引用其前面的权利要求或其组合"逐级"撰写从属权利要求，找出实现改进功能的附加技术特征。研究分析这些附加技术特征之间的关系，分析从属权利要求对独立权利要

---

❶ 如果从属权利要求中所限定的附加技术特征过多，则会导致在将该从属权利要求作为独立权利要求时，相对于原独立权利要求而言，失去较多的保护范围。因此在撰写从属权利要求时，应注意尽可能在一个从属权利要求中不要做过多的附加技术特征限定，使该从属权利要求的保护范围尽可能的大，这样逐步构造出一个逐层保护的权利要求体系。王宝筠先生曾撰文指出，撰写从属权利要求时按附加技术特征所发挥的作用概括为"一从权一特征"。

求、其前述从属权利要求、或前述多项择一的引用是否合理。❶ 另外，实践中，可能出现既存有并列实施方式又存有主从实施方式的情况，此时按前文所述先分析并列实施方式，再分析主从实施方式即可。

从属权利要求的分组排列分析。因为目前有些国家，对专利申请收费及其后的维持费是按照权利要求的项数收取的，例如德国对于权利要求超过 10 项，对超出的每一项权利要求费 30 欧元；欧洲专利局则规定得更为严格，权利要求超过 15 项，每项权利要求费 210 欧元，权利要求超过 50 项，每项权利要求费 525 欧元。❷ 审查费、维持费随着权利要求项数增加而增加，基于财务的考量，需要分析从属权利要求的分组排列。❸ 这需要根据专利申请文件先行分析附加技术特征，因为从属权利要求是在引用前面权利要求的基础上，添加附加技术特征组成的。对于限定性从属权利要求和策略性从属权利要求，引用关系的配置相对简单，限定性从属权利要求只需要理解清楚附加技术特征限定的技术特征所处的权利要求，适当引用该权利要求即可。而策略性从属权利要求是以公开相应的技术方式，破坏该技术方案的新颖性为目的，所以只要充分披露该技术方案即可。但是，对于附加性从属权利要求，如何配置从属权利要求之间的引用关系，需要考虑的是技术方案之间的层次感，即一组具有相互引用关系的权利要求的保护范围之间应该形成一种上宽下窄的金字塔结构。李文红先生指出，这需要申请人理解清楚拟附加的技术特征与被引用的权利要求中的某些技术特征具有相互的关

---

❶ 《专利审查指南 2010》规定："从属权利要求只能引用在前的权利要求。引用两项以上权利要求的多项从属权利要求只能以择一方式引用在前的权利要求，并不得作为被另一项多项从属权利要求引用的基础，即在后的多项从属权利要求不得引用在前的多项从属权利要求。"

❷ 其中有些国家例如我国按照形式上从属权利要求的项数收取，多项引多项算作一项；另一些国家如美国按照实质内容计算申请费、维持费，多项引用多项的按实质内容排列组合的总项数收费，或者按照接受实审的实际项数收钱，授权后按照授权的实际项数交年费。

❸ 王宝筠先生在《议撰写从属权利要求中的"纯"》中提出了从属权利要求的"纯"作用，即撰写从属权利要求时被附加技术特征所发挥的作用概为"一从权一特征"，然而，该观点从申请人财务预算的角度看，操作上存在困难。

系，包括连接关系、位置关系、相互作用的关系、数据交互的关系以及功能上相互支持的关系，等等。只有厘清与附加技术特征关联的技术特征所处的权利要求，方有可能合理排列附加性从属权利要求。对附加技术特征所限定的或者关联的某个技术特征同时出现在前面多个权利要求的，根据不同国家（地区）的规定及个案情况确定进行多项引用还是选择其中某一个进行引用。对于某些被引用的权利要求，其记载的一些必要（附加）技术特征部分被在后的从属权利要求的附加技术特征所限定或者关联，另一些必要（附加）技术特征被另外在后的从属权利要求的附加技术特征所限定或者关联，并且这些在后的从属权利要求记载的附加技术特征彼此之间没有关联关系，同样需要根据不同国家（地区）的规定及个案情况确定在后的从属权利要求是否均引用该权利要求，抑或选择从属权利要求之间进行引用关系的配置。❶ 从属权利要求的分组排列，在分析从属权利要求所限定的技术方案是否完整有效、保护范围的大小是否适当、从属权利要求之间是否具有逻辑性的基础上，按照从属权利要求的重要性，依次为限定性从属权利要求、附加性从属权利要求和策略性从属权利要求。

以《对专利申请文件撰写规则的理解与撰写损失》的例子为例，以说明实施方式对权利要求的基础性作用。❷ 假设一项方法权利要求：（1）一种×××方法，其特征在于包括步骤 A、B、C 和 D，其中 A 至 C 为公知步骤，D 为具有区别技术特征的步骤。步骤 A 包括概括技术特征 A_1 和现有技术特征 A_2；步骤 B 包括现有技术特征 B_1、B_2、B_3，步骤 D 包括概括技术特征 D_1 和现有技术特征 D_2、D_3；D_1 包含于 D_3。（2）如权利要求 1 所述的×××方法，其特征在于所述 A_1 为 a_1。（3）如权利要求 1 所述的×××方法，其特征在于所述步骤 B 进一步为子步骤 B_1、B_2。（4）如权利要求 1 所述的×××方法，其特征在于所述 D_1 为 d_1。（5）如权利要求 1 所述的×××方法，其特征在于还包括步骤 E。逯长明先生认为认为：第一，权利要求

---

❶ 李文红. 从属权利要求的撰写刍议［EB/OL］.［2014-1-14］. http：//www.unitalen.com.cn/html/report/32240-1.htm.

❷ 逯长明. 对专利申请文件撰写规则的理解与撰写损失［EB/OL］.［2014-1-19］. http：//www.unitalen.com.cn/html/unitalen/report/14346-1.htm.

书存在从属权利要求引用不当的问题。实践也有不少人习惯于从属权利要求均引用权利要求1。虽然这样做也有好处，例如权利要求1不成立时，其他与权利要求1合并形成的新权利要求1能保持独立权利要求保护范围最大，但是同时也应看到，从属权利要求都引用权利要求1可能造成不利影响。比如一个从属权利要求与权利要求1合并后，新的多个独立权利要求可能不符合单一性原则而丧失部分权利。第二，从属权利要求顺序排列不当的问题。权利要求2和权利要求3为对公知技术部分的限定，假设在无效阶段权利要求1被无效，此时只能通过删除、合并的方式修改权利要求，这时如果删除权利要求1，将权利要求2或权利要求3分别与权利要求1合并，合并后的权利要求1因为没有增加区别技术特征不能成立。如果权利要求2、权利要求3同时与权利要求1合并，则需权利要求2和权利要求3的内容符合单一性要求，否则无法合并。权利要求4、权利要求5也是同样的道理，并且由于权利要求2、权利要求3的位置，还可能损失权利要求2、权利要求3对实施例的保护作用。

三、专利文件限定的保护范围的涵盖性分析

（一）权利要求的主题分析*

从专利文件保护范围涵盖性的角度分析权利要求主题，不少人想当然地认为权利要求主题肯定是越大越好，认为将食品料理机而非引流罩作为权利要求主题，从专利文件保护范围涵盖性的角度分析权利要求主题，前者专利权确定的保护范围更大，专利权经济价值更大。他们亦同理认为将自行车整车作为权利要求主题与以车座、车套等零部件作为权利要求主题相比，前者专利文件保护范围的涵盖性明显大于后者。事实上，这种想当然的理解是不正确的，真实情况与此恰好相反。笔者拟通过两件专利说明。

首先，是2010年专利代理实务考试真题，请根据技术交底书分析其

---

* 专利文件权利要求主题的分析和笔者前文论述的专利权经济价值的外延联系起来可更全面地理解这一问题，因两者均是以产业结构化为导向，目的均是有效地牵制竞争对手，在商业竞争中获得非常竞争优势。

权利要求主题。客户发明了一种电机上置式食品料理机：

包括机头，其内设置有电机和电路控制器件；刀轴从机头的下盖伸出，其前端固定安装刀片；U形管状的电热器，从机头下盖伸出；以及杯体。此外，食品料理机还包括一个上下开口中空筒状的引流罩，其上部卡合固定在机头的下盖上，下部不接触杯体内侧底部。引流罩上设置有多个供水和制浆物料通过的引流孔，引流孔的形状可以为圆形或矩形，位置为交错分布。

该食品料理机可以处理大豆、花生、核桃、玉米等五谷杂粮原材料，用以自制豆浆、花生浆、核桃浆、玉米浆，甚至五谷浆等。使用时将水和制浆物料放入杯体内，将引流罩内伸入水中，接通电源，电热器加热，电机工作。制浆物料被旋转的刀片打碎，在引流罩内形成不规则的涡流和负压。制浆物料和水被从杯体的底部吸入、提升到引流罩内充分混合，在离心力的作用下被不断地甩出，从引流孔射出后回流到杯体内。回流到杯体内的制浆物料和水再次被从底部吸入、提升到引流罩内，从而在杯体和引流罩之间反复循环，并不断被刀片打碎，浆液中颗粒的细度逐渐提高，最终完成制浆过程。

由于食品料理机中采用引流罩代替传统的过滤网罩，克服了过滤网罩死角难以清洗的缺陷。此外，由于制浆物料是在杯体和引流罩内随水在大范围内循环粉碎制浆，不是在过滤网罩内被粉碎制浆，因而粉碎制浆效果更好，营养更好地溶解在浆液中。

作为引流孔的变形，还可以在引流孔的上方增设外凸的引流帽，当制浆物料经刀片打碎后，继续高速旋转，沿引流孔射出，由于受到外凸引流帽的阻挡，降低出浆高度并有效回流，缩短了打浆循环时间。

客户通过实验发现，引流罩的下边沿距杯体底部距离为15~25mm时，制浆物料的粉碎和循环效果较佳。最上端的引流孔的上边沿距引流罩上边沿的距离为引流罩的总高度为1/5时，制浆物料的粉碎和循环效果较好。

国家知识产权局公布的权利要求书范文："1. 一种食品料理机，包括：（机头、刀轴、刀片、电热器）以及杯体，其中：机头内设置有电机和电路控制器件，刀轴从机头的下盖伸出，电热器为形管状，并从机头下盖伸出;其特征在于,所述食品料理机还包括一个引流罩,引流罩为上下开口的中空筒状,其上部卡合固定在机头的下盖上,下部不接触杯体内侧底部,引流罩上设置有多个引流孔,刀轴前端固定安装的刀片伸入到引流罩内。"

  要分析一项专利权利要求主题,第一步,要明确的仍是专利权的本质,专利权的本质是排他权,专利权的保护范围亦即专利权的排他性范围,如果将专利权的排他权和物权的所有权混淆,便会有前述很多人的不准确认识。第二步,在明确了专利权的本质是排他权之后,分析一项专利权利要求主题也是分析它是否易于行使排他权、指控他人侵权。由此可见,权利要求主题的选定对于确定发明或者实用新型要求保护的范围是极为重要的。以往专利实践中,对权利要求主题的选定主要强调的是:权利要求的主题名称应当能够清楚地表明该权利要求的类型是产品权利要求还是方法权利要求;权利要求的主题名称还应当与权利要求的技术内容相适应;而对于产品的使用和销售模式及易于指控侵权方面,均较少考虑。但是,专利权作为企业在商业竞争中获得非常竞争优势的工具,如果专利权利要求主题的选定脱离了产品的使用和销售模式,难以保护其发明创造的技术方案,不易指控竞争对手侵犯其专利权,那么势必影响其经济价值的实现。如上所述,2010年专利代理实务考试的官方答案没有将引流罩单独作为一项独立权要求,其专利权的排他性保护范围在撰写时便被人为限缩,其专利权经济价值亦受到严重影响。❶ 在现行专利侵权判断的全面覆盖原则之下,专利主题的确定唯有从产业结构化的导向出发,结合产品的使用和销售模式,将任务的最小单元作为权利要求的选定主题申请专利权,方能顺应消费者使用和销售模式的改变,更易于指控竞争对手侵犯其专利权,如此专利权保护范围的涵盖性才能得到有效保障,专利权经济价

---

❶ 笔者认为该发明创造在初始专利布局时,应将引流罩和食品料理机分别撰写专利权利要求,引流罩的权利要求最好是正好覆盖发明点的部件,这样可预防侵权人通过制造、销售、进口专利产品的引流罩来避免直接侵权的行为,同时在发生专利侵权纠纷后,又可以通过保护专利产品整体的权利要求计算侵权人的赔偿数额,为企业谋取更多的侵权赔偿数额。

值才能得以显现。

再以一项有关车座及车套的发明专利为例,研究分析权利要求主题的确定。一项发明名称为"一种流线型护阴车座及护阴车套"的发明专利,该发明公开了一种流线型护阴车座及护阴车套,具体地说是一种能够保护人体外阴部的流线型自行车车座及车套。该发明针对传统车座对人体会阴部因挤压而引发健康隐患的问题而设计,发明的护阴车座在车座座体的前部上方设有沿其轴线对称的两个流线型突起物一,所述流线型突起物一的边缘与座体的外表面平滑过渡。该发明的护阴车套的前部上方设有沿其轴线对称的两个流线型突起物二,流线型突起物二的边缘与座套的外表面平滑过渡,同时满足人对车座舒适性和运动性的需求。

对"一种流线型护阴车座及护阴车套"的发明专利要求主题的分析,需要先分析目前的商业背景、介绍消费者的使用和销售模式的转变。目前品牌自行车企业、专卖店,在销售自行车时逐渐开始采用由客户自行选择零部件进行组装的使用和销售模式。例如,北京大行车业,即可以根据客户自行选定的变速器、10速飞轮、外胎、座垫、转把、刹把等进行组装后销售。这一消费者的使用和销售模式的转变,直接影响到专利申请保护范围的撰写。此时,如果专利代理人按照自行车整车撰写专利权利要求,即使发明人的技术创造再优秀,消费者对该专利技术再认可,恐怕也难以为专利权人带来持续的经济收益,因为按照现行专利侵权判断的全面覆盖原则,这样一项专利权无法将竞争对手制造该自行车零部件技术的行为纳入其专利保护范围。在国外,专利申请人对全球范围内消费者的这一使用和销售模式的变化,及时做出了专利申请策略的调整,即将任务的最小单元作为权利要求的选定主题申请专利权,如此便顺应了消费者使用和销售模式的改变,也更易于指控竞争对手侵犯其专利权(见图3-1)。❶

---

❶ 如在智能手机领域,摩托罗拉公司宣布,将通过Project Ara项目中的一项子计划生产第一部由独立模块组成的智能手机,用户可以购买、安装、拆卸、更换多种部件,从而升级自己的设备。

> | CN 102001377 A | 权 利 要 求 书 | 1/1 页 |
>
> 1. 一种流线型护阴车座,其特征在于:在座体(1)的前部上方设有沿其轴线对称的两个流线型突起物一(2),所述流线型突起物一(2)的边缘与座体(1)的外表面平滑过渡。
>
> 2. 根据权利要求1所述的护阴车座,其特征在于:所述两个流线型突起物一(2)的中心线相交成V形,所述流线型突起物一(2)纵截面上后边缘线(21)的斜率小于其前边缘线(22)的斜率。
>
> 3. 根据权利要求1或2所述的护阴车座,其特征在于:所述两个流线型突起物一(2)中心线的夹角(α)为20°~160°。
>
> 4. 根据权利要求1或2所述的护阴车座,其特征在于:所述流线型突起物一(2)的顶端与座体(1)上表面的距离(D)为3mm~69 mm。
>
> 5. 一种护阴车套,其特征在于:在车套(3)的前部上方设有沿其轴线对称的两个流线型突起物二(31),所述流线型突起物二(31)的边缘与车套(3)的外表面平滑过渡。
>
> 6. 根据权利要求5所述的护阴车套,其特征在于:所述两个流线型突起物二(31)的中心线相交成V形,所述流线型突起物二(31)纵截面上后边缘线的斜率小于其前边缘线的斜率。
>
> 7. 根据权利要求5所述的护阴车套,其特征在于:所述两个流线型突起物二(31)中心线的夹角(α1)为20°~160°。
>
> 8. 根据权利要求5所述的护阴车套,其特征在于:所述流线型突起物二(31)的顶端与车套(3)上表面的距离(D1)为3mm~69 mm。

图3-1 一种流线型护阴车座及护阴车套的专利公告权利要求书

(二)专利文件中对实施方式的分析——实施方式对解释专利权的保护范围而言是"扩大"不是"限定"

专利法规定发明或者实用新型专利权的保护范围以其权利要求的内容为准,说明书及附图可以用于解释权利要求。专利审查指南也指出权利要求书应当以说明书为依据,是指权利要求应当得到说明书的支持。权利要求书不仅应当在表述形式上得到说明书的支持,而且应当在实质上得到说明书的支持。因此,权利要求应当由说明书和附图中公开的一个或者多个实施例概括而成。在专利审查授权程序中,专利审查员会参照相关的现有技术对权利要求概括得是否恰当进行判断。在专利权保护范围的司法确认中,司法机关据此解释专利技术特征的涵盖范围。通常情况下,等同侵权分析是分析专利文件保护范围涵盖性的重要内容之一。利用等同特征实施特征的改劣,通常是利用专利申请文件的缺陷实现的。任何发明创造和侵权无不是基于对现有技术的仔细钻研。等同改劣的实施,对于申请文件的以下情形有不同的等同机会。第一种情形,如果权利要求中有足够多的实施方式支持,保护范围较宽,在这种情形下,改劣特征通常会落入概括的权利要求的保护范围。第二种情形,如果权利要求有 1 个实施方式支持,保护范围窄,在这种情形下,包括等价特征的被控侵权物比较难认定为落入权利要求的保护范围。第三种情形,如果权利要求中只有有限几个实施方式支持,保护范围有限,在这种情形下,与第一种情形及第二种情形不同,会出现判断的不确定性。❶如果申请人在专利申请文件撰写阶段,就考虑到可能出现的侵权纠纷,在发明人提供的实施例的基础上,进一步挖掘其他替代技术方案,并在权利要求中进行适当的概括性限定,将不仅能减少专利侵权纠纷的处理难度,而且能同时提高专利权的经济价值。通常情况下,对技术特征的概括方式包括上位概括、并列选择、功能限定等。

例如在 ICU 医学有限公司与中国人民解放军总医院第一附属医院等侵犯发明专利权纠纷上诉案中,ICU 医学有限公司是"正向流动阀"发明专利的专利权人。❷ 该专利涉及一种医用阀,其一端连接医疗设备(如输液管或者注射器),另一端连接导管(如插入患者血管的针头),在需要多次输液的情形下可与人体始终保持连接并可反复使用。在输液过程中阀体通路打开,在移除医疗设备时其通路闭合。在现有技术中,拔出医疗设备时,通常导致血液流入阀体甚至医疗设备中,既不卫生,也容易导致导管内血液阻塞或者血凝。而该专利在医疗设备拔出时,医用液体反而产生向人体血管方向的压力,将阀内液体压入血管中,有效解决了血液回流的问题。该专利权利要求 1 的主要内容为:"1. 一种医用阀……(位于主体内的)密封在其一个第一位置和一个第二位置之间移动,在第一位置时允许液体通过所说的主体流动,在第二位置所说的密封阻塞了液体通过主体的流动,其特征在于,所说的腔包括一个在所说的密封在所说的第一位置时对所说的出口开放的第一液体腔,和一个在

---

❶ 逯长明. 改劣特征的存在形态 [J]. 中国发明与专利,2008(3):50-52.
❷ 【案件字号】:北京市高级人民法院(2006)高民终字第 367 号民事判决书。

所说的密封在所说的第二位置时对所说的出口开放的较小的第二液体腔,从而在所述主体内的腔的变化在所述出口的方向产生一个正向液体流动……"该专利说明书一共给出了14个实施例。北京市第一中级人民法院审理认为:"权利要求1中并没有限定密封、第一液体腔和第二液体腔的具体结构,亦没有限定密封与第一液体腔或者第二液体腔的位置关系,仅限定密封在第一位置和第二位置之间移动,当密封由第一位置移动至第二位置,腔由第一液体腔变为较小的第二液体腔,这种腔由第一液体腔变为较小的第二液体腔的变化属于功能变化,而非结构变化,正向液体流动是这种功能变化最终产生的效果。因此权利要求1中记载的'液体腔由大变小从而产生正向液体流动'的特征包括功能性限定。对于权利要求中以功能或者效果表述的技术特征,不应当按照其字面含义解释为涵盖了能够实现该功能的所有方式,而应当结合说明书和附图描述的该功能或者效果的具体实施方式及其等同的实施方式,确定该技术特征的内容。说明书描述了14个实施例,在所有的实施例中密封均具有一个从中穿过的通道,该通道至少以其部分限定了腔,从而实现当密封由第一位置移动至第二位置,腔由第一液体腔变为较小的第二液体腔的功能,达到产生正向液体流动的效果。而被控侵权产品的密封为实心的,并不具有从中穿过的通道,亦不参与限定腔,并非与上述该专利为实现其功能的具体实施方式相同或者相等同的技术特征,因此被控侵权产品没有落入本专利权利要求1的保护范围。"综上,一审法院判决驳回原告的全部诉讼请求。我国《专利法》第56条规定,发明或者实用新型专利权的保护范围以其权利要求的内容为准,说明书及附图可以用于解释权利要求。依据该条规定,北京市高级人民法院认为:"对于权利要求中功能性限定特征的具体的解释方法是,在侵权判断时,该功能性限定特征的解释应当受专利说明书中记载的实现该功能的具体方式的限制,不应当解释为覆盖了能够实现该功能的任何方式,导致不适当地扩大专利权的保护范围，侵害了公众的利益。"❶ 具体而言，在侵权判断中应当对功能性限定特征解释为仅仅涵盖了说明书中记载的具体实现方式及其等同方式。该案中，从专利权利要求 1 中的必要技术特征看，均采用功能性限定特征。因此，对该权利要求进行解释时，应当考虑说明书中记载的 14 个实施例。对于权利要求中单向渗透层这一技术特征而言，涉案专利说明书中对单向渗透层明确指明"为一种具有漏斗状孔隙的布面"，而涉案被控侵权产品单向渗透层采用的是非织造布。由此可见，就该专利技术特征而言，被控侵权产品并非是采用与具有漏斗状孔隙的布面相同或等同的技术特征，因此，被控侵权产品没有落入涉案专利权的保护范围。

由于权利要求是技术特征的集合，对于其所描述技术方案的用途、宗旨、功能、原理、作用以及技术方案的再现方式等的详细说明需要在具体实施方式部分给出，实施方式是权利要求和该申请专利性的基础。在专利权经济价值分析中，应特别注意实施方式最容易产生的问题是技术方案公开不充分，对权利要求的概括支持不足等。前面的权利要求中如果包括有概括性技术特征，则其后应有两个以上从属权利要求对前述概括性技术特征进行限定，提供支持。还是以前文《对专利申请文件撰写规则的理解与撰写损失》文中的例子为例，来说明实施方式对权利要求的基础作用。一方面，例子中权利要求 2 是对 A_1 的限定。但其只公开了一个具体子技术特征，按照专利法规定的基本撰写原则，至少还应再公开一个具体子技术特征。同样的道理可以分析权利要求 4，都属于技术特征概括不当。另一方面，例子中权利要求 3 是对技术特征集合的限定，因限定不当让限定关系变为替代关系，使从属权利要求变独立权利要求，没有发挥从属权利要求的作用。从属权利要求限定也不当。

综上可知，除非专利申请人使用明显排除或者限制性字眼将权利要

---

❶ 所谓功能性限定技术特征是指在专利的权利要求中不是采用结构性特征或者方法步骤特征来限定发明或实用新型，而是采用零部件或者步骤在发明或实用新型中所起的作用、功能或者所产生的效果来限定发明或实用新型。

求限定于实施例上，否则在专利说明书中的特定实施例不能被用来限制专利申请范围，因为该请求项有更广的效果。对于专利文件保护范围的涵盖性，专利文件中功能性特征由于不涉及发明创造的具体结构和步骤，从字面上理解，其应包括所有能够实现该功能的具体实施方式，相对于结构性特征和步骤特征的撰写方式而言，属于一网打尽式的撰写方式。最高人民法院在侵犯专利权纠纷案件中，将功能性特征解释为说明书具体实施方式及其等同的实施方式。❶"解释"不同于"限定"，一般来说，"限定"的结果是导致范围的缩小，而"解释"既有可能缩小保护范围，也有可能扩大保护范围，实施方式对技术特征的解释是扩大其专利权的保护范围，而不是限定专利权的保护范围。因此对于功能性特征而言，具体实施方式写得越多，其保护范围越大。裁判者在确定功能性特征的内容时，并非去归纳说明书记载的不同实施方式之间的共性，提炼其共同的非功能性特征，从而确定一个新的保护范围，而是将每一个具体实施方式分别与被控侵权产品进行比对，判断是否构成相同或者等同。广而言之，无论采用功能性特征还是采用结构性特征或步骤特征的撰写方式，专利制度是鼓励专利申请人多公开，鼓励其在说明书中披露更多的具体实施方式。❷ 特别对于开创性发明创造，由于现有技术不存在技术教导，专利文件中公开的实施方式越多，越能强化其创新要点，越能扩大专利权的保护范围，专利文件保护范围的涵盖性也就越大。但需要说明的是，这一过程需要注意公开的实施例之间的关联性，实施例之间的关联性（共性）越大，越容易被认为仅仅在一个较窄的技术构思范围内给出多个实施例，这种情形下，权利要求中所代表的概括性描述范围并不会变大，甚至有时专利保护范围可能会缩小。反之，如果实施例之间的关联性（共性）越小，越容易被接受从不同角度给出的

---

❶ 2006年，曾某某诉河北珍誉工贸有限公司、北京双龙顺仓储购物中心侵犯专利权纠纷案中，北京市高级人民法院也认为，以功能件限定技术特征撰写权利要求的专利在侵权判定时应当按照说明书记载的实施方式确定权利保护范围。

❷ 国家知识产权局专利复审委员会．专利复审委员会案例诠释［M］．北京：知识产权出版社，2011：278-289．

解决其技术问题的方案,这种情形下,权利要求所代表的概括性描述才会真正扩大。❶

第三节　司法机关对专利排他权保护的司法确认分析*

专利权的本质为排他权,其财产权的直接客体为体现发明人技术思想的专利权利要求书,技术思想的抽象性特点决定了专利权的内容及权利范围须经过司法机关解释方能确定。专利权经济价值是指以专利文件为载体,以专利行政部门授予的排他性权利为核心,以司法机关的司法确认为边界,藉由权利人行使而呈现的经济价值。专利排他权不同于物权所有权,司法机关对专利排他权保护范围的司法确认是专利权经济价值分析的一项重要内容,司法机关对专利排他性权利的确认程度,严重影响甚至决

---

❶　金晓. 关于说明书对权利要求书的"支持强度"的探讨以及撰写中的相关启示 [A] //中华全国专利代理人协会. 专利法第 26 条第 4 款理论与实践. 北京:知识产权出版社,2013:177-184.

*　需要说明的是,本书的分析是在理想的法制环境、完善的市场经济制度、诚实的举证程序以及专业的专家证人(专利技术背景和专利技术特征的专家证人、估算损害赔偿专家证人等)证明之下进行的。本书主要基于专利权作为商业工具的立场,受研究内容及篇幅所限,对专利的社会责任例如产业影响、公共利益等较少论及,并不是说这些不重要。以禁止令为例,现有法律框架之下确实存在很多弊端,各国根据经济发展需要也在不断地调整立法对禁止令进行限制,这对专利权经济价值有很大影响,这些都体现在分析一国专利权经济价值时司法机关对专利排他权保护的司法确认上。

定专利权经济价值的创造与实现。❶ 统一的专利法治是实现专利和专利权价值的基础。❷ 理查德·拉兹盖蒂斯甚至进一步认为司法机关对专利排他权保护的司法确认是专利权经济价值分析中行业标准的一个重要来源。❸ 对专利权保护范围与专利权经济价值的关系,尹新天指出,专利权保护范围的最终确定常常离不开司法认定,实践中认定一种实施行为构成侵犯专利权的行为,则表明该专利权的保护范围可以被解释为能够大到足以囊括

---

❶ 有学者认为禁令影响专利权经济价值的实现,但对专利权经济价值的产生不产生影响,因为专利权经济价值是客观的,专利权经济价值的实现与专利权经济价值的产生之间的关系犹如价格与价值的关系,影响价值的因素众多,但价值本身具有客观性。也有学者认为禁令威吓是专利权交易市场存在的基础,专利权经济价值的高低由市场对专利权限定的技术方案的需求情况来确定,禁令威吓仅是确保专利交易市场的秩序,禁止他人未经授权实施专利的专利权。但笔者认为专利权经济价值的产生与专利权经济价值的实现不能截然分开,因为专利权不同于有体物,有体物具有天然的边界,容易确认,但专利权是无形的,其外延是不明确的,其权利的产生和实现均需要借助外界来界定,因而专利权经济价值不具有客观性。并且,技术、技术方案、专利权三者,在理想情况下技术方案可以做到对技术的全面准确描述,具有客观性,但专利权不仅是对技术方案的简单覆盖,还是以此为中心适度的扩展,扩展的范围视技术方案本身的创造程度、不同国家、不同时间等因素而有所不同。笔者认为技术和技术方案是客观的,但专利权不是客观的,由此专利权经济价值不具客观性。以等同原则为例,等同原则是将专利权的保护范围扩展到权利要求的等同特征,并据此判定专利侵权的原则。适用等同原则时对具体判断"三个基本相同"和"显而易见性"的判断是本领域普通技术人员,通说认为他是一种假设的人,且现有技术随时间变化而变化,因此不具有客观性;判断等同特征的时间标准是以侵权日为标准,侵权日本身具有非客观性,由此科技进步导致的等同替换也不是客观的。综上所述,专利权不是客观的,专利权经济价值不是客观不变的,司法机关对专利排他权保护的确认不仅是对专利权人的救济,而且对专利权经济价值的大小也有很大影响。对此有人也许有疑问,既然专利权经济价值不具有客观性,那么研究专利权经济价值有何意义,笔者认为尽管专利权经济价值不具有客观性,还是可以在特定情形下对专利权经济价值进行分析和评估。

❷ 杨利华. 美国专利法史研究 [M]. 北京:中国政法大学出版社,2012:224-246.

❸ [美] 理查德·拉兹盖蒂斯. 评估和交易以技术为基础的知识产权:原理、方法和工具 [M]. 中央财经大学资产评估研究所,等译. 北京:电子工业出版社,2012:82-129.

该种行为的程度；认定另一种实施行为不构成侵犯专利权的行为，则表明该专利权的保护范围不能被解释为达到能够囊括该种行为的程度，这本身就是在确定专利权的保护范围。❶ 换言之，专利权保护范围的司法认定实际上也就是从根本上对专利权的经济价值进行"定价"。对损害赔偿司法认定与专利权经济价值的关系，孔祥俊认为，确定赔偿数额本质上是由司法对知识产权进行"定价"，这种定价经常参照现实的市场价值（如市场利益或者许可费的损失），而定价的高低反过来又会影响权利的市场价值（包括影响将来的许可费等市场定价），对权利的市场价值具有逆向导向作用。❷ 宿迟进一步提出知识产权的价值是司法定价。进而言之，在一个法制健全、市场经济活跃的国家，专利权的经济价值大小很大程度上取决于该国的专利排他权保护的司法实践。司法机关对专利权利要求的解释影响企业的兴衰。司法机关对专利权侵权损害赔偿的确认以及对专利排他性权利的确认亦对专利权经济价值有重要影响。例如，以标准必要专利为例，自 Apple Inc v. Motorola Mobility, Inc. 案，波斯纳法官裁定驳回摩托罗拉与苹果公司对彼此的禁止令，经 Microsoft Corp v. Motorola, Inc. 案，审理该案的詹姆斯·罗巴特法官驳回摩托罗拉要求微软每年支付 40 亿美元专利许可费诉请，而仅判决微软支付 180 万美元专利许可费，到 ITC 决定对于标准必要专利要求权利人必须进行 FRAND 授权流程，并对专利排他权进行限制。美国司法机关对标准必要专利排他性权利和损害赔偿额的确认已对标准必要专利的经济价值产生重要影响。当前深入实施创新驱动发展战略，要深化知识产权领域改革，加强知识产权保护，但国内学界对专利排他权保护的研究主要集中于标准必要专利禁止令救济、专利损害赔偿额及损害赔偿计算制度等方面，未从一个系统的整体研究权利要求解释、禁令及损害赔偿制度对专利权经济价值的影响，没能体现司法通过裁判促进经济转型升级和加强知识产权保护的价值取向。笔者认为权利要求覆盖宽

---

❶ 尹新天. 中国专利法详解 [M]. 北京：知识产权出版社，2012：551-594.
❷ 孔祥俊. 当前我国知识产权司法保护几个问题的探讨 [J]. 知识产权，2015（1）：3-15.

度、专利排他性权利及专利损害赔偿数额三者任何一个方面的遗漏或者偏颇都将影响对专利权经济价值分析的科学性。

一、司法机关对权利要求覆盖宽度的司法确认分析

专利是一种必须通过法院加以强制实施的法律权利。❶司法实践中越来越多的确认之诉,即司法机关对专利权的确认之诉更能直接地界定专利的保护范围大小,反映专利权经济价值高低,体现司法机关对专利权经济价值的重要影响。❷ 同时,在专利侵权审判实践中,完全仿制或者照搬他人专利进行"字面"侵权的行为并不多见,常见的是通过对专利权人的产品专利或者方法专利的有关专利文件加以研究分析,对独立权利要求中的某些必要技术特征进行简单替换,以达到该产品专利或者方法专利所特有的发明目的、优点或者积极技术效果。自美国联邦最高法院 1853 年 Winana v. Denmead 案创设了均等论概念,等同原则已被各国广泛接受。由于专利权本身具有非物质性,无法像有形物那样将权利的行使限制在以实体物为中心的有限范围,司法机关对专利排他权的保护范围的司法确认意义重大。❸ 司法机关对权利要求覆盖宽度的司法确认是在符合一国国家利益最

---

❶ [美] 丹·L·伯克,马克·A·莱姆利. 专利危机与应对之道 [M]. 马宁,等译. 北京:中国政法大学出版社,2013:26-47.

❷ 知识产权诉讼的确认不侵权之诉最早出现在确认专利不侵权之诉中,2001 年,最高人民法院在苏州龙宝生物工程实业公司与苏州朗力福保健品公司请求确认不侵权专利权案中。

❸ 因为专利权利要求书既是法律文件,也是事实文件,这决定了侵权诉讼中双方当事人在权利要求技术特征的划分上纠缠不休,甚至引用说明书中的各个部分内容和文字作为依据进行争辩。

大化的前提下不断动态调整的。❶ 如孔祥俊在 2010 年全国法院知识产权审判工作座谈会上的总结讲话中所讲的,司法保护的宽严适度应以我国的国情以及保护需求为重要尺度,对于专利权,司法保护的主要任务是划清权利范围,确保权利边界清晰,对于是否落入保护范围需要作等同侵权判断的,要恰如其分地进行解释。可知,司法机关对权利要求覆盖宽度的司法确认主要包括法院通过解释确认权利要求的保护范围和确认权利要求的保护范围之后控辩双方对技术方案内容的对比判断两部分内容。对司法机关司法政策的研究分析是专利权经济价值内涵分析的重要组成部分,例如从多余指定原则到使用环境特征的解释,司法机关对权利要求覆盖宽度的司法确认对专利权的排他性保护范围有重大影响,并影响专利权经济价值的大小。❷ 多余指定原则系我国建立专利制度的初期从德国的有关概念中引进,为适应我国专利代理水平不高,专利代理人员在撰写权利要求时常出现将一些非必要技术特征写入独立权利要求这一客观情况。该原则在解释专利权的保护范围时,区分必要技术特征和非必要技术特征,专利侵权诉讼中允许原告将明显的非必要技术特征略去,客观上扩大了专利权的排他性保护范围,放大了专利权的经济价值。但为保障专利制度的正常运作和价值实现,最高人民法院在大连新益建材有限公司与大连仁达新型墙体建

---

❶ 以日本为例,其在"二战"后至 20 世纪末对等同原则的适用非常消极,这期间司法实践中大多数案件认定不构成等同,但随着日本经济和科技的崛起,对等同原则开始非常积极地适用,并于 1998 年日本最高法院通过无限折动用滚珠花键轴承案发展出自己的等同原则认定规则,明确了适用等同原则的五个要件:非本质部分、置换可能性、置换容易性、非公知技术和特别事由(禁止反悔)。而对于非本质部分的含义,主要有技术特征说和技术思想说两种理解。技术特征说将权利要求中的技术特征分为本质特征和非本质特征,非本质部分指的就是非本质的技术特征。而技术思想说认为,非本质部分并不是针对具体的技术特征而言的,而是指专利发明中解决特定技术课题的技术思想。置换可能性比较的对象则是发明的作用效果和发明目的。这里的作用效果指的应当是发明的作用效果,而不是某一技术特征的作用效果。

❷ 多余指定原则,是指在专利侵权判定中,在解释专利独立权利要求和确定专利权保护范围时,将记载在专利独立权利要求中的明显附加技术特征(即多余特征)略去,仅以专利独立权利要求中的必要技术特征来确定专利权保护范围,判定被控侵权物(产品或方法)是否覆盖专利权保护范围的原则。

材厂侵犯专利权纠纷提审案中,明确指出不赞成轻率地借鉴适用"多余指定原则",从而否定了所谓的"多余指定原则"。❶ 对环境特征的解释源于株式会社岛野与日骋公司侵犯发明专利权纠纷案,在该案中最高人民法院认为:"已经写入权利要求的使用环境特征属于必要技术特征,对于权利要求的保护范围具有限定作用;使用环境特征对于权利要求保护范围的限定程度需要根据个案情况具体确定,一般情况下应该理解为要求被保护的主题对象可以用于该使用环境即可,而不是必须用于该使用环境,但是本领域普通技术人员在阅读专利权利要求书、说明书以及专利审查档案后可以明确而合理地得知被保护对象必须用于该使用环境的除外。"❷ 由此可知,使用环境特征对权利要求保护范围的限定程度,对确定专利权的排他性保护范围,分析专利权的经济价值内涵也有重要影响。

同时在司法实践中,司法机关对专利权保护范围的司法确认有时与专利行政部门在审查、授权中对其的解释标准并不一致。以功能性特征为例,《专利审查指南2010》规定,通常,对产品权利要求来说,应当尽量避免使用功能或者效果特征来限定发明。对于权利要求中所包含的功能性限定的技术特征,应当理解为覆盖了所有能够实现所述功能的实施方式。对于含有功能性限定的特征的权利要求,应当审查该功能性限定是否得到说明书的支持。而根据《最高人民法院关于审理侵犯专利权纠纷案件应用法律若干问题的解释》(法释〔2009〕21号)的规定,对于权利要求中以功能或者效果表述的技术特征,人民法院应当结合说明书和附图描述的该

---

❶ 【案件字号】:(2005)民三提字第1号。该案专利权利要求书只有一项权利要求,即独立权利要求。最高人民法院认为该独立权利要求对筒底和筒管的壁层结构分别给予了明确记载,所以,仁达厂关于专利筒底壁层结构不是必要技术特征的主张,不能成立。"筒底以至少二层以上的玻璃纤维布叠合而成,各层玻璃纤维布之间由一层硫铝酸盐水泥无机胶凝材料或铁铝酸盐水泥无机胶凝材料相粘接,筒底两侧板面亦分别覆盖有一层硫铝酸盐水泥无机胶凝材料或铁铝酸盐水泥无机胶凝材料",这是该案专利的一项必要技术特征。

❷ 【案件字号】:最高人民法院(2012)民提字第1号民事判决书。

功能或者效果的具体实施方式及其等同的实施方式,确定该技术特征的内容。❶ 据此可知,侵权诉讼中,司法机关对权利要求中功能性特征的内容的确认不是以权利要求中记载的该功能本身为准,而是以说明书及附图描述的实现所述功能的具体实施方式及其等同实施方式为限。❷ 在塞某某股份有限公司等与杭州某某超市有限公司侵害发明专利权纠纷上诉案中,浙江省高级人民法院审理认定,涉案专利权利要求1记载的"锁定/解某系统",由安全阀、具有控制底部的安全销、由闭锁凸缘和闭锁抵对凸缘构成的安全销闭锁装置、设置在锅手柄上的触发装置、凹槽、由保持边缘、致动装置等构成的用手柄打开的控制装置等部件组成。但其对闭锁装置的描述并未涉及详细的结构表达,只是以效果或功能加以表述。❸ 根据《最高人民法院关于审理侵犯专利纠纷案件应用法律若干问题的解释》第4条规定,对其保护范围的确定应当结合说明书和附图描述的该功能或者效果的具体实施方式及其等同的实施方式。浙江省高级人民法院认定,因涉案专利说明书及附图未给出与被诉侵权产品"内凹贯通缺口与闭锁凸缘的配合"相类似技术方案,且被诉侵权产品对"闭锁凸缘和闭锁抵对凸缘"替换并非本领域的普通技术人员无需经过创造性劳动所能够联想到的,因此被诉侵权产品未落入涉案专利权的保护范围。

专利侵权诉讼中,在进行技术对比判定时,应当以权利要求记载的全部必要技术特征与被控侵权物的相应技术特征进行对比。并且根据全部技术特征等同的方法,权利要求中的技术特征与被控侵权物中的技术特征不必存在一一对应关系。例如,在Eagle Comtronics,Inc. v. Arrow Communication Laboratories,Inc.案中,联邦巡回上诉法院指出尽管权利要求

---

❶ 权利要求中记载的某一技术特征只是记载了某一装置所要实现的功能而没有记载实现所述功能的装置的结构,或只是记载了某一步骤所要实现的功能而没有记载实现所述功能的步骤的工艺过程,则该特征为功能性特征。

❷ 对功能性特征在不同阶段规定与实践不尽一致,有学者提出了一些对策、建议。参见党晓林. 功能性限定特征的审查与保护范围之探讨[J]. 知识产权,2011(1): 43-48.

❸ 【案件字号】:浙江省高级人民法院(2013)浙知终字第59号民事判决书。

中的限制不能在被控侵权物上完全消失，但限制是否被损坏必须要看被控侵权物中的两个技术特征实现了专利发明的一个功能，或者两个限制被结合进被控侵权物的一个技术特征这一事实。如果差异是非实质性的，权利要求中的限制不一定被损坏，等同原则仍然可以使用。❶ 无论是相同侵权还是等同侵权，应当仅就被控侵权物的技术特征与权利要求记载的相应技术特征是否相同或者等同进行判定，不应当对被控侵权物的技术方案与专利技术方案在整体上是否相同或者等同进行判定并进而以此认定专利侵权。❷ 尽管我国《专利法》第59条规定，发明或者实用新型专利权的保护范围以其权利要求的内容为准，说明书及附图可以用于解释权利要求的内容，但立法的规定过于原则，对专利侵权对比判断往往通过司法实践进一步发展和完善。技术特征的分解是侵权对比判断的重要环节，对技术特征的对比鉴定有重要影响。❸ 技术特征分解得越少，进行相同或者等同侵权的技术特征对比鉴定时对专利权人越有利，反之，技术特征分解得越多，进行相同或者等同侵权的技术特征对比鉴定时对专利权人越不利。在适用等同原则判断专利侵权与否时，运用技术特征的合并与分解规则与机械运用逐一技术特征比较规则可能会得出

---

❶ 305 F.3d1303，64 USPQ2d1481。因此如果被控侵权物用一个技术特征实现了专利中两个技术特征的功能，或者被控侵权物中的两个技术特征实现了专利中的一个技术特征的功能，只要在被控侵权物中找到了权利要求中技术特征的对应特征，都不影响等同的认定。

❷ 参见《最高人民法院关于对河南省高级人民法院请示郑州市振中电熔锆业有限公司与郑州建嵩耐火材料有限公司专利侵权纠纷再审一案有关问题的答复》。相同侵权中的"相同"，包括被控侵权技术方案的技术特征与专利权利要求的技术特征在表述上完全相同，或者表述上虽不同，但实质表达的含义相同，或者被控侵权技术方案的技术特征属于专利权利要求相应技术特征的下位概念等。

❸ 2013年北京市高级人民法院出台的《专利侵权判定指南》，其中将技术特征界定为在权利要求所限定的技术方案中，能够相对独立地执行一定的技术功能并能产生相对独立的技术效果的最小技术单元或者单元组合。

完全不同的结论。❶ 例如在宁波市东方机芯总厂诉江阴金铃五金制品有限公司侵犯专利权纠纷案中,一审法院和二审法院均认为,金铃公司生产音板的设备上没有导向板装置,缺少专利保护范围中的必要技术特征,不构成侵权。而最高人民法院经提审认为,专利中的导向板是导向和固定盲板结合在一起的整体装置,其功能既可以导向,又可以固定盲板,构成一个整体的技术特征。被控侵权产品和方法是将导向和固定盲板这一整体的技术特征予以分解,分解成分别进行固定盲板和导向的防震限位板和工件拖板两个技术特征,从而认定二者构成等同,侵权成立。❷ 对于技术特征对比的方法,从目前我国法院的审判实践来看,更多的是采用技术特征的逐一对比方法,而往往忽略了技术特征之间的合并与分解。在这种情况下,就很容易得出被控侵权物由于缺乏必要技术特征而认定不构成侵权的结论。❸ 司法实践中,专利侵权判定在适用等同原则时,是否运用技术特征的合并与分解,对确定专利权的保护范围以及判定侵权与否具有非常重要的影响,并进而影响专利权经济价值的大小。

二、司法机关对专利排他性权利的司法确认分析

禁令与损害赔偿是知识产权侵权责任中最具代表性的二元救济模式。❹ 专利权的本质特征决定了专利权人更需要司法机关对其专利排他性权利的确认。❺ 专利权作为无形物,不可能像金条一样放在保险柜里来防止侵权。与有形物不同,对专利权而言,司法机关对专利排他性权利的确认程度,

---

❶ 技术特征的合并与分解是指将权利要求或被控侵权物中的各技术特征按照一定的功能或用途进行划分,并将划分后的技术特征的集合依据我国司法解释关于三个基本相同和置换容易性的判断标准认定是否构成等同。

❷ 【案件字号】:高级人民法院(2001)民三提字第 1 号民事判决书。

❸ 李新芝.专利侵权判定中等同原则的适用[J].人民司法,2011(2):49-54.

❹ 杨涛.我国知识产权临时禁令制度的现实困境与立法完善[J].知识产权,2012(1):64-70.

❺ 不少学者在研究专利侵权诉讼纠纷中的和解时,往往更关心和解的金额,但其实和解的重点是专利排他权能限制承诺的协调,而不是和解金额。

严重影响甚至决定专利权经济价值的创造。❶ 专利权的排他性保护范围，只能依赖法律来实现其排他性，禁令制度是能够满足专利权排他性本质所带来的必然要求。司法机关对专利排他性权利的确认程度对专利权经济价值的大小有重要影响。如佳能知识产权之父丸岛仪一所言"知识产权（主要指专利权）存在的唯一意义就是帮助公司成就事业"。对企业专利权人而言，成就事业包含竞争与合作两层含义，具体视企业发展阶段、技术领域、商业生态环境而定。企业在发展的早期阶段因市场开拓存在较大市场风险或受限于企业专利权人运营能力，通过各种形式的合作成就企业事业，但随着市场对专利产品的认可及专利权人运营能力的整体提高，利用专利权将竞争对手排除在市场之外可能成为成就企业使用的主要形式。当然不同技术领域、不同主体形态仍存在很大差异，对制药产业、生物技术企业、技术风险投资型企业等，成就事业往往意味着独占市场，否则即面临"非全则无"的窘境，因此强有力的专利保护制度是保障其产业生存所必须的，对于侵犯其专利权的，禁令救济是唯一能帮助企业成就事业的司法救济手段。而技术转化机构的大学和研究所、专利运营公司等专利事业体，成就事业意味着专利许可、专利技术服务等形式实现，强有力的专利制度对专利许可收益也有重要影响。禁令制度有助于实现其与企业交涉时的地位平等，提高其专利许可中的议价能力，禁令所产生的威慑力，有助于专利许可条件的专利权人获得反

---

❶ 在美国，法院在认定构成专利侵权后，通常会发一个措辞宽泛的禁令，禁止任何"进一步的专利侵权"。侵权人为绕开禁令通常通过专利回避设计重新设计产品，但是重新设计的产品仍然可能继续构成侵权，如果侵权人将涉及专利侵权的产品投放市场销售，最终可能会因为构成对法庭的藐视而承担巨额罚款甚至刑事责任。因为，美国法院认为，如果一旦侵权人对侵权产品做了哪怕只是细微的修饰性修改，专利权人就需要提起新的专利侵权诉讼来解决，那么专利权经济价值和法庭禁令的作用将会被削弱。目前美国司法实践中，法院通过分析原侵权产品的侵权要素，从而确定重新设计的产品是否对这些要素做了实质意义上的修改，完善了以往通过"貌似不同"的判断方法来区分合理的和不合理的重新设计意图的做法，以便在专利权人和侵权人之间建立适当的平衡。参见万勇，刘永沛．伯克利科技与法律评论：美国知识产权经典案例年度评论［M］．北京：知识产权出版社，2013：344-369．

映出专利箝制价值的权利金数额。❶

对专利权而言,及时制止侵权人继续进行侵权活动通常比赔偿损失更为重要。因为专利侵权诉讼,从起诉到判决生效,短则半年,长则数年,司法程序耗时久,侵权人也可能采取某些程序措施拖延诉讼。若待诉讼程序结束确定后,才开始对专利权提供保护,恐怕已严重影响了专利权人的竞争优势或市场占有率,此时专利权经济价值或因产业技术进步而不复存在或其对市场的占有率已丧失无法获得完全弥补(严重的甚至丧失市场占有率而被迫退出市场),无异于缩短专利权的保护期。即使专利权人可主张损害赔偿,但专利权的非常竞争优势已不存在,故诉前临时禁令具有极大的价值。在我国司法实践上,自2001年11月江苏省南京市中级人民法院受理了我国第一例诉前停止侵犯专利权行为的申请,并成功地启动临时禁令之后,全国各地法院陆续开始积极、谨慎地适用临时禁令,取得良好的司法效果。❷ 官方数据统计显示,2002~2006年10月,全国法院共受理诉前临时禁令申请案件430件,审结425件,实际裁定支持率达到83.17%。❸ 近三年来(2010~2012年),全国地方法院与知识产权有关的诉前临时禁令、诉前证据保全、诉前财产保全的裁定支持率均高于85%。❹ 原最高人民法院副院长曹建明在2008年第二次全国法院知识产权审判工作会议上指出诉前停止侵权是一项特殊的知识产权救济制度,依法正确适用诉前临时措施,对于及时有效地制止侵权行为和保护知识产权,具有独特的作用和重要的意义。诉前停止侵权主要适用于事实比较清楚、侵权易于判断的案件,侵权可能性应当达到基本确信的程度。在认定是否会对申请人造成难以弥补的损害时,应当重点考虑有关损害是否可以通过金钱赔

---

❶ 禁令不仅意味着被告生产线所必须进行的调整、既有库存的处分等,而且还将增加被告负担,让其耗费时间资源去从事回避侵权的研发。

❷ 杨涛. 我国知识产权临时禁令制度的现实困境与立法完善 [J]. 知识产权,2012 (1):64-70.

❸ 吴辉,卓玛. 全国法院5年受理诉前禁令430件 [N]. 中国知识产权报,2007-10-26:02。

❹ 张先明. 近3年诉前临时禁令等裁定支持率高于85% [N]. 人民法院报,2013-10-23:01。

偿予以弥补以及是否有可执行的合理预期。严格审查被申请人的社会公共利益抗辩，一般只有在涉及公众健康、环保以及其他重大社会利益的情况下才予考虑。诉前停止侵权涉及当事人的重大经济利益和市场前景，要注意防止和规制当事人滥用有关权利。❶ 近年来，虽然在专利侵权诉讼中，由于诉讼禁令的执行存在"困境"加之"垃圾专利"的泛滥，法院受理诉前禁令呈低位徘徊状态，但是理论上，我国对这种"偏重实体正义"的专利侵权救济方式并未设置严格的适用条件。❷

当专利权利人将专利付诸商业实施并与专利侵权人具有商业竞争关系时，侵害行为一般会对专利权人造成不可挽回的损失，包括专利产品市场份额的减少、专利产品市场竞争优势的弱化、专利权人作为技术创新者的社会声誉以及对专利权人商标的认知度降低等。例如，由于美国司法机关近年来对专利权人特别是标准必要专利权利人的禁令救济逐渐谨慎，致使2013年美国专利交易价格的平均值和中位值相比2012年均有较大幅度的下降，2013年专利的平均交易价格为22.0588万美元，较2012年平均交易价格下跌了37%。❸ 因此，可以说专利权经济价值的大小与专利权人的垄断排他权有直接关系。责令侵权人停止侵权较损害赔偿具有更大的经济价值，因为专利权人可排他性地垄断法定授权期限内的市场利益，从而实现专利的经济价值。保持专利权具有排他性的唯一手段就是通过禁令救济

---

❶ 最高人民法院印发《关于当前经济形势下知识产权审判服务大局若干问题的意见》（法发〔2009〕23号）的通知，法院在责令停止侵权或颁发诉前禁令前，为达到妥善停止纠纷，有效遏制侵权行为的目的，至少应考虑下述因素：当事人是否有明确的诉求；与该侵权行为的严重程度相比，是否有责令停止侵害的实际需要，即是否确有必要适用停止侵害的责任；适用停止侵害责任是否与社会公共利益相悖；与适用停止侵害责任比较，通过更充分赔偿或者经济补偿等替代性措施是否也可了断纠纷。

❷ 李晓郛. 公共利益冲突时美国联邦法院的司法实践：以专利案件的预先禁令为视角[J]. 法治研究, 2013 (9): 93-102；胡充寒. 我国知识产权诉前禁令制度的现实考察及正当性构建[J]. 法学, 2011 (10): 146-152；韩越. 论专利侵权诉讼中的诉前禁令[D]. 武汉：华中科技大学, 2012: 22-30.

❸ Managing Intellectual Property. Averrage price of US patents fell 37% in 2013 [EB/OL]. [2014-04-03]. http://www.managingip.com/Article/3307037/Average-price-of-US-patents-fell-37-in-2013study.html.

阻止专利权未经授权被实施。美国联邦巡回上诉法院在 SmithInt'l, Inc. v. Hughes Tool Co. 案中论述到如果没有禁令之力，赋予专利的独占性效力将会消灭，美国国会和立法所追求的促进有用技术发展的目标也将会受到严重损害。❶ 董美根建议我国可以借鉴美国永久禁令四要素检测规则及适用，赋予法院有条件停止侵害责任的权限是增加专利"强制许可"授权的一个简单且切实可行的办法。国外也有学者对武汉晶源公司要求华阳电业公司停止侵权的诉讼请求不予支持的判决的考虑，关注我国司法实践中法院以公共利益为由作出不支持专利权人要求停止使用相关设备（侵权行为）的诉求与颁发公共利益强制许可的关系。❷ 当前，我国除个别案件外，法院或专利管理机关在作出侵犯知识产权的判决后一般均责令侵权人立即停止侵权行为，然后是赔偿损失等，这已成为我们判决知识产权案件的定式。❸ 但是，从国外经验看，司法实践中对责令停止侵权行为变得日益谨慎。例如联邦巡回上诉法院在 20 年内没有拒绝对任何一个认定侵权的被告签发永久禁令。美国法院认为，专利权是一种排他权。当法院判定侵权成立时，当然应该发出禁令。排他权本身即意味着禁令的正当性。❹

---

❶ 董美根．美国专利永久禁令适用之例外对我国强制许可的启示 [J]．电子知识产权，2009（1）：44-48．

❷ 文希凯．知识产权法律中责令停止侵权罚则的探讨 [J]．知识产权，2012（4）：24-32．文希凯指出，法官应尽量选用经济方式平衡，走调解结案的途径。法院责令不停止侵权只应是对专利权人断然拒绝法院调解，不顾大局坚持不许被许可人使用其技术的罚则，除非在合理付费条件下专利权人仍坚持不予当事人使用许可，法院均应尽量避免这种"事实上"的强制许可，减少误会或质疑，为技术的推广使用构建更和谐的实施氛围。

❸ 在武汉晶源环境工程有限公司与日本富士化水工业株式会社、华阳电业有限公司侵犯发明专利权纠纷案中，最高人民法院认为，鉴于该案烟气脱硫系统已被安装在华阳公司的发电厂并已实际投入运行，若责令其停止行为，则会直接对当地的社会公众利益产生重大影响，认同福建省高级人民法院判充分考虑权利人利益与社会公众利益的前提下，未支持晶源公司关于责令停止行为的诉讼请求，而是判令华阳公司按实际使用年限向晶源公司支付每台机组每年 24 万元，从 2000 开始支付，至 2015 年专利权届满为止的判决。

❹ 张玲．论专利侵权诉讼中的停止侵权民事责任及其完善 [J]．法学家，2011（4）：106-117．

这种做法在 eBay 案中得到了纠正，传统的衡平标准被重新强调。❶ eBay 对禁制令这一英美法系国家知识产权诉讼的常用救济措施提出质疑，不但引起美国联邦最高法院的重视，还引发专利权人与技术使用者之间新一轮的纠纷。联邦最高法院认为，"只要认定专利权有效和侵权行为成立，就可以颁发永久禁令"的观点是不正确的，权利人欲请求法院颁布永久禁令，必须符合"四要素检验法"。❷ 2008 年由最高人民法院知识产权庭主办、北京高级人民法院承办的知识产权侵权责任调研课题成果论证会上，北京市高级人民法院、天津市高级人民法院、广东省高级人民法院、湖南省高级人民法院四个研究小组和与会专家一致认为知识产权请求权是一种绝对权请求权，绝对权请求权是基于绝对权的排他性、绝对性派生而来的防卫性请求权，停止侵权、排除妨碍、恢复原状是与之相对应的民事责任形

---

❶ 2001 年，MercExchange 公司指控 eBay 公司使用的"立刻购买"（一种在线固定价格拍卖技术，允许消费者不参与拍卖过程即可购买商品）交易方法技术侵犯其专利权。2003 年，弗吉尼亚联邦地方法院作出有利于 MercExchange 公司的判决，裁定 eBay 公司侵权，并向 MercExchange 公司支付赔偿金。法院同时签发限制 eBay 公司使用该专利技术的永久性禁制令。随后，eBay 公司上诉至联邦巡回上诉法院，辩由是 MercExchange 公司从未实施相关专利，仅仅通过征收高于专利自身价值的使用费达到渔利目的，但 eBay 公司的上诉请求被上诉法院驳回。2005 年，eBay 公司向联邦最高法院提起上诉，同时提出目前法院在作出侵权裁决后即签发禁制令的现行做法不合理，要求法院改变现有惯例。2005 年 11 月 28 日，联邦最高法院受理 eBay 公司的调卷令请求，签发调卷令。

❷ 四要素检验法包括：专利权人受到了难以弥补的损害；法律提供的诸如损害赔偿的救济方式不足以补偿专利权人受到的损害；平衡考虑原告与被告的经济困难程度；给予衡平救济是合理的以及颁发永久禁令不会损害公众的利益。

式。❶ 由此可见，相比其他国家，我国司法机关对专利排他性权利的确认比较彻底，程序性的诉前临时禁令和实体性的侵权成立责令侵权人立即停止侵权行为对专利权经济价值的创造及实现均具有重要影响，仅以司法机关对专利排他性权利的确认为限，一件中国专利的经济价值将大于一件美国专利的经济价值。❷ 对禁令的支持也将使中国的专利侵权诉讼更具吸引力。

三、司法机关对专利损害赔偿数额的司法确认分析

埃里森（Allison）教授研究认为专利权经济价值可以通过诉讼程序，协助专利权人实现专利授权，进而获得经济收益，因此，诉讼专利即是有价值的专利。❸ 美国近年专利诉讼案件蓬勃发展，由联邦巡回上诉法院与联邦最高法院确立了许多著名的专利法案例，进而确立了专利权的价值，

---

❶ 与会人员认为："在特殊情况下是否应判令停止某种行为，则要根据案件具体情况，合理平衡当事人之间以及社会公共利益来确定。如果权利人受到的损害并非难以弥补，停止有关行为会造成当事人之间利益的极大失衡，或者不符合社会公共利益，或者实际上难以执行，可以根据案件具体情况进行利益衡量，在采取充分切实的全面赔偿或者支付经济补偿等替代性措施的前提下，可不判决停止某种行为。"

❷ 与我国不同，德国法院将诉前临时禁令的请求作为一个独立诉讼程序来处理；实践中，法院对当事人要求颁发诉前临时禁令的请求，要经过有关当事人在法庭上口头辩论后，才能作出决定。美国法院在采取诉前措施时一般都设立了听审程序，当事人围绕是否适用临时禁令充分举证质证，法官根据质证结果决定是否发布临时禁令。

❸ JOHN R. ALLISON, A. LEMLEY, MARK AND WALKER JOSHUA. Extreme Value or Trolls on Top? The Characteristics of the Most-Litigated Patents [J]. University of Pennsylvania Law Review, 2009: 1-37.

促进了美国专利交易市场的活跃。❶ 起源于 2001 年 NTP v. RIM 案，最后于 2006 年 3 月法院裁判 NTP 控告 RIM 胜诉，RIM 为此付出了 6.12 亿美元和解。❷ 该案对专利权经济价值的产生具有重要推动作用。Round Rock Research LLC 在纽约市举行的 ICAP Ocean Tomo 2011 年春季知识产权现场拍卖会上以 3850 万美元的价格出售诉讼免除保证。与传统的拍卖品不同，Round Rock Research LLC 拍卖的并非专利或专利组合，而是向购买者赋予不对其侵权保证中所涉专利的行为进行诉讼的保证。❸ 诉讼免除保证的出售价格与司法机关在专利侵权案件中确认的对专利损害赔偿额高度相关，并且在以往司法机关确认的损害赔偿额的基础上，专利权人 Round Rock Research LLC 还可通过设定使其专利诉讼免除保证适用不同的潜在购买群

---

❶ 例如，在朗讯诉微软和戴尔案，加利福尼亚州地方法院就该案作出判决，陪审团认定朗讯的专利有效，并且受到微软 Outlook 软件的侵权，判决微软向朗讯赔付 5 亿美元损害赔偿金。包括苹果、甲骨文、奔迈、雅虎、SAP、美光以及英特尔等 12 家公司提交了"法庭之友"意见书，要求联邦巡回上诉法院禁止陪审团以产品的总价值作为计算损害赔偿金的基数，并要求陪审团以涉案特征的价值作为判决给付损害赔偿金的唯一依据。因此，陪审团将 Outlook 软件的总价值而非日期选择器特征的价值作为损害赔偿金的计算基数，是不恰当的。这一计算损害赔偿金的方法被称为"拆分计算法"。但 3M、惠氏、通用电气、宝洁、埃克森美孚以及强生等 13 家公司反对微软等通过"法庭之友"所提出的改革提交，他们认为现行判例法就足以确保就专利案件作出合理的损害赔偿金判决：按照支持微软的"法庭之友"所鼓吹的激进方式修改专利损害赔偿金法律，将会降低专利的内在价值及其保护研发投资的能力。相应地，将会减弱公司等对费用高昂的投机性研发活动进行投资的意愿。联邦巡回上诉法院于该案中指出，相较于日期选择器功能，Outlook 软件的电子邮件系统才是消费者购买该软件主要的需求，因此该案无整体市场价值法之适用。联邦巡回上诉法院其后表示若专利权人得证明系争专利功能为消费者购买该产品的主要需求，则整体市场价值法（Entire Market Value）允许专利权人以侵权产品整体的销售价额作为权利金计算基准（Royalty Base），将产品的获利归功于系争专利。相反的，若系争专利技术仅为侵权产品众多功能中的微小部分，则无法适用整体市场价值法。2009 年的 Cornell University v. Hewlett-Pachkard Company 案中，Northern District of New York 便将计算权利金的客体限缩在最小可销售单元，而非以整个机器作为客体来计算合理权利金。

❷ NTP 于 1992 年由 Donald Stout 以及 Thomas Campana 共同创办。

❸ Round Rock Research LLC 的 John Desmarais 也表示目前他们正就这些专利进行诉讼，并且追究侵犯组合产权的人士，但此次拍卖会提供良机，让有兴趣的人士可以轻易购得契诺而不会在日后面对诉讼。

体,进而使诉讼免诉保证的价值随所涉专利对潜在购买方产生的潜在价值和经济收益而逐级提高。以上事实说明,司法机关对专利损害赔偿额的确认不仅是对专利权人所受损失的弥补(填补),而且为今后专利许可费率的判断和谈判提供了重要的参考依据,因此,对专利权经济价值的大小也有重大影响。特别是当今许多专利权人本身并非直接实施其专利权,因而在专利侵权诉讼案件中,不得主张所失利益,多仅能主张(司法机关适用)合理权利金,因此,可以说权利金的数额高低影响甚至决定专利权的经济价值。❶

　　专利权人就其所请求的损害赔偿额负有举证责任,损害赔偿与专利权经济价值二者为正相关关系,而且这种正相关关系具有双向性,既有专利授权的权利金以及类似专利授权权利金作为客观真实世界的授权经验者是司法机关对专利损害赔偿额确认的重要参考;司法机关对专利侵权损害赔偿额的确认亦对该专利权及类似专利权未来的授权权利金及专利权经济价值产生重要影响。因此,美国专利损害赔偿的没有法定赔偿,其专利法第284条规定的对专利损害赔偿额的技术方式,只有所失利益和合理权利金两种,并以合理权利金为权利人最低应可获得的损害赔偿额。❷ 同时,美国证据发现程序制度,帮助专利权人搜集将来可作为损害赔偿计算的必要证据,有助于降低专利权人计算损害赔偿的举证困难度。但我国司法实践中,专利权人却面临其专利所受损害如何计算的困难,导致我国法院难以作出足以弥补专利权人因专利侵权行为所受损害的数额。吴汉东

---

　　❶　并且先前授权契约所订的权利金比率,因为过去真实授权的专利的有效性与侵害与否的情况皆属不明,因此所订立的比率会较侵害已发生时进行的假设性磋商下比率略低。美国专利侵权合理权利金的确定建立在对专利的创造性程度、专利本身价值、专利品收益、授权限制、市场支配地位、竞争关系、有无替代技术、产业利润、侵权人贡献等综合因素的分析基础之上。

　　❷　合理权利金通常适用于权利人不能证明所失利益时及本身未制造销售商品的专利事业体,为避免权利人无从获得赔偿而设计。权利人所失利益,权利人要证明市场对专利产品存有需求、未有可接受的未侵权替代商品存在、原告具有得以满足该市场需要的制造销售能力、原告所受利益损失的数额。若专利权人无法证明有上述因果关系存在,则专利权人只能主张合理权利金。

教授也认为:"专利侵权诉讼实践中确实有赢了官司输了钱的现象,但问题症结不在于是否引入惩罚性赔偿制度,而在于全面赔偿的原则没有有效执行,权利人的实际损失不能得到真正赔偿,为维权支付的各种费用并未全部计算到实际损失中。"对于权利人侵权损害赔偿请求的证明责任问题,2008年由最高人民法院知识产权庭主办、北京市高级人民法院承办的知识产权侵权责任调研课题成果论证会上,浙江省高级人民法院和北京市第一中级人民法院研究小组都认为:"在知识产权侵权损害赔偿的计算方式上,应适当放宽证据的证明标准并充分发挥证据规则规定的举证妨碍制度的作用。只要权利人提供了证明损失的财务账册,表明销售数量因侵权而减少或销售价格因侵权而降低,或者提供了被控侵权人向税务部门申报纳税时所记载的销售收入及获利情况或向工商部门年检时提供的相关报表资料等证据初步证明损失或获利数额时,不应苛求权利人还要举证证明损失或获利与侵权行为之间存在必然的因果关系,而是依据法官的逻辑推理能力和一般专业知识水平,从盖然性角度认定侵权行为有很大可能引起该损害或获利的结果,然后由被控侵权人举证反驳。对于拒不履行法院保全裁定确定的诉讼义务,无正当理由拒绝提供生产、销售被控侵权产品数量的会计凭证、财务账册的,在被告侵权行为成立时,可以依据举证妨碍制度,根据权利人提供的有关证据支持权利人的诉讼请求。"2013年,广东法院"探索完善司法证据制度破解知识产权侵权损害赔偿难"试点工作座谈会纪要对证据披露作出规定,依其规定:"在知识产权侵权诉讼中,处于一方当事人及其诉讼代理人掌控中而另一方当事人难以获得的涉及被控侵权人获利状况的证据,如当事人的真实财务账册等,另一方当事人可以申请人民法院责令证据持有人披露,被申请人负有披露该等证据的义务。当事人及其诉讼代理人之外的有关单位和个人,在掌握了与案件侵权赔偿额相关的证据,如产品市场份额数据、行业利润率、许可使用费、转让费的一般标准、惯例和行情时,亦负有披露的义务。"与此同时,还对举证妨碍作出规定,规定:"在知识产权侵权诉讼中,若一方当事人持有证据无正当理由拒不提供,而对方当事人主张该证据的内容可以证明其诉请的侵权损害赔偿数额成立的，人民法院可以结合有关情况推定该主张成立。若一方当事人请求人民法院对对方当事人的财务账册、电脑硬盘中的财务数据、产品库存量等进行证据保全，而对方当事人阻扰、抗拒、破坏法院的保全措施的，可以视为被申请人持有不利于自己的证据但拒绝提供，构成举证妨碍，并结合有关情况推定申请保全一方主张的赔偿数额成立。若有证据证明被申请人在人民法院进行证据保全时提交残缺、虚假的财务账册的，亦可视为被申请保全人隐匿了对自己不利的真实证据，构成举证妨碍，并结合有关情况推定申请保全一方主张的赔偿数额成立。在知识产权侵权诉讼中，当掌握了与案件侵权赔偿额相关的证据并负有披露义务的其他组织和个人违反披露义务，伪造、毁灭重要证据，妨碍人民法院审理案件的，人民法院可以根据情节轻重予以罚款、拘留，直至追究刑事责任。"❶

我国专利法将"权利人因被侵权所遭受的损失或者侵权人因侵权所获得的利益"作为落实弥补专利权人侵权损害的第一选择，表面上似乎方便了权利人在诉讼中主张和法院具体查明事实，但实质上偏离了专利损害赔偿。侵权人因侵权所获得的利益则具有多样性形态，商业实践中要从侵权人所获得的利益分离出侵权人因侵权所获得的利益几乎是不可能的。❷ 司法实践中，我国司法机关准许权利人以侵权人因侵权所获得的利益作为赔偿依据，以及损害赔偿与侵权之间的因果关系证明要求的低标准，偏离了专利侵权损害赔偿的"填平"原则，司法机关对专利侵权损失赔偿额的确

---

❶ 广东法院网. [EB/OL]. [2014-4-3]. http：//www.gdcourts.gov.cn/gdcourt/front/bulletin！list.action.

❷ 美国的 The Panduit Factors 分析，只是适用市场上只有两个提供者时，才有意义。当有多个竞争者时，通常有非侵权的替代品，此时只能从合理的使用费考虑赔偿。例如在宝利来和柯达照相公司之间关于一次成像相机的专利侵害诉讼中，柯达公司抗辩宝利来公司所主张的利益减损并不存在，理由是传统照相技术在市场上是可接受的替代商品，但是地方法院最后认定一次成像技术在相片市场占有独特的新兴地位，对于消费者而言，这种实时照相的经验在感情上是独特的，因此认为 Panduit 法则之第二要素可被满足，并且判决原告关于利益减损的主张成立。

认容易获得较高的损害赔偿额。❶ 依前文所述，损害赔偿与专利权经济价值为正相关关系，且具有双向性，可知此种情形下，专利权经济价值亦较大。由于我国《专利法》第 65 条没有将合理专利许可使用费作为专利侵权损害赔偿的最低标准，并且也没有规定适用专利许可使用费计算损害赔偿额时应当保留部分侵权者合理获利。因此，尽管我国目前专利侵权诉讼实践中适用专利许可使用费的情形比较少，还是给了专利权人获得较高专利许可使用费的机会。在中山宝宝好日用制品有限公司与好孩子儿童用品有限公司、宋某某侵犯专利权纠纷案中，好孩子儿童用品有限公司与昆山小小恐龙公司签订的专利实施许可合同约定，好孩子儿童用品有限公司以普通许可方式许可昆山小小恐龙公司实施"婴儿推车的车轮毂"外观设计专利，许可使用费为每年 50 万元，法院据此支持了原告的主张。应该说我国司法机关对专利权人主张以专利许可使用费计算侵权损害赔偿的证明标准比较低，未要求原告证明专利品收益、专利本身的价值等决定许可费

---

❶ 姚建军. 专利侵权损害赔偿价值取向的构建 [EB/OL]. [2014-1-27]. http://allenemy.fyfz.cn/b/752237. 美国 2007 专利改革法案指出损害赔偿要基于专利对现有技术的贡献所具有的市场价值，即在损害赔偿中将侵权人在侵权产品中附加的改进、非专利因素、制造、商业风险等价值扣除，或者称为"现有技术减去"方式，将专利权人的权益限于"专利对现有技术所做出的贡献"，不以侵害他人专利产品的全部市场价值作为赔偿额，而是以该产品中侵害他人专利的部分计算赔偿额。根据法律规定，几乎所有的专利侵权在计算损害赔偿时都要适用"现有技术减去"，即"以实际专利技术价值"将损害赔偿限定到专利保护范围之内，凡是超出保护范围的部分，都没有获得赔偿的可能。这意味着宣布先前的"整体市场价值规则"的死刑。在（2013）粤高法民三终字第 305 号判决书中，广东省高级人民法院也指出，"许可使用费数额的高低应当考虑实施该专利或类似专利所获利润，以及该利润在被许可人相关产品销售利润或销售收入中所占比例。技术、资本、被许可人的经营劳动等因素共同创造了一项产品的最后利润，专利许可使用费只能是产品利润中的一部分而不应是全部，且单一专利权人并未提供产品全部技术，故该专利权人仅有权收取与其专利比例相对应的利润部分。并且专利权人所作出的贡献是其创新的技术，专利权人仅能够就其专利权而不能因标准而获得额外利益，同时专利许可使用费不应超过产品利润一定比例范围，应考虑专利许可使用费在专利权人之间的合理分配。"

是否合理。❶我国在专利损害赔偿制度设计上没有采用"Georgia Pacific 案"中提出的十五要素分析法这样细致的工具，而是给予了专利权人多种选择机会，专利权人可以选择对自己有利的赔偿方式，并同时减轻了专利权人在侵权与损害赔偿因果关系的证明责任，甚至在专利权人不能举证时，还可以得到 1 万元以上 100 万元以下的法定赔偿。❷ 可以说从某种意义上讲，我国专利保护力度比美国要强，专利权人的证明标准比美国要低。❸ 因此对专利权人而言，相比于在美国，专利权人容易让司法机关确认一个比较高的损害赔偿额，进而通过损害赔偿与专利权经济价值之间的这种具有双向性的正相关关系，实现对专利权经济价值的放大。仅以司法机关对专利损害赔偿数额的确认为限，对专利权人而言，一件中国专利的经济价值很容易大于一件美国专利的经济价值。

---

❶ 有学者质疑该案中由于涉案婴儿推车的市场零售价为 150 元，且车轮毂不应理解为是整个婴儿推车的销售卖点，用户不会因为车轮毂外观而被吸引产生购买意愿，其中的"车轮毂"价格占婴儿推车总价格的 5% 以下。那么在普通许可方式下，年专利使用费 50 万元是否合适值得怀疑。法院需要回归到一个审慎的被许可人从商业的观点欲取得许可去制造、销售某特定专利产品，而愿意支付权利金。该权利金不但足以使被许可人有利可图，同时可以让一个审慎的被许可人接受，从而最终确定出专利权人和侵权人在合理及自愿的情况下商定许可合同所可能同意的权利金。这才是以许可合同确定专利损害赔偿问题的关键所在。

❷ 该类问题的根源在于我国实践中多年来形成的保护专利权人就是保护专利制度的理念，没有实际坚持专利保护力度与其创新程度相适应，专利保护范围大小与损害赔偿相适应的原则。

❸ 我国对损害与侵权的因果关系不要求原告举证就推定成立，使得原告获得的赔偿会超过其因侵权造成的损失。美国则要求专利权人证明一个合理的可能性，若非侵权，专利权人可获得侵权人所享有的经济利益。

第四章 专利权经济价值外延性要素分析

专利权只是个形式,最终带来经济效益的还是产品,因此专利权经济价值分析需要紧扣供应链、价值链与产业链等产业事实。这正如马克斯·普朗克知识产权与竞争法研究在其发布的《专利保护宣言》中所宣称的,是市场而不是知识产权创造了创新机会并提供创新利益。换言之,专利权经济价值来源于市场,专利权经济价值的大小取决于其在产业链中的竞争优势程度。众所周知,专利权的本质不是实施权,而是排他权,既然是排他权决定了专利权具有经济价值,那么,专利权经济价值分析就不能只分析专利权人的专利权,而忽视竞争者的专利权。因为,权利人的专利权具有排他性,而竞争者的专利权同样也具有排他性,如何"排他"便是决定专利权经济价值大小的一个关键因素。这样如何"排他"决定一项专利权最终能带来多大经济利益的一个关键因素是,该专利权竞争优势如何。专利权可以为企业发展扫清障碍,保障企业的发展免受竞争者干扰。当企业选择将解决某一技术问题的专利产品作为其事业目标之后,就需要通过专利布局对解决这一技术问题的技术方案进行规划、部署,提高专利权的贡献度。专利布局是将专利排他权发展为市场力量的重要途径,即专利权人通过专利布局,对专利技术方案的不可规避性、专利权的必要性进行周密布局,提高专利权的排他性保护范围。同时,伴随着技术的不断发展进步和周边技术的不断革新,专利布局又是一个"制"与"反制"的动态过程,谁能取得竞争优势取决于各自的实力,但实力可以通过"投入"和"策略"加以转化。

第一节 产业结构化中的专利权竞争优势分析

一、由规避专利侵权案例引发的思考[*]

A公司系国内大型知名卫浴配件制造企业，产品涵括水件、盖板、水箱、同层排水系统、电子感应智能产品等卫浴产品。A公司拥有数百项国内外专利，是我国卫浴行业拥有大量自主知识产权的高新技术企业。德国汉贝格工业集团有限公司经营的汉诺马桶盖曾获红点奖和欧洲创新技术奖，是全球卫浴产品市场的创新领导者之一。A公司早在2005年第七届中国国际地面材料及铺装技术展览会上就被汉贝格工业集团有限公司告知其销售的短合金套和盖板慢落机构侵犯专利号为EP1199020B1的欧洲专利，这也是A公司首次获知汉贝格工业集团有限公司的相关专利信息。因上述专利问题，2006年A公司研发部针对EP1199020B1进行分析，并对短合金套和盖板慢落机构进行回避设计，并就回避设计申请了专利。但由于专利信息未能够较好地传递，A公司其后开发的其他产品未进行侵权对比分析，虽然其在整体视觉效果与汉贝格工业集团有限公司的产品设计差异较大，但仍落入EP1199020 B1专利权的保护范围。2007年设计研制的坐圈盖板也再次因其对知识产权属性的把握不到位，企业知识产权管理机制不完善、不合理，造成新设计开发的坐圈盖板还是落入了汉贝格工业集团有限公司专利的保护范围。2010年A公司再次收到汉贝格工业集团有限公司的律师函，要求A公司停止侵权并承担赔偿责任。七八年间EP1199020 B1专利让A公司直接损失数百万元。

汉贝格工业集团有限公司拥有的专利号为EP1199020B1的欧洲专利是通过阻尼和连接器共同直接地支撑盖板解决盖板铰接过于复杂问题的专利，其独立权利要求译文：将盖板组件安装到陶瓷本体上的铰链，包括盖

---

[*] 本部分案例来源于专利代理人俱乐部内部研讨会，特别感谢郭福利先生。

板组件上上盖和坐圈的转轴和包括同轴装配的阻尼器用于转动过程中支撑所述盖板组件，一个转接部件与紧固件连接，紧固件固定在陶瓷本体上，牢固地与同轴安装的阻尼器连接，安装在盖板组件上连接部的安装孔内，特征为：转接部件和阻尼器形成了上盖和座圈的转轴，所述转接部件近似圆柱体，其径向有盲孔可插在柱销上。通过对文字的解读该专利由两点组成，一是"有连接件的插接"；二是"连接件是指同时与支座和慢落连接的部件"，保护范围非常大。导致 A 公司被迫在该事件上一直采取回避设计的方式进行应对，但所有的专利侵权回避设计面临一个潜在风险——等同原则的适用，同时不同个人及不同国家在等同原则的适用上又会有较大差异。正如在该次事件中，A 公司在重新设计开发坐圈盖板时聘请了国内外多家律师事务所对 EP1199020B1 的独立权利要求进行技术特征的界定和划分，结果不同事务所对技术特征的划分结论有很大的不同，从 4 个到 11 个结论截然不同。

汉贝格工业集团有限公司拥有的 EP1199020B1 欧洲专利解决的是通过阻尼和连接器共同直接地支撑盖板解决盖板铰接过于复杂的问题，该专利由两点组成，一是"有连接件的插接"；二是"连接件是指同时与支座和慢落连接的部件"，保护范围非常大。导致 A 公司被迫在本事件上一直采取规避设计的方式进行应对，但所有的专利侵权规避设计面临一个潜在风险——等同原则的适用。专利侵权判断的过程注定是主观的、充满争议的，正如本次事件中，A 公司在重新设计开发坐圈盖板时聘请了国内外多家律师事务所对 EP1199020B1 的独立权利要求进行技术特征的界定和划分，不同的律师事务所之间的结论差异甚大。A 公司采用了提高界定专利权利要求技术特征深度的方案，同时还通过收集主要竞争对手在欧洲销售的产品和申请授权的专利来分析专利规避方向，检索到了 TOTO、爱马仕、海益、倍杰特、瑞尔特的多件专利。结合上述产品和专利侵权风险分析，A 公司在对 EP1199020B1 的独立权利要求进行技术特征划分的基础上，给出了对每一技术特征进行规避设计的难度指数。A 公司最终选择通过 C 形卡圈设计出了按钮快装盖板，成功地规避了 EP1199020B1 专利，并据此申请了多件专利。A 公司对 EP1199020B1 高价值专利的成功规避，将导致

EP1199020B1专利产品市场份额减少、专利权竞争优势降低,同时也对权利要求技术方案有了进一步的理解,对一件专利权能在多大程度上"排他"有了进一步的认识。专利权保护的是抽象的技术方案,作为一种"书面上的"产品或者方法,其权利范围(边界)系权利人通过简洁的语言予以确定。鉴于此,本书认为可以从构成技术方案的基本要素——技术特征的角度研究分析类似的专利技术或替代技术,并根据专利权利要求技术特征的多少、上下位概念关系、相应技术特征规避的难度,分析一件专利权的竞争优势(见表4-1)。

表4-1 A公司划分的专利技术特征及相应规避难度指数

EP1199020B1独立权利要求的划分

编号	独立权利要求中的必要技术特征	回避设计难度指数
1	将盖板组件安装到陶瓷本体上的铰链	★★★★★
2	盖板组件上的上盖和坐圈的转轴	★
3	用于转动过程中支撑所述盖板组件的阻尼器	★
4	一个转接部件与紧固件连接	★★★★★
5	紧固件固定在陶瓷本体上	★★★★★
6	转接部件牢固地与阻尼器连接	★★★★★
7	阻尼器安装于盖板组件连接部的容纳腔内	★
8	转接部件和阻尼器形成了上盖或座圈的转轴	★
9	所述转接部件的基体近似圆柱体	★★
10	转接部件的径向有盲孔可插在柱销上	★★

二、专利权竞争优势问题的提出

众所周知,为克服发明创造的公地悲剧问题,人类创设出了专利制度,在原始创新动力之外,又通过制度设计增加了市场激励的措施,并鼓励发明创造的公开、传播、学习、研究、积极运用,以及在此基础上的创新。与抄袭人出于装饰性目的的恶意侵权行为不同,专利回避设计的积极概念是创新主体为避免专利权侵权,以具有可专利性为主要目的而进行的技术创新活动。它是符合专利法宗旨，属于合法的竞争行为。创新主体通过专利回避设计，可以快速地将最新的专利产品，以非侵权替代产品快速推向市场，侵蚀了原专利产品的市场份额和利润。与传统不同品牌商品之间的竞争类似，专利权之间也存在竞争。专利被回避设计的可能性是专利权经济价值外延分析的重要组成部分。根据全面覆盖原则，分析专利被回避设计的可能性需分解相应权利要求的技术特征，并对每个技术特征进行分析评估。

一项发明创造必须由有权申请人依法定形式向专利行政部门提出申请才有可能取得专利授权。说明书用来详细说明发明创造的具体内容，主要起着向公众公开发明创造技术内容的作用。权利要求书以说明书为依据，清楚、简要地限定要求专利保护的范围。说明书记载的内容构成权利要求所处的语境。在理想形态下，有权申请人申请专利的目的是为获得与保持市场竞争优势、运用专利制度提供的专利保护手段，强化技术优势的垄断性，为申请人获得持久的垄断利润。但实际情况是，由于字、词、短语等的语义多样性以及每个语义可能会有不同的作用，有权申请人很难通过撰写概括得当的权利要求，将其发明创造实际解决技术问题的技术思路都保护起来，竞争者或多或少总是可以通过回避设计合法地参与特定技术市场竞争，分占发明创造者特定专利产品的市场份额，分享专利产品的市场垄断利益，技术市场竞争不可避免。这种现象在我国尤为严重，专利代理实践中权利人在权利要求书中圈定的对本技术方案的使用和收益的权利小于或远小于说明书中公开的该有用技术方案的情况屡见不鲜。

在专利语境下，研究专利权竞争优势归根结底还是要根据专利权的保护范围进行分析判断。发明创造好、专利权保护范围大、竞争者无法规避，专利权竞争优势就大。反之，专利权的保护范围小、竞争者易规避，专利权竞争优势就小。这是由于回避设计是一种合法的竞争行为，竞争者通过回避设计可以快速的将最新的专利产品，以非侵权的替代产品提供给消费者，此举将合法地弱化专利权竞争优势。英国曼斯菲尔德大法官的研究也发现近 60% 的新专利技术会在 4 年内通过回避设计被模仿。❶ 我国台湾地区的学者张庭瑞和萧慧华研究发现 90% 左右的专利回避设计文献案例均被记录在各国（地区）专利数据库中，但因数据库数量庞大、类型众多，披露并明显被注意到的专利回避设计文献可于各国（地区）相关的知识产权法庭判决中了解，经判决确认的专利回避设计案例，其操作手法具有较高的实务参考价值。❷ 市场实践中，除标准必要专利外，对利润贡献率高、市场占有贡献率大的专利技术，因其与改进型专利技术方案相比多具有差异性强，替代性弱的特点，但随着专利技术产业化的发展，技术生命周期的循环，如原有权申请人不能及时通过专利布局一步一步强化前述专利的差异性强的优势和替代性弱的优势，则势必被竞争者抢先申请相关改进专利，弱化原专利技术的差异性、增强原专利技术的替代性，最终给竞争者参与特定技术市场竞争的机会。

综上所述可得出如下结论：专利制度通过授予专利权人消极的排他权作为应对公共产品外部性的制度安排，自始就是通过鼓励良性、有序竞争，促进科学技术发展，而专利保护范围按照权利要求的文字限定界定，使得技术市场竞争进一步加剧。基于此，本书提出专利权竞争优势是指权利人通过对发明创造实际解决技术问题的技术思路的保护布局，达到的对竞争性技术方案产生的排除程度。

三、由技术特征分析专利权竞争优势的制度基础

授予专利权，权利人所获得的权利仅及于专利技术方案的制造、使用、许诺销售、销售、进口，且行使权力的范围受专利权利要求书的涵盖范围所限制。除部分具有功能性的外观设计产品或者化学方法的产物可能直接受专利权保护范围所涵盖外，对多数产品而言，其产品本身并非专利

---

❶ Mansfield, E. How Rapidly Does New Industrial Technology . Leak Out? [J]. The Journal of Industrial Economics, 1985, 34 (2): 217-223.
❷ 张庭瑞，萧慧华. WOIS 创新理论于产品概念设计之专利回避研究 [J]. 南开学报, 2011 (1): 51-64.

权的标的。专利权的标的是该技术领域产品的结构组成、工艺方法、元器件特征、技术手段等,因此,大部分专利权的标的是特定的技术方案,而非产品。技术方案一般由若干技术特征组成。❶ 除前述案例所示研究技术特征是企业开展技术研发申请的基本工作手段外,研究技术特征还是专利审查授权、专利侵权维权的基本分析方法。

审查授权中依据专利审查指南,技术方案是对要解决的技术问题所采取的利用了自然规律的技术手段的集合,因此一项技术方案应该同时具备技术手段、技术问题和技术效果三要素。技术手段通常是由技术特征来体现的。发明实际解决的技术问题由审查员在确定最接近的现有技术之后,根据确定的最接近的现有技术确定发明的区别特征,最后根据区别特征在发明中所起的作用或者发明达到的技术效果确定。技术效果由技术方案中技术特征以及技术特征之间的关系之总和所产生。通常,产生了预期的技术效果即证明发明解决了技术问题,但因为不同技术领域对技术效果的可预见水平不同,所以说明书中对记载技术效果的程度要求可以不同。❷ 实践中,专利行政部门对专利申请的审查授权程序也是围绕技术特征展开的。对专利申请新颖性的判断采用的是单独对比的原则,即本申请与一份对比文件的比较,如果申请的技术特征全部被某一份对比文件所公开,这些技术特征所述的技术领域、所要解决的技术问题、所达到的技术效果相同,则该申请便不具备授权专利权的新颖性要求,反之则符合新颖性要件。对创造性要件的判断,由于创造性标准是在新颖性标准基础上产生的,其和新颖性要件的纽带便是最接近的对比文件。❸ 对创造性的判断采取的是组合对比的原则,即将本申请与包括最接近的对比文件在内的几份

---

❶ 国家知识产权局条法司. 新专利法详解 [M]. 北京:知识产权出版社,2001:8-13.

❷ 例如,机械领域可预见水平相对较高,如某设备安装有螺栓,其必然产生连接固定的作用,因此尽管说明书中没有记载该相应的技术效果,所属技术领域的技术人员也可以预期该效果;而化学领域可预见水平相对较低,技术方案一般必须依赖实验结果加以证实才能成立,说明书中应明确记载这些实验数据。

❸ 审查授权中,对创造性的判断,最重要的是最接近的对比文件的确定,它的确定要从技术领域、要解决的技术问题、技术方案、有益效果这四个方面去衡量。

对比文件进行比对，先根据本申请与最接近的对比文件比对确定区别技术特征，而后认定客观技术问题，在此基础上判断是否存在技术启示。如果所述区别特征为另一篇对比文件中披露的相关技术手段，且该技术手段在对比文件中所起的作用与该区别特征在要求保护的发明中为解决该重新确定的技术问题所起的作用相同，则不具备创造性。反之，则其对本领域的技术人员来说是非显而易见的，具备创造性。❶

保护维权中根据《专利法实施细则》第 22 条和《最高人民法院司法解释》第 17 条规定，可以看出对专利权排他性保护而言，权利要求概括的范围实质上是由一个或多个技术特征概括得出，因此对专利权的保护也是围绕技术特征进行的。司法机关进行侵权判定时，应当以专利权利要求中记载的技术方案的全部必要技术特征与被控侵权物（产品或方法）的全部技术特征逐一进行对应比较。❷ 专利侵权判定一般适用全面覆盖原则和等同原则。换言之，专利权的保护范围是由必要技术特征以及等同技术特征所确定的。全面覆盖是指被控侵权物（产品或方法）将专利权利要求中记载的技术方案的必要技术特征全部再现，被控侵权物（产品或方法）与专利独立权利要求中记载的全部必要技术特征一一对应并且相同。❸ 在专利侵权判定中，当适用全面覆盖原则判定被控侵权物（产品或方法）不构成侵犯专利权的情况下，应当适用等同原则进行侵权判定。等同原则是指被控侵权物（产品或方法）中有一个或者一个以上技术特征经与专利独立权利要求保护的技术特征相比，从字面上看不相同，但经过分析可以认定两者是相等同的技术特征。这种情况下，应当认定被控侵权物（产品或方

---

❶ 但需要注意，创造性的判断，应当针对权利要求限定的技术方案整体进行评价，即评价技术方案是否具备创造性，而不是评价某一技术特征是否具备创造性。

❷ 进行侵权判定，一般不以专利产品与侵权物品直接进行侵权对比。专利产品可以用于帮助理解有关技术特征与技术方案。

❸ 当专利独立权利要求中记载的必要技术特征采用的是上位概念特征，而被控侵权物（产品或方法）采用的是相应的下位概念特征时，则被控侵权物（产品或方法）落入专利权的保护范围。同时当被控侵权物（产品或方法）在利用专利权利要求中的全部必要技术特征的基础上，又增加了新的技术特征，仍落入专利权的保护范围。此时，不考虑被控侵权物（产品或方法）的技术效果与专利技术是否相同。

法）落入了专利权的保护范围。等同物应当是具体技术特征之间的彼此替换，而不是完整技术方案之间的彼此替换。❶

依《专利法实施细则》第 19 条，权利要求书应当记载发明或者实用新型的技术特征。技术特征可以是构成发明或者实用新型技术方案的组成要素，也可以是要素之间的相互关系。发明或者实用新型的独立权利要求应当包括前序部分和特征部分。❷ 作为技术方案的组成要素，技术特征可以通过结构特征或者方法特征来限定，也可以通过功能或者效果特征来限定。结构特征及方法特征与权利要求的类型相适应，产品权利要求通常应当用产品的结构特征来描述；方法权利要求通常应当用工艺过程、操作条件、步骤或者流程等技术特征来描述。对于权利要求中所包含的功能性限定的技术特征，可理解为覆盖了所有能够实现所述功能的实施方式。❸ 作为要素之间的相互关系，技术特征之间的关系有三种，协同关系、叠加关系以及选择关系。并且由于技术特征在权利要求中的不同作用，又可对其做不同的区分。依据《专利法实施细则》第 20 条的规定，独立权利要求应当从整体上反映发明或者实用新型的技术方案，记载解决技术问题的必要技术特征。必要技术特征是指发明或者实用新型为解决其技术问题所不可缺少的技术特征，其总和足以构成发明或者实用新型的技术方案，使之区别于背景技术中所述的其他技术方案。判断某一技术特征是否为必要技

---

❶ 根据《专利侵权判定若干问题的意见（试行）》的规定："等同物代替包括对专利权利要求中区别技术特征的替换，也包括对专利权利要求中前序部分技术特征的替换。判定被控侵权物（产品或方法）中的技术特征与专利独立权利要求中的技术特征是否等同，应当以侵权行为发生的时间为界限。此外，进行等同侵权判断，对于开拓性的重大发明专利，确定等同保护的范围可以适当放宽；对于组合性发明或者选择性发明，确定等同保护的范围可以适当从严。"

❷ 独立权利要求分两部分撰写的目的，在于使公众更清楚地看出独立权利要求的全部技术特征中哪些是发明或者实用新型与最接近的现有技术所共有的技术特征，哪些是发明或者实用新型区别于最接近的现有技术的特征。

❸ 专利行政部门对功能限定的技术特征有比较严格的规定，只有在某一技术特征无法用结构特征来限定，或者技术特征用结构特征限定不如用功能或者效果特征来限定更为恰当，而且该功能或者效果在说明书中有充分说明时，才可以使用功能或者效果特征来限定技术特征。

术特征,应当从所要解决的技术问题出发并考虑说明书描述的整体内容,不应简单地将实施例中的技术特征直接认定为必要技术特征。依据《专利法实施细则》第 20 条的规定,从属权利要求应当用附加技术特征,对引用的权利要求作进一步的限定。从属权利要求中的附加技术特征,可以是对所引用的权利要求的技术特征作进一步限定的技术特征,也可以是增加的技术特征。依照《专利法》第 31 条第 1 款规定,可以作为一件专利申请提出的属于一个总的发明构思的两项以上的发明或者实用新型,应当在技术上相互关联,包含一个或者多个相同或者相应的特定技术特征。特定技术特征是专门为评定专利申请单一性而提出的一个概念,应当把它理解为体现发明对现有技术作出贡献的技术特征,也就是使发明相对于现有技术具有新颖性和创造性的技术特征,并且应当从每一项要求保护的发明的整体上考虑后加以确定。❶

依据《专利法》第 56 条的规定,专利权的保护范围以权利要求书的内容为准,而不是以权利要求书的文字为准。这造成判断和划分权利要求

---

❶ 对现有技术作出贡献的含义应理解为具有创造性意义上的贡献。例如,一项专利申请的权利要求 1:一种插头具有至少 4 个椭圆形横截面的插销,其特征在于所述插销的一端具有开口槽,其未开口的另一端固定安装在插头绝缘体上。对比文件 1 公开了具有两个椭圆形横截面插销的电插头和相应的插座,对比文件 2 公开了具有 4 个插销的电插头和 4 个插孔的插座。确定其特定技术特征,首先确定对比文件 1 的技术方案为最接近的现有技术,权利要求 1 相对于该现有技术的区别技术特征为至少 4 个插销、插销具有开口端及其未开口的另一端固定安装在插头绝缘体上。其中区别技术特征"4 个插销"已被对比文件 2 的技术方案公开,并且所起的作用相同,而区别技术特征"插销具有开口端"和"其未开口的另一端固定安装在插头绝缘体上"的引入使得权利要求 1 的插头相对于现有技术的插头插拔更容易,使用时与插座连接更紧密,使得权利要求 1 相对于对比文件 1 和 2 的现有技术具备创造性。因此,权利要求 1 中的技术特征"插销具有开口端"和"其未开口的另一端固定安装在插头绝缘体上"为特定技术特征。

的技术特征的灵活性很大，稳定性不足的情形。❶ 一句话难道就不存在两个以上的技术特征？两句话就不能形成一个技术特征？权利要求书中的技术特征的判断不能只限于对权利要求本身的划分和判断，要和专利说明书、附图、发明目的、发明效果、技术方案、实施例等内容和文字结合起来通盘考虑划分技术特征。❷ 如《庄子·养生主》所载庖丁解牛的哲理故事："臣之所好者道也，进乎技矣。始臣之解牛之时，所见无非牛者。三年之后，未尝见全牛也。方今之时，臣以神遇而不以目视，官知止而神欲行。依乎天理，批大郤，道大窾，因其固然。技经肯綮之未尝，而况大軱乎！良庖岁更刀，割也；族庖月更刀，折也。今臣之刀十九年矣，所解数千牛矣，而刀刃若新发于硎。"庖丁解牛给予我们这样的启示：透过现象看本质，只有抓住事物的本质，才能作出合理的判断分析，不被纷繁的外

---

❶ 根据《专利法实施细则》第 22 条和《最高人民法院司法解释》第 17 条的规定，可以看出专利的保护范围是由必要技术特征以及等同技术特征所确定的。在专利侵权判断过程中，最重要的一个环节就是技术特征的划分，不同的技术特征划分将直接影响侵权与否的判断结论。假如一项专利的权利要求包括 a、b、c 三个技术特征，被控侵权客体包括 a、b、d 三个技术特征，如果 c、d 两个特征不相同也不等同，那么就可以认定侵权行为不成立。但是如果将专利的权利要求划分为 a、b′（b′包括 b、c 两个特征），被控侵权客体的特征划分为 a、b″（b″包括 b、d 两个技术特征），如果 b′与 b″两个技术特征为等同特征，则又可以认定侵权行为的成立。

❷ 《北京市高级人民法院专利侵权判定指南（2013）》将技术特征界定为在权利要求所限定的技术方案中，能够相对独立地执行一定的技术功能、并能产生相对独立的技术效果的最小技术单元或者单元组合。技术特征具有两个重要属性：1. 独立性，即它不需要再通过与其他技术内容组合就可以体现其本身的功能；2. 价值性，是指其不仅具有独立的功能，而且确实在整体技术方案中发挥了作用或产生了技术影响。在实践过程中，有的法官将技术特征划分原则定义为"侵权判定分解技术特征应遵循一定的原则，即应当结合权利要求的文字表述格式，将在整体技术方案中能够相对独立地实现特定技术功能、产生技术效果的技术手段区别出来，作为技术特征。"但这种定义方法一方面没有法律和司法解释作为依据，另一方面也缺乏可操作性。同时《北京市高级人民法院专利侵权判定指南（2013）》指出："对权利要求的解释，包括澄清、弥补和特定情况下的修正三种形式，即当权利要求中的技术特征所表达的技术内容不清楚时，澄清该技术特征的含义；当权利要求中的技术特征在理解上存在缺陷时，弥补该技术特征的不足；当权利要求中的技术特征之间存在矛盾等特定情况时，修正该技术特征的含义。"

向所迷惑。对专利权经济价值外延的分析而言，整体技术方案乃至具体权利要求分析判断的对象具有表现形式的多样性（记载的内容与隐含的内容）并存有分析判断单位不统一等情形，使得对专利权竞争优势的分析存有较大的复杂性。影响专利权经济价值外延的因素复杂繁多，以产业结构化导向分析专利权的竞争优势无疑是十分困难的，甚至让人无从下手。因此，以最小的分析单位为基础，逐层分析，可有效降低专利权竞争优势的分析难度，提高分析结果的正确性。最小分析单位的确定，可以借鉴现代语言学研究中"语素"的定义。语素是现代语言学研究中的最小的有音有义的语言单位、语法单位，语素不同于最小的语言单音字。例如，"专利"表示一国（地区）赋予专利权人一定期限内对其发明创造的技术方案享有的排他性权利，但是把"专利"拆分成两个单音字"专"和"利"后，均不能表达"专利"所包含的语义，因此"专利"不能拆分，它是一个最小的有音有义的语言单位即语素。对专利权而言，一个技术特征相当于一个最小的语音，一个最小的判断单位类似于一个最小的语法单位。所以一个技术特征不等于一个最小的判断单位，一个最小的判断单位可能是一个相对独立技术特征，也可能是彼此不可拆分的数个技术特征的组合。由于这种最小判断单位具有内部不可拆分、外部相对独立的特性，杜衡和李林霞将其称之为"技术特征团"。对于一个技术特征与其他技术特征之间是否存在"不可拆分性"的判断，需要该领域技术人员，在阅读说明书、附图及权利要求书后根据其记载的内容进行分析。从发明创造要解决的技术问题、技术方案、有益的技术效果等方面进行整体考虑，重点从技术效果的角度分析该技术效果是由一个技术特征即可实现，还是必须结合其他的技术特征共同作用才能实现。❶ 由于对技术特征团的判断重点是建立在技术效果分析的基础上，因此对技术特征团的判断分析，需要特别强调达

---

❶ 欧洲专利局申诉委员会 T0201/83 判例"关于如何判定新的组合是否修改超范围的判例"中的表述，本领域技术人员是否能够容易认识到，在确定发明实施方案的整体效果时，具体实施例中公开的特定特征与实施例中的其他特征以唯一方式和显著程度密切相关。其中所述的"以显著的密切程度密切相关"和"不可拆分性的"描述非常接近。

到一个"最小"的技术效果。如果达到的不是最小技术效果，那么达到该技术效果的技术特征的组合也不能称之为技术特征团。例如，对于一种由于测量位移的光栅尺，其具有定光栅和动光栅，通过定光栅和动光栅之间的相对位移产生反应位移量的莫尔条纹。技术特征定光栅和动光栅在该发明中均不能单独达到具有莫尔条纹效果，因此干涉效果是最小的技术效果。综上，杜衡和李林霞将技术特征团定义为，所述技术领域的技术人员，根据说明书和权利要求书的记载，判定的能在本发明中达到最小技术效果的最少量技术特征的组合。❶

四、基于技术特征的专利权竞争优势分析

（一）确定专利技术特征划分的方法

北京市高级人民法院《专利侵权判定指南》指出，技术特征是指在权利要求所限定的技术方案中，能够相对独立地执行一定的技术功能、并能产生相对独立的技术效果的最小技术单元或者单元组合。闻秀元则认为技术特征是指具有独立功能且能对整体技术方案产生独立技术影响的技术单元或技术单元的集合，并主张通过逆向分析的方法进行技术特征的划分，即在理解整体技术方案所欲达到的目的和所能实现的技术效果的基础上，拆解为实现整体技术效果的各技术环节，这些技术环节具有相对独立的功能所体现的作用，并最终从具体权利要求的技术内容中界定完成这些独立功能的技术特征。❷ 闻秀元提出的逆向分析法体现的是先视全豹后窥一斑，先整体后局部的工作过程。需要注意的是，上述这种界定方法只是对权利要求技术特征的划分，不能超出专利权利要求限定的技术方案，也不能遗漏被认定为非必要技术特征的技术内容。

赵保春等在《重新撰写的权利要求超范围判断》中首次提出了基本功能体的概念。其将基本功能体定义为能实现相对完整的功能的特征或特征

---

❶ 国家知识产权局条法司编著. 专利法研究 [M]. 北京：知识产权出版社，2010：225-233.

❷ 程永顺. 专利侵权判定实务 [M]. 北京：法律出版社，2002：70-72.

的组合。他们通过对技术方案的技术特征进行划分，采用"点、线、面"构造"技术方案圆"，图形化的表达方式直观地体现了组成技术方案的技术特征之间的关系及技术特征在技术方案中所起的作用（见图4-1）。❶

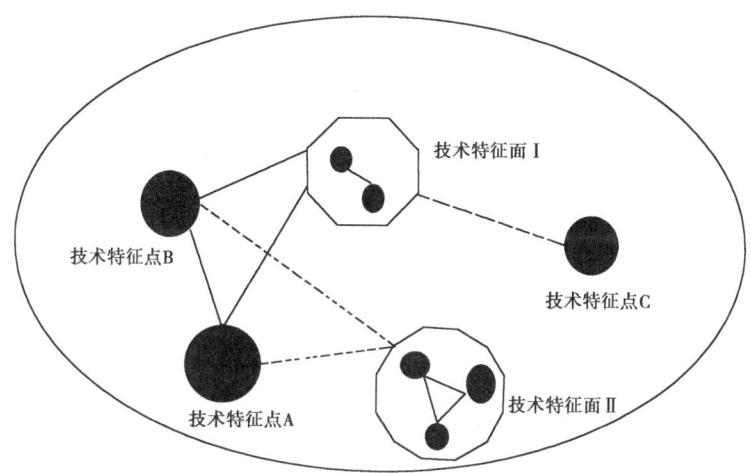

技术方案＝技术特征点+技术特征面+技术特征线

技术特征线中，实线代表协同关系，虚线代表叠加关系或者选择关系

图4-1 根据基本功能体绘制的技术方案圆

资料来源：赵保春等. 重新撰写的权利要求超范围判断［A］. 魏保志，主编. 专利审查研究2010. 北京：知识产权出版社，2011.

对专利权利要求所限定的技术方案划分技术特征，有的专利工作者习惯上依据权利要求中文字表述的标点符号进行分割。若忽视了构成技术特征的基本条件，简单采用忠于权利要求的文字表述形式，容易将技术特征界定得过大或过小，甚至将不属于技术特征的文字表述内容也确定为技术特征。由于产品权利要求通常用产品的结构特征来描述，因此，有的专利工作者认为，对产品专利，因为权利要求中记载了各部件及部件之间的结构关系，所以各部件自然构成了产品专利的技术特征。这一做法同样忽视

---

❶ 赵保春等. 重新撰写的权利要求超范围判断［A］. 魏保志，主编. 专利审查研究2010. 北京：知识产权出版社，2011：88-106.

了构成技术特征的基本条件,简单地认为"结构即是技术特征",忽视了技术方案中有的结构并非为以单一结构发挥独立的作用,产生独立影响的技术效果,造成技术特征划分的混乱。对权利要求技术特征的划分方法,最高人民法院在申请再审人张某与被申请人烟台市栖霞大易工贸有限公司、被申请人魏某某侵犯专利权纠纷案中有所论述。最高人民法院指出划分权利要求的技术特征时,一般应把能够实现一种相对独立的技术功能的技术单元作为一个技术特征,不宜把实现不同技术功能的多个技术单元划定为一个技术特征。❶ 由此,最高人民法院的意见奠定了按功能划分专利技术特征的基本原则。鉴于我国现行法律规范性文件没有规定以何种标准来界定技术特征,目前的学理研究中有学者提出理论上可以通过调整界定技术特征的微观层次深度,以调整界定出的技术特征数量,即通过降低界定专利权利要求技术特征的深度以减少其数量,或者通过提高界定专利权利要求技术特征的深度以增加其数量。❷

(二) 专利信息收集是专利权竞争优势分析的基础

世界知识产权组织(World Intellectual Property Organization,WIPO)的调查报告显示,全世界每年90%~95%的发明成果可以在专利文献中查到,其他技术文献只记载了5%~10%。WIPO还指出在研究工作中查阅专利文献可以缩短60%的研发时间,即节省高达40%的经费。因此在当今经济一体化、市场全球化、竞争国际化的快速变动的发展环境中,专利信息是企业竞争情报的最重要来源之一。专利权竞争优势分析中的专利信息搜集主要是搜集与本专利存在差异性和替代性的专利技术方案,为其后分析专利权竞争优势作准备。专利行政机关在专利审查授权过程中所作的分析主要是差异性判断,因为专利行政部门在对申请人申请的发明专利授予专利权之前,要进行实质性审查。这其中一个重要的环节是进行专利文献检索,

---

❶ 奚晓明. 最高人民法院知识产权审判案例指导第五辑 [M]. 北京:中国法制出版社, 2013:71-74.

❷ 张昀. 论我国专利等同侵权判定中的技术特征分析法 [D]. 北京:北京大学, 2011:78-84.

即审查员按照申请专利的保护主题进行专利文献检索。❶ 专利审查员在进行专利现有技术检索时，按照以下三个步骤检索查阅专利文献。❷ "第一步，迅速浏览要检索的技术领域的审查用检索文档中专利文献扉页上的摘要和附图以及权利要求书中独立权利要求的内容，日本、俄罗斯（包括原苏联）、德国（包括原联邦德国）、英国、法国和瑞士等国的专利分类文摘，中外期刊论文分类题录等，将那些初步判断可能与申请的主题有关的文件提出来。如果检索针对的申请有显示各种具体结构的附图，审查员可以把申请的附图与审查用检索文档中文件的附图一一对照，将那些附图所显示的结构特征与申请中的结构相同或者类似的文件提出来。第二步，仔细阅读第一步中提出的那些文件的摘要、附图和权利要求，以及有关文摘和题录所对应的文件，选出与申请较相关的对比文件。第三步，仔细阅读和分析研究第二步中选出的文件的说明书部分，最后确定在检索报告和审查意见通知书正文中将引用的对比文件。"❸ 完成上述步骤后，形成一份专利检索报告，用于记载检索的结果，特别是记载构成相关现有技术的文件。审查员应当在检索报告中清楚地记载检索的领域、数据库以及所用的

---

❶ 有学者认为专利权的差异性分析主要适用改进专利，对于基本专利不适用，因为基本专利多属原始创新，和现有技术相比，其方案非常独特，这种说法有一定道理。但笔者认为，基本专利和其申请时的现有技术或许差异性很大，其与后续的改进专利却存有差异性，而且基本专利的经济价值越大，其后续的改进专利便越多，因此专利权竞争优势分析中的差异性分析可以涵盖基本专利权。

❷ 检索工具的选择与检索人员的专业程度直接决定检索结果的好坏。国家知识产权局选择的专利文献资料库都是付高额费用购买的；对检索人员，国家知识产权局按照技术领域划分为机械发明审查部、电学发明审查部、通信发明审查部、医药生物发明审查部、化学发明审查部、光电技术发明审查部、材料工程发明审查部等七个部，可以说专利审查员在其负责的领域，对产业和产品知识比较精通，是该技术领域的技术专家。需要说明的是，即便如此，专利文献检索仍是无止境的，"完善"只是"相对的完善"，并没有"绝对的完善"。

❸ 《专利审查指南2010》还规定一项权利要求中包括几个并列的技术方案，而一份对比文件与这些技术方案的相关程度各不相同的，审查员在检索报告中应当用表示其中最高相关程度的符号来标注该对比文件。另外，除专利文献外，审查意见通知书中引用的其他文献也应当填写在检索报告中，但不填写文献类型和（或）所涉及的权利要求。

基本检索要素及其表达形式（如关键词等）、由检索获得的对比文件以及对比文件与申请主题的相关程度。❶ 审查员确定的对比文件，对分析专利权的经济价值意义重大，因为它们属于同一个技术领域，拟解决的技术问题具有一定的相似性。在进行专利权经济价值评估时，专利检索报告是进行技术因素判断的重要情报。值得注意的是，对具有较高经济价值的专利技术，根据专利技术的潜在市场分布区域，申请人会在多国同时申请专利形成专利族。申请人向外国申请同族专利基本通过 PCT 进行国际申请，国际局会指定一个国际检索单位进行专利文献检索，国际检索单位的专利检索报告也是技术因素判断的重要情报。❷

对替代性分析，由于申请专利时通常会引用他人或自己所获得授权的专利作为研发该专利的参考资料。❸ 而引用这些授权专利的专利之间具有一定程度的可替代性，特别是当两项或者多项专利同时引用相同的第三项专利，且两项公共专利共同引用的相同专利次数越多时，说明该两项或者多项专利具有较高的可替代性。此种情形下，在分析其中一项专利权的经济价值时，不可忽略另外一项或多项替代性专利。一般而言，较高的引用率，代表该专利趋向基础型的专利或技术领先的专利。理论研究中，哈霍

---

❶ 检索报告通常和专利申请说明书一起出版或者单独出版。在我国，在检索报告中，"专利审查员采用下列符号来表示对比文件与权利要求的关系：X：单独影响权利要求的新颖性或创造性的文件；Y：与检索报告中其他 Y 类文件组合后影响权利要求的创造性的文件；A：背景技术文件，即反映权利要求的部分技术特征或者有关的现有技术的文件；R：任何单位或个人在申请日向专利局提交的、属于同样的发明创造的专利或专利申请文件；P：中间文件，其公开日在申请的申请日与所要求的优先权日之间的文件，或者会导致需要核实该申请优先权的文件；E：单独影响权利要求新颖性的抵触申请文件"。

❷ 通过申请人申请的专利族还可以获取 Continuation Application，简称 CA 案（连续案），Continuation-In-Part，简称 CIP 案（部分连续案），Divisional Application，简称 DA 案（分案）等专利情报信息。

❸ 如果引证的专利均偏向自己获得授权的专利，该专利申请人所申请的技术较为封闭，表示该公司是市场的领先者或是该技术具有较高的独立性。如果引证的专利多是他人获得授权的专利，则表示该技术的独立性与进入障碍低，引证者可能成为未来的竞争对手。引证对象的不同会影响到专利权经济价值，就上述而言，前者的价值一般大于后者的价值，因为缺少可替代性的专利技术方案。

夫（Harhoff）通过访谈德国专利局登记的西德专利持有人，建构出衡量专利权经济价值的相关参数，其研究发现专利权经济价值与被引用次数高度相关。❶罗技电子与苹果、新思科技、义隆电子、鸿富锦精密、惠普等为竞争公司关系，在市场上互为竞争对手，但苹果、新思科技、惠普等不得不引用其竞争对手的 US5825352（Multiple fingers contact sensing method for emulating mouse buttons and mouse operations on a touch sensor pad），说明该专利在触控鼠标技术领域属基础性专利。同时，2009 年，义隆电子通过 US5825352 迫使苹果签署交叉授权并支付义隆电子 500 万美元和解金，足见 US5825352 的专利权经济价值很大。此外，在分析专利权经济价值时，还可以进一步分析与该专利构成替代性关系的专利技术有哪些。

撰写权利要求实践中，很多申请人即使发现了最相关的专利，一般也会把这个最相关的专利隐藏，不希望在背景技术部分写入最相关的专利。因此，A_2、A_3、A_4 都不是最相关的专利。在被研究专利 X 中，A_1 是最相关的，但申请人没有将 A_1 写入背景技术中。但是，有可能在近似的其他专利中，申请人会将 A_1 写入，因均属类似技术领域，这个"其他专利"会认为 A_1 与自己不是最相关的。基于这个理论，我们考察 A_2、A_3、A_4 各自的引用关系，发现 A_4 除了被 X 引用，还被 P_5 引用；A_2 除了被 X 引用，还被 P_1 引用，而 P_1 还引用了 A_1。此时，A_1 很有可能就是我们所寻找的最相关专利，需要进一步研究 A_1 与 X 的关系。同时，在专利信息收集中，由于自专利申请提出之日起到被公开需要一定的时间（我国发明专利在自专利申请日后 18 个月才能被公开），这就造成在此时间期限内，有些专利技术与待评价的专利相比虽然在技术主题上具有相似性，但相互之间却没有直接的引用关系。在专利信息的分析中，这些专利被称为"平行专利"，通过对前向引用和后向引用的综合研究，可以有效地查找这些没有直接关联的平行专利，从而提高专利检索的查全率和专利信息收集的质量。平行专利之间因存在相同的专利引用关系，而具有一定的技术方案相似性，并且将

---

❶ HOLGER ERNST. Patent Information For Strategic Technology Management［J］. World Patent Information，2003，25（3）：233-242.

向前引证和向后引证紧密地联系起来，为全面查找相似技术方案（可替代性专利技术）提供了有效保障（见图4-2）。

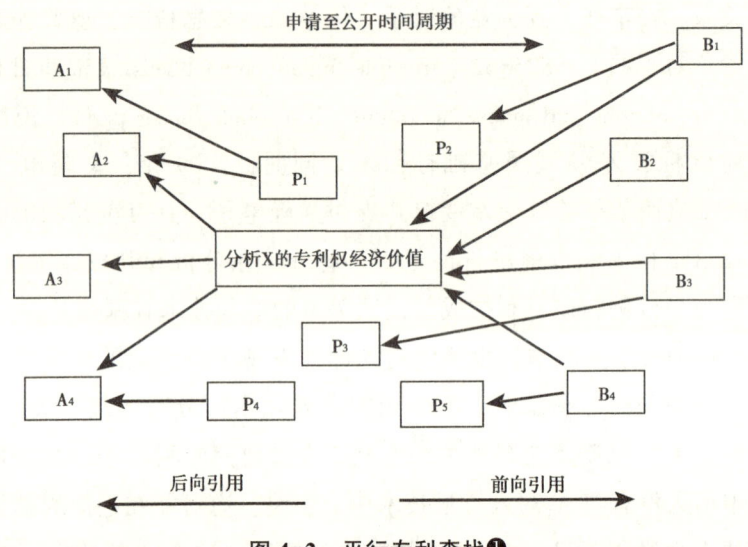

图 4-2　平行专利查找❶

资料来源：陈燕，黄迎燕等．专利信息采集与分析［M］．北京：清华大学出版社，2006．

（三）由技术特征分析专利权竞争优势

专利申请人根据自己对技术的判断将核心技术和重要的外围技术申请专利，以构成某一技术方向的专利网，而对延伸层次较多的技术方案或自认为专利性问题较多的技术方案，自认为其与自己申请的专利技术方案的

---

❶ 专利 $A_1 \sim A_4$ 的申请日在专利 X 之前，专利 $P_1 \sim P_5$ 的申请日在专利 X 的申请日之后公开日之前，专利 $B_1 \sim B_4$ 的申请日在专利 X 的公开日之后。专利 A_1、A_2 同时被专利 P_1 引用，而专利 A_2 又被专利 X 引用，此时，专利 X 和 P_1 成为平行专利。同样，A_4 同时被 X 与 P_5 引用，P_5 也可以成为专利 X 的平行专利。而 B_1、B_3、B_4 都引用 X，B_1 又引用了 P_2，B_3 引用了 P_3，B_4 引用了 P_4，P_2、P_3、P_4 也称为专利 X 的平行专利。如图 4-2所示，$P_1 \sim P_5$ 均为专利 X 的平行专利。如此，通过平行专利、向前引证、向后引证的综合研究，可以跟踪技术发展轨迹，寻找技术内容相同或者相近的专利。

关联性较小而没有多少经济价值，因此放弃这些专利申请。然而实际上，专利性的判断不是建立在整体技术方案的基础上，而是针对权利要求进行的。如不将技术方案与确定的对比文件相对比并提炼恰当的权利要求，或者不对技术方案作深入剖析，评价技术方案的专利性是没有道理的。❶ 理论上，专利权经济价值外延中所述的非常竞争优势通过该发明或者实用新型所代表的技术或产品相比其他类似的技术或产品在同行业所占的市场份额来判断。从影响专利权经济价值的社会经济角度出发，专利权经济价值通过专利产品在市场商业竞争中取得非常竞争优势实现，并且这种在市场商业竞争中取得的非常竞争优势必须是由专利技术方案中某个区别于现有技术的技术特征，而非现有技术中已有的技术方案实现的，而不是由专利产品的销售策略、销售手段等因素所实现的。

该领域技术人员从本技术方案所要解决的技术问题出发，通过阅读说明书、附图及权利要求书中所记载的内容进行归纳、分析，按照专利技术特征检索、归并专利并使其有序化，在此基础上可分析出一项专利权的竞争优势。从发明创造的用途、原理、材料、结构、方法五个方面分析一项专利技术方案的技术特征、主要特点，这些因素对专利权经济价值的大小均有重要影响。例如，如果一项专利权利要求的技术特征以原理为主，则说明这项专利技术尚未成熟；相反，如果一项专利权利要求的技术特征以用途的多样性为主，则说明这项专利技术已具备商业推广应用的前景。以产业结构化为导向，将主要公司专利的独立权利要求的技术特征列表分析，研究各公司的技术竞争优势和研发重点。将一公司所拥有的专利权，按技术特征的异同分成若干专利群进行分析，可对某项技术或产品的发展

---

❶ 逯长明．从专利申请策略看成本原则［J］．中国发明与专利，2007（3）：37-38. 刘光溪在《中国企业的专利危机》中曾指出："国外很多大公司在申请专利时，不仅仅是将核心或重要技术申请专利，而且将很多外围的东西申请专利，一次申请，就提交一批专利申请。以致我国很多企业被控侵权时，往往被控侵犯它很多专利，甚至我们都搞不清楚到底侵犯它哪个专利权。这就是专利网，这就是地雷阵。尤其是涉及标准时，更是用无数的专利将核心和重要专利团团围住，形成铜墙铁壁，让你无懈可击。"

趋势及应用动向及其与其他专利技术的关系等进行分析和预测。❶

该领域技术人员通过阅读说明书、附图及权利要求书,将一项(独立)权利要求的技术特征整理出来,制作出权利要求的技术特征要点及其关系图,可以清晰地呈现出各组专利技术方案的组成、构成技术方案的技术特征的数目及构成技术方案的技术特征之间的技术关联性(协同关系、叠加关系抑或选择关系)等。同时,通过对检索到的现有技术(含中国专利、外国专利和中外科技文献)进行技术特征的分解,挖掘与本专利有关的专利引证信息,以此为基础分别拟出本项技术方案和现有技术的技术方案的技术特征要点及相互关系后列表分析,可以清晰地反映专利技术方案的技术特征的主要特点及演进路径,技术特征的涵盖范围大小,分析专利权实施的自由度、是否存有类似的专利技术或替代技术,并在此基础上结合现有技术的技术特征,研究进行回避设计的可能性(技术特征的删除、改变、置换等)及成本,分析专利权是否具有不可替代性及不可规避性,专利权在产业竞争中的竞争优势能否得以自由实施。

第二节 产业结构化中的专利布局分析

一、产业结构化中的专利市场力量要件

早期专利权被认为是可以具有商品市场上的垄断效力,对此,经济学者对于专利是否造成独占市场存在争议,因为解决一个问题可能同时存在数种方法。例如消灭老鼠的方法有数种,可能利用猫、捕鼠器或毒饵等,申请人就其所发明的捕鼠器取得专利权,则并未垄断、独占消灭老鼠的方法市场。❷ 现今伴随着科学技术的高速发展,替代性的技术源源不断地涌现,目前国际主流观点已认识到单纯地取得专利权并不意味着同时拥有垄

---

❶ 牟萍. 专利情报检索与分析 [M]. 北京:知识产权出版社,2012:136-186.

❷ DONALD S. CHISUM ET AL. Principles of Patent Law: Cases and Materials [M]. New York: Foundation Press, 2011: 61.

断相应专利商品市场的能力。一国（地区）根据申请授予专利权，权利人所获得的权利仅及于专利技术方案的制造、使用、许诺销售、销售、进口，且行使权力的范围受专利权利要求书的涵盖范围所限制。除部分具有功能性的外观设计产品、或者化学方法的产物可能直接受专利权保护范围所涵盖外，对多数产品而言，其产品本身并非专利权的标的。专利权的标的是该技术领域产品的构造组成、生产制造方法、元器件特征、技术手段等，因此，大部分专利权的标的是特定的技术方案，而非产品。专利产业化分析便是分析专利权人利用专利权的排他性权能（排除未经许可的制造、销售、许诺销售、进口以及使用），增加专利权人对专利产品的市场占有率。❶ 明确了专利权不是实施权，其本质是排他权，但是，与此同时很多专利权人还忽视了一个事实，即他人专利同样具有排他性权能。如何利用专利权的排他性对自己所用的技术设置参与壁垒，同时也对竞争对手未来可能使用的替代技术设置事业参与壁垒，便是决定一项专利权是否能成为成就企业事业的专利权。❷ 台积电法务长杜东佑先生曾将专利权经济价值金字塔划分为五个层面，最下层是防御用专利权，第二层是节省成本的专利权，第三层是能整合营收的专利权，第四层是整合式专利，最上层

---

❶ 张勤教授认为专利权的终极客体是知识或特定的有用信息，专利权之财产权的客体（直接客体）是关于知识或者特定有用信息的特许用益权。同时指出，当前国内专利权领域往往将专利权之财产权的直接客体——财产——错误地理解为终极客体（知识或特定有用信息），从而导致专利权领域的长期混乱，并导致了专利权领域法学和经济学的长期分离。在专利权领域，要实现财产和财产权的统一，首先必要明确专利权之财产权的客体是特许用益权，否则如果认为是知识或者特定有用信息，则两者是不能统一的，法学和经济学的互通桥梁也将无法建立。例如，以专利领域的回避设计为例，回避设计是一种常见的专利被动规避策略，即研究他人的某项专利，然后设计一种不同于受专利法保护的他人专利的新方案，来规避特定的专利权。如果将专利权之财产权的客体理解为知识或者特定有用信息，则不能解释省略专利权人权利要求项中某一技术特征，来规避专利侵权指控做法的合法性。

❷ 对于独立发明人或称个人发明人（包括高校科研院所的发明人）获得一件基本专利的授权，或可以通过行使排他权便可获得专利许可收益，实现专利权经济价值。但如果从成就事业的角度出发，越是基本专利越需要考虑外围专利的申请授权，否则可能会留下隐患。

是愿景式专利权。下面两层属于成本控制层面，类似于专利商品化阶段，中间两层属于利润主导层面，类似于专利标准化阶段，最上层的愿景式专利属于主导未来产业层面，类似于专利产业化阶段。❶ 无论是许可、转让、作价投资、融资担保、技术标准还是侵权诉讼，均需在专利产业化或商品化阶段，或者以产业化或商品化为目标的基本条件下进行，否则将犹如空中楼阁，研究也无实际意义。❷ 因为专利权毕竟只是个形式，最终带来收益的是技术本身。专利权经济价值分析唯有紧扣供应链、价值链与产业链等产业事实，对专利权经济价值的研究方有可能取得突破。

专利权在商业模式中的功能体现在对专利产品的市场占有率和利润率的贡献上，而通过专利排他权实现的专利产品的市场占有率与利润率即是专利具有市场力量的外在表现，更进一步可以说高价值的专利权需具有（潜在）市场力量。专利权经济价值的具体表现形式如新创事业、作价入股、许可与移转、侵权诉讼、技术服务、融资担保、技术标准以及专利联盟等均以专利市场力量为要件或潜在要件。同时，2006年美国最高法院在 Illinois Tool Works, Inc. v. Independent Ink, Inc. 案件裁定中指出，专利不一定带来市场力量。❸ 这一论调与大多数专利权的经济价值有限这一事实相符。❹ 原因在于许多的专利产品和专利技术都存在一种或者多种替代品，限制了专利的经济价值和市场力量。申请专利权的技术方案虽然都具有新颖性、实用性和创造性，但是基本上都存在类似的替代技术方案。❺ 经济学理论认为，一项专利不论其技术方案的创造性程度有多高，其价值不会

---

❶ 王晓玟. 台湾科技业，深陷全球智财战 [J]. 天下杂志. http://m.cw.com.tw/article/article.action? id=5003695，2014-2-20.

❷ 2007年，鸿海股东会通过一项重要决议，今后重要的专利授权、谈判、诉讼等都要提高层次到董事会讨论，因为专利的授权与联盟，会形成产业竞争的联盟。

❸ Illinois Tool Works, Inc. v. Independent Ink, Inc. 547 U. S. 28.

❹ MARK SCHANKERMAN. How Valuable Is Patent Protection? Estimates By Technology Field [J]. the RAND Journal of Economics, 1998: 77-107.

❺ 具体说，开拓性专利与现有技术相比具有差异性较高，替代性较弱的特点，因而类似替代技术方案少；改进型专利与现有技术相比具有差异性较小（微小），替代性较强的特点，因而类似替代技术方案多。

超过人们为其相对于次优替代产品所能带来的技术效果所愿意支付的价格；同时，经济理论也认为，市场力量可以增加专利技术的价值。因此一项具有类似技术方案的专利技术被纳入技术标准成为标准必要专利后，由于技术标准所具有的市场排他性（将类似替代技术排除在该技术标准之外），标准必要专利的竞争优势便从其以前的类似技术方案中脱颖而出，因而具备了一定程度的市场垄断力。❶ 对专利权人而言，除标准必要专利外，专利布局亦是将专利排他权发展为市场力量的重要途径，即专利权人通过专利布局，对专利技术方案的不可规避性、专利权的必要性进行周密布局，提高专利权等同侵权的保护范围，"积点成面"形成"断水节流"局面，藉此创造专利权的市场力量。因此，专利布局亦是影响专利权经济价值外延的重要因素，缜密的专利布局可以增加专利权经济价值。

以产业结构化进行专利布局可以为企业带来非常竞争优势。这方面最好的例子即是英特尔，其从产品研发到市场营销的各项运营机能均和知识产权相互搭配，每一件专利的权项组合、权能配置都发挥的淋漓尽致，每一件专利都是精雕细琢。❷ 英特尔以 CPU 和晶片组为企业经营的核心业务，为了支撑这两项核心业务，英特尔设计整合了各式和连接器、散热、PCB、主机板等相关专利，并将这些技术释放给韩国、中国等相关厂商，利用专利主导全球的技术规格和发展，借此创造 CPU 和晶片组的市场需求，再以市场压力促使其他厂商周期性地将 PC 产品更新换代。当英特尔推出新款 CPU 时，相关下游厂商可快速推出相兼容的产品，因此，英特尔在新款 CPU 上市的很短时间内，在全球主要国家（地区）同步展开大规模的专利侵权诉讼，控告晶片厂商、主机板厂商、系统厂商侵权，用专利侵权诉讼确保新款产品的高市场占有率（80%~90%），通过核心产品实现经济利益的最大化。

---

❶ [美] 格理格瑞·雷奥纳德、劳伦·斯德尔. 知识产权诉讼及管理中经济分析的运用 [M]. 诺恒经济咨询，译. 北京：法律出版社，2010：199-239.

❷ 在英特尔一个有 10 年经验的专利律师，每个月只负责一件专利的撰写申请，以确保这件专利可以与公司的营运机能相联结。

二、产业结构化中的专利布局策略分析

专利布局是权利人（特别是企业）以增强商业竞争力为目的的专利组合过程，而专利组合可从权利项的组合、具体技术方案的组合等方面来理解。在相关专利权的权利要求范围妥善部署的基础上，无论在专利产业化阶段还是在专利商品化阶段，专利布局最终都对专利权经济价值产生重要影响。如果企业专利布局不完整，不仅专利排他权的保护范围受限，而且自主创新的成果产业化也可能违法。❶ 而在专利标准化阶段，配合标准必要专利的专利布局（或者反过来说，配合企业核心竞争专利的标准必要专利安排），是权利人形成主导产业链、控制供应链、分配价值链的非常竞争优势，实现专利权经济价值最大化的关键。特别是目前中国企业申请的专利以改进型专利为主，主要处在专利商品化阶段，改进型专利所具有的弱差异性、强替代性特点，要提升专利与产业链、供应链及价值链的连结度，实现改进型专利的经济价值，更需要周密的专利布局。而对于专利技术标准化，中国已有一部分企业开始积极参与其中，但专利标准化维度下的企业专利布局策略，不仅是要实现专利技术被纳入技术标准成为标准必要专利，也要同步做好以标准必要专利为基础的企业核心竞争专利的布局，这点对中国制造业企业尤为重要，否则盲目将核心专利标准化，反而会失去企业核心竞争力。为此，笔者将从排他性技术方案、强化事业竞争力、专利技术标准化三个不同维度研究分析专利布局策略。

（一）排他性技术方案维度下的专利布局

排他性技术方案视野下的专利布局是以专利权利要求为核心的专利布局，而非专利申请数量的专利布局。专利申请文件的撰写阶段是专利布局的最初阶段，在这个阶段先由技术方案撰写人和实施例撰写人共同完成技术交底书，再由企业内部的知识产权工作人员或专业的专利代理人按照专利法及实施细则的有关规定撰写专利申请文件。以专利权的排他性范围为

---

❶ 张勤. 知识产权基本原理 [M]. 北京：知识产权出版社，2012：20-21.

核心的专利布局,专利权的稳定性(有效性)和不可规避性是本阶段专利布局的重点。正如美国联邦巡回上诉法院的瑞奇法官给出的精辟论断:"越强的专利越弱,越弱的专利越强。"❶ 在这层意义上,一项专利的从属权利要求与其独立权利要求相比,因为其保护范围小,所以很容易被避开,但它维持有效的可能性大,所以有很强的稳定性。❷ 站在权利人(企业)的立场,排他性技术方案的专利布局主要针对专利权的不可规避性进行,权利人(企业)在检索现有技术的基础上,兼顾专利权的稳定性。排他性技术方案视野下的专利布局要求在撰写申请文件阶段将权利保护范围进行梯度式概括(逐级限定)来科学地进行专利权利项的组合。将独立权利要求限定的保护范围概括得最大,然后在各从属权利要求中将权利要求的保护范围逐渐缩小,将说明书中的具体实施例记载于保护范围最小的从属权利要求中。如果申请人在专利独立权利要求中多写了一些技术特征,导致专利权保护范围过小,此种情形是不允许通过删除多余的技术特征来

---

❶ GILES S. RICH. Proposed Patent Legislation:Some Comments[J]. Geo. Wash. L. Rev.,1966,35:641.专利侵权诉讼中,专利权人如对其独立权利要求的稳定性不够"自信",可以选择规避性相对弱,但稳定性相对强的从属权利要求起诉。

❷ 两者同时也是一对矛盾,正如专利说明书对专利排他权范围的限定有其双面性一样(一方面是限制请求项范围的工具,另一方面也是维持专利有效性的关键),侧重点视不同情形而不同。在分析专利权经济价值过程中,笔者认为不可规避性比稳定性重要,因为独立权利要求的稳定性越高,其技术特征一般较具体、数目也较多,甚至,如果在独立权利要求中写入本该写在从属权利要求的技术特征,从审查授权及授权后的稳定性的角度来看其显然具有较高的稳定性。但是如此操作将导致权利保护范围严重限缩,专利权的排他性范围很弱,即不可规避性差。按照《专利审查指南》第八章实质审查程序的规定,此种情形不允许在后续的修改程序中通过删除在原申请中明确认定为发明的必要技术特征的那些技术特征来扩大其保护范围。反之即使较高的不可规避性导致专利权的稳定性较差,也可以通过在撰写申请文件时通过梯度式概括的方式将不确定写入独立权利要求的技术特征写入从属权利要求,因而即使在审查授权及无效程序中出现专利有效性危机,还可以通过修改申请文件化解。即不可规避性比稳定性具有更强的伸缩性,申请人、专利权人可以通过修改申请文件平衡不可规避性和稳定性的关系,但稳定性不具有此项功能,因为其在最初的专利申请文件中便已固定,一般无法通过修改申请文件来解决不可规避性的问题。

修改独立权要求的，即无法挽救。这要求申请人在最初的专利布局时，应根据本发明创造要解决的技术问题和（经专业人员）检索到的对比文件，慎重考虑哪些技术特征必须写入独立权利要求，哪些技术特征一定不能写入独立权利要求。如果由于现有技术检索的不充分而不能确定，理性的做法是不将这些技术特征写入独立权利要求，而是将其写入从属权利要求。此外，还应布局一定数量能实现独立权利要求的技术效果之外的其他技术效果的从属权利要求，且这些从属权利要求之间是并列关系，其实现的技术效果各不相同，提前布局以应对后续可能发生的专利无效宣告程序和专利诉讼程序的挑战。❶ 如此逐级限定的撰写布局方式，可最大限度地确保专利技术方案的排他性。

同时，排他性专利技术方案维度下的专利布局要求专利主题的确定要全方位、多角度、易于维权。❷ 专利权利要求的类型包括产品权利要求和方法权利要求两类，而权利要求的类型由主题名称确定，产品权利要求和方法权利要求在专利保护方面各有利弊，因为专利法规定两者不仅权能不同，需求行政救济的难易程度不同，司法侵权诉讼中举证责任也有所不同。因此，在撰写权利要求时应尽量分别撰写产品权利要求和方法权利要求，全面布局保护企业的技术成果。专利布局初始，尽量分别撰写产品关键零部件和整体的权利要求，关键部件的权利要求最好是正好覆盖发明点的部件，这样在发生专利侵权纠纷后，可以通过保护专利产品整体的权利要求计算侵权人的赔偿数额，为企业谋取更多的侵权赔偿数额。❸ 在一些技术领域，某一技术方案的实现有时涉及多项主体参与，在此种情形下，权利要求书中权利要求的撰写应采用适当的撰写策略将潜在侵权主体限定

---

❶ 高质量、高经济价值专利一般都是已经（将会）被侵害的专利权。

❷ 周永新. The name of the game is claim——谈专利撰写中需要具备的几个意识[A]. 中华全国专利代理协会. 2013年中华全国专利代理人年会第四届知识产权论坛优秀论文集. 北京：知识产权出版社，2013：159-167.

❸ 在现行专利侵权判断的全面覆盖原则之下，专利主题的确定需从产业结构化的导向出发，结合产品的使用和销售模式，将任务的最小单元作为权利要求的选定主题申请专利权，如此便顺应了消费者使用和销售模式的改变，也更易于指控竞争对手侵犯其专利权。

为单一的直接侵权主体。因为，正如美国辅助侵权制度成文化的主要推动者瑞奇法官常感叹的，"如果说专利法是法律中的玄学，那么辅助侵权问题则是专利法中的玄学"。❶ 如在涉及多方的方法权利要求中，从专利权所属国家（地区）内实施发明点的竞争对手出发，以一方为中心，从该方的角度撰写各方法步骤，将其他各方的操作改写成对于对象的处理结果。❷ 通过单方视角进行专利布局尽量将共同侵权转换为直接侵权，并通过从属权利要求的科学配置定位尽可能多的潜在侵权主体，包括客户端和服务供应端。易于维权指发生专利侵权纠纷时易于获取侵权证据，如功能（效果）限定与结构限定相比，有些通过说明书和操作手册就可以作为侵权证据，侵权行为发生时更容易取证。

（二）事业竞争力维度下的企业专利布局

事业竞争力视野下的企业专利布局要考虑专利所涉及的产品、竞争状况和市场划分进行组合式的专利布局，针对回避设计或可能的改进方案在专利布局过程中以每一项专利权的保护范围和多个专利权的保护范围共同构成保护范围的最大集合，利用专利设置参与事业的壁垒。现今，我国企业的发明创造仍以增量式技术创新为主，对于增量式技术创新而言，由于现有技术的存在，其权利要求书划定的法定权利保护范围一般较小，且由于实现改进型创新的技术方案的多样性，专利权人难以通过一项专利权将其竞争者的产品涵盖在其法定保护范围之内。因此，对于增量式创新专利，就需要有一个严密的专利布局战略，尽可能将解决该技术问题的其他替代技术方案通过分案申请等方式都申请专利，也就是说，对于增量式发

---

❶ 宁立志. 专利辅助侵权制度中的法度边界之争——美国法例变迁的启示 [J]. 法律评论，2010（5）：35-45.

❷ 对"小i机器人"诉苹果公司专利侵权案，李中奎在《专利申请质量的"完美主义"》中提出："权利要求书包括了产品和方法两组权利要求，方法权利要求采取了引用产品权利要求的撰写方法。涉案专利的产品权利要求只是要求保护了一个包括用户和聊天机器人的聊天系统，而没有对'聊天机器人'本身单独要求保护，这导致不管是要举证直接侵权还是间接侵权，都必须将'用户'这一技术特征包含在举证范围内，这无疑增加了侵权认定的难度。他认为实务中双侧撰写的权利要求，时常会导致侵权举证上的技术困难。"

明创造,专利的必要性由相互竞争关系的多项专利的集合来维持。专利权的持续积累使企业能够有效应对专利侵权诉讼及应对专利无效的挑战。同时不仅要申请自己的现有产品,还要从供应链、价值链、产业链角度,在它的上中下游产品布局专利,形成断水节流局面,藉此为企业创造非常竞争优势,成就企业事业。格兰斯特兰德教授指出六种专利布局策略包括特定的专利阻绝与回避设计策略(ad Hoc Blocking and Inventing Around)、策略式专利(Strategic Patent)、地毯式专利布局(Blanketing and Flooding)、专利围墙策略(Fencing)、包绕式专利布局(Surrounding)及组合式专利布局(Combination)。❶ 在企业竞争力视野下,利用专利权设计参与事业壁垒,可采用组合式专利布局(即专利组合式布局),确保核心基础专利的非常竞争优势,充分发挥专利权的排他性特点,将所有回避设计空间堵住,在特定技术领域内将竞争对手排除在市场以外,用专利权成就企业事业。❷ 这就要求企业除进一步申请实施的应用型专利外,也要申请不实施的防御性外围专利,以降低竞争对手利用回避设计突破参与事业壁垒的可能性,提高专利权保护范围等同侵权的保护范围。对成就企业事业至关重要的技术方案,都可进一步用专利将技术方案设计的每一个技术特征保护起来,通过一项项的专利权利项的组合和专利权组合阻断竞争厂商进入,并使其难以进行有效的回避设计。事业竞争力视野下的核心专利布局,站在设计参与事业壁垒的技术领先者立场,企业应在核心专利的外围研发申请一系列的外围专利(包括应用型专利和防御性外围专利),使企业长期

---

❶ OVE. GRANSTRAND. The Economics and Management of Intellectual Property Towards Intellectual Capitalism [M]. Cheltenham: Edward Elgar, 2000: 218-222.

❷ [日] 丸岛仪一. 将知识产权作为武器![M]. 文雪, 译. 北京: 知识产权出版社, 2013: 1-66.

处于竞争优势，让竞争对手无可乘之机（见图4-3）。❶ 站在拟攻破事业壁垒的技术后进者立场，需找到竞争对手的技术盲区及专利权的空白点，并采用一系列外围专利包绕其核心专利，阻碍其进一步的发明创造和专利权运用，提高参与该领域市场竞争的交易筹码。企业还应合理选择专利布局的国家（区域），一般选择竞争对手所在国家（地区），产品工艺来源国，全球主要的国际贸易集散地国家（地区），与企业有密切经贸关系、市场需求量大、经济效益好的国家（地区）提交专利申请。

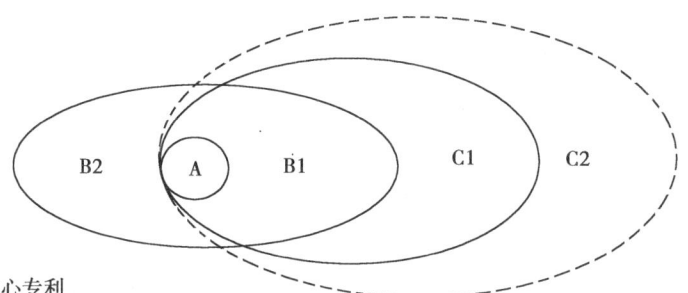

A：核心专利
B：外围专利，B1：实施外围专利，B2：防御外围专利
C：实施非专利，C1：技术秘密、操作示范等，C2：企业现有技术平台

图4-3 事业竞争力维度下的专利布局

根据发明创造和产品规划制造的关系，可以将企业的专利布局分为

---

❶ 专利法中有关专利说明书应当对发明创造予以充分公开的规定，实为对专利说明书的最低限度要求。在满足充分公开的前提下，专利申请人有权利决定其在专利说明书中公开的技术内容的具体范围，适当保留其技术要点。由此可知，专利保护和技术秘密保护并非截然对立，企业在专利申请文件中合理避开部分技术诀窍的做法，虽然使得本领域的一般技术人员能够根据专利文件实施该专利技术，但是无法获知其最佳实施方式，便兼顾了专利和技术秘密两种技术方案保护途径的优点。也提醒专利申请人，在撰写说明书时只要考虑说明书应该记载达到使其充分公开的技术内容即可，与该发明无关的其他技术内容不必写。高质量的专利申请文件还应降低竞争对手在申请文件的启示下就改进的技术方案获得专利授权的可能性，从而使申请人在商业竞争中占据更有利的地位。但是，实践中，常有商业方法的专利申请文件中用大量笔墨记载商业流程、商业模式等内容；在化合物的用途发明中记载大量的用药剂量、用药方式等资料，没有意识到这会给竞争对手带来启示，进而影响自己在商业竞争中的非常竞争优势。

前期专利布局和后期专利布局两个阶段。企业在前期专利布局时，由于没有（较少的）现有技术限制，企业容易从需求出发进行颠覆式技术创新，撰写出具有宽泛保护范围的专利申请并获得授权，并有可能成为本技术领域内的核心基础专利，被其后的专利申请授权频频引用。但同时，由于存在技术研发风险，技术方案的可实现性有待进一步验证，而有些技术困难还未出现。企业在后期专利布局时，由于企业产品规划部门、研发部门、制造部门在产品研发、制造过程中解决了大量新的技术问题，技术方案成熟，方案的可实现性已得到验证，并有较多的实施例。企业可能由于在试产、小量生产阶段中生产效率、生产成本等方面的原因而需要改进完善前期的专利申请，或利用专利申请程序中的连续案、分案、接续案重新提出专利申请，据此重新构建专利申请授权的进程和权项组合以及专利权组合。对于前期专利布局和后期专利布局，企业不能"厚此薄彼"，两者对培养（维持）企业非常竞争优势和成就企业事业都是至关重要的。企业如忽视早期专利布局，将失去对技术制高点的控制。同样，企业如忽视后期的专利布局，将使其前期布局的核心专利被竞争厂商的改进型外围专利包围，如此企业不仅没有为自己所有的专利技术设置有效的参与壁垒，反而由于专利权的排他性本质，还有可能使自己使用专利技术受到后进竞争厂商的限制，使其前期的核心技术竞争力遭受限制，专利权经济价值受到影响。

（三）专利标准化维度下的企业专利布局*

技术标准反映了市场需求，成为技术发展方向的指南针。国际（区域性）标准化组织已经成为全球产业创新的平台，技术创新的发展使标准化

---

* Wilson, Sonsini, Goddrich & Rosati 律所的高级顾问斯图亚特·切姆托勃（Stuart Chemtob）认为："个人发明者通常自身不具有进入下游市场的资源，因此通过寻求其他途径来实现发明的商业化，他们一般为一次性参与者，与将来的标准制定无利害关系；大学等科研机构通常资助科研和学术项目，提高研究院和机构的声望，他们对研究人员的发明支付报酬，一般没有兴趣进入下游市场或参与将来的标准制定。因此企业才是专利标准化维度下专利布局的主体。"谭增．标准必要专利——专利中的战斗机[J]．中国知识产权，2013（11）．

的目的演变为掌握核心专利的企业通过技术标准化来控制产业链的利润分配。国际标准化组织中讨论的热点问题已成为产业链的核心环节。企业通过积极参与国际标准化组织的技术标准的制定和修改，及时跟踪研究标准化组织讨论的热点问题，影响产业发展的技术发展趋势。技术标准通过引导市场的发展来指引研发活动的方向，技术标准是一定领域内对已有技术的总结和提炼，因而可以作为研发活动的基础资料；并且，研发新技术应当满足已有的技术标准，因为如果新产品能延续已有产品的特征，可以继承已有的客户基础，使新产品容易进入市场。在技术标准的酝酿筹备阶段，企业知识产权部门的工作人员应会同标准化部门、研发部门的工作人员共同研究技术标准组织的组织会员提交给技术标准组织的技术标准规范提案，确定企业的研发方向并制定专利申请计划。在草案阶段，技术标准的组织会员确定技术标准中相关技术要素会同企业知识产权工作人员确定专利部署策略，寻找本企业的核心专利技术方案融入技术标准需求、框架和功能块的机会。❶ 在技术标准的修订阶段，企业标准工作人员会同知识产权工作人员、研发人员，根据技术标准确定发生及可能发生的变化，利用各国（地区）申请专利修改程序同步修改专利申请文件，或重新在各国（地区）提交专利申请。持续做到对技术标准文献的实时动态跟踪，并据此调整或重新进行企业专利布局，是有效维持（培养）企业的非常优势竞争力的重要途径。企业确定专利布局时，通过技术标准中专利的引证关系学习技术演进中包含的技术手段重组和创新规律，注意技术标准中技术发展的周期性，重视技术标准中技术发展的差异性，遵循技术标准化和专利权相结合的原则，重点开发标准相关的专利技术，为专利技术标准化创造条件。❷

技术标准中的技术方案是标准的性能原则的例外情形，例外情形的

---

❶ 技术标准发展的周期比较长。以 GSM 技术标准为例，1982~1987 年为 GSM 技术标准的酝酿筹备阶段，该阶段主要是技术方案的选择；1987~1991 年为 GSM 技术标准的制定阶段，该阶段确定了 GSM 技术标准相关的标准文件与细节技术规格资料；自1991 年 4 月，GSM 技术标准进入实施阶段，开始陆续在多国运营。

❷ 王加莹. 专利布局和标准运营［M］. 北京：知识产权出版社，2014：57-140.

存在使专利技术方案有可能被等同地写入技术标准中。❶ 技术标准中写入具体技术方案的情形主要有三种，一是技术标准中表达某些特定结构及其相互关系的方案；二是技术标准中表达操作过程或工作流程等流程式的方案；三是技术标准中表达某些资源或成分所占比例的方案。技术标准组织将有可能写入技术标准的专利权（专利申请）称之为标准必要专利。但是，目前大多数国际技术标准组织对标准必要专利的界定并不统一，操作中对如何判断标准必要专利的必要性存有差异。笔者比较认同 ETSI 的规定，其将标准必要专利界定为基于技术上而非商业上的原因，考虑到技术惯例和标准制定之时的现有技术状况，制造、销售、出租及其他维修、使用等实施某一技术标准的设备或方法不可避免地侵犯该项专利权。根据本条规定，标准必要专利不仅是实施技术标准不可避免地、必要的，而且同时还不可避免地侵犯了该项专利权，因此，标准必要专利确切地说应该是标准必要专利权利要求，因为一项授权专利（专利申请）的权利要求书是一系列权利要求的阶梯状组合，其中每一项权利要求均为一个完整的技术方案。IEEE-SA 明确了这一点将标准必要战略称之为标准必要专利权利要求。W3C 对标准必要专利权利要求的定义是，在任何司法领域内，实施技术标准必然会侵权的任何专利（专利申请）中的权利要求。❷ 明确标准必要专利权利要求的重要性，从专利技术到技术标准的专利布局策略可参考本节第一部分排他性技术方案维度下的专利布局，部署专利权利要求。

企业参与技术标准化工作的一个重要目标是通过产品开发与标准研究相结合实现专利标准化。但是，国际标准组织基于标准工作的性能原则，在技术标准中重视需求和框架的规定，因其具有一般性，而尽量避免具体方案。因此，要实现专利和技术标准相结合，在专利向标准转化实践中受到严格限制的情形下，可更多考虑技术标准专利化这个手段，即用专利包围技术标

---

❶ 性能原则的目的是在发挥技术标准的规则作用的同时，避免限制技术发展，避免造成技术标准和专利权要求外在形式上等同。

❷ 马海生. 专利许可的原则——公平、合理、无歧视许可研究 [M]. 北京：法律出版社，2010：79-128.

准。具体可以通过三种方式来实现：一是基于标准中的需求；二是基于标准中的框架；三是基于标准的发展趋势。对于第一种实现方式，在需求标准化活动中，使用各种策略手段引导技术标准的发展，重点在于需求方面的引导，一旦标准化组织接受这种引导，就积极组织专利策划、迅速完成专利布局。对于第二种实现方式，针对技术标准中的"空洞"即可能涉及具体技术方案，但竞争者们不愿意在技术标准中明确的地方，积极进行专利布局，用专利将这些技术空缺填平。对于第三种实现方式，对技术标准中已经明确规定的功能需求，积极地进行专利布局，例如，技术标准中规定了某个装置应该有一个性能指标，就针对这个性能指标研发一个进行调节的方法或系统来申请专利，实现专利对技术标准的包围。❶ 如本节第二部分所述，专利的必要性则应该由相互竞争关系的多项专利的集合来维持，通过在必要（核心）专利的外围布局一系列竞争性（替代性）的具体技术方案，用专利组合的方式实现技术标准专利化。因此，从技术标准到专利技术的专利布局策略可参考事业竞争力维度下的企业专利布局，部署专利组合。

综上所述，本节从排他性技术方案、强化事业竞争力、专利技术标准化三个不同的维度论述了企业专利布局的策略和方法。以上三个维度之间并不是相互割裂的，而是彼此联系，互为基础。缺少排他性技术方案下的专利权利项的组合布局，强化事业竞争力和专利技术标准化的专利布局目标将无法实现，诸多技术方案的组合沦为数量上的累积，无助于事业目的的实现，用专利包围技术标准的策略也将因专利权易于规避而失败。排他性的技术方案是强化事业竞争力和专利技术标准化的必要条件，除此之外，成就事业的专利布局，还需要一套完整的专利组合策略，以利用专利组合为竞争企业设置参与事业的壁垒。而技术标准化维度下的企业专利布局是上述两个维度下专利布局能力的综合体现，是企业专利运用能力的高度浓缩。

三、产业结构化中对专利权经济价值分析的总结

以产业结构化的观点研究专利权经济价值意味着专利权经济的创造不能

---

❶ 王加莹.专利布局和标准运营［M］.北京：知识产权出版社，2014：4-15.

脱离以产业事实为基础的专利产品的生产和销售等活动。更进一步，就是说专利权经济价值是专利的发明贡献度创造的经济价值，而不是由于广告效应、市场投入、改进的销售技术等与专利本身无关的其他因素产生的经济效益。这要求权利要求中的特征要与专利产品的特征共存，并且专利产品的专利特征由专利技术特征、制造程序、生产过程或者其组合实现。也许上述分析方法在分析一个较大产品中一个没有独立市场的小的专利零部件的经济价值时面临困难，但此种情形下，笔者建议，以与专利权存在密切联系的最小可销售专利产品为单位，通过分摊原则分析专利权经济价值。

周延鹏教授曾提出专利管理理论及实务的发展，必须从产业结构化的观点出发，将专利与产业链、价值链、产品结构和技术结构相连结。产业结构化中专利权经济价值分析是将企业的财务信息与其产品结构、技术结构和知识产权结构相连结，在此基础上分析企业营收结构的实质内容、因果关系，将专利权经济价值分析与商业利益相连结，而后据此分析专利权经济价值。❶ 即从企业的供应商和客户出发，依次从营收（利润）结构和产品组合推到产品结构（借助 Bill Of Materials，简称 BOM，产品主要零件清单）再推到技术结构，最后从技术结构推到这些项目所包含的专利和技术秘密。❷ 在此基础上对项目所包含的专利技术和技术秘密内容的差异性进行分析，并将专利技术回推到使用该技术的产品上，以此估算这些技术方案的经济价值大小。但是，笔者认为，将专利权经济价值与对应专利权产品营收相连结有可能限缩了专利权的经济价值，因为专利权和有形财产不同，专利权人拥有的是专利权的排他权，如此，专利权对专利权人的依附性便不像有形财产一样强。而将专利权经济价值与对应的专利权产品营收以僵化的方式相连结，则可能忽视了专利权对专利权人的这种弱依附性，将专利权的经济价值限缩在专

---

❶ 周延鹏. 虎与狐的智慧力——智慧资源规划 9 把金钥 [M]. 台北：天下文化出版社，2006：100-147.

❷ 对有些不能从最终产品还原的技术方案（如半导体制程和液晶面板制程），则其制程有关的发明创造，企业最好通过技术秘密进行保护而不宜申请专利，否则过度专利化，将减损企业市场竞争力。

利权人的专利产品营收上,忽视了专利权更大的价值体现——排他性。试问一件高质量的关键专利难道会因为由一家小型生产企业拥有,其经济价值便会很微小吗?正如本书第三章第一节所述,专利权经济价值藉由权利人行使而呈现,其经济价值具有一定的权利主体依附性,但这种依附性主要体现在专利排他权的行使上,而非专利权的使用上。因此,本书认为可以在周延鹏教授所建构的理论的基础上,进一步分析专利技术对对应产品的利润贡献率和市场占有贡献率的贡献大小,最终以此比较相关专利权的经济价值大小。❶

产业结构是一个相对且动态的概念,以薄膜晶体管液晶平面显示器(Thin Film Transistor-Liquid Crystal Display,TFT-LCD)产业为例,其上游包括玻璃基板、彩色滤光片、偏光板、背光模组驱动 IC、控制 IC 等原材料,中游包括玻璃面板、面板模组等,下游包括液晶荧屏、液晶电视、笔记本及智能手机面板等。同时,TFT-LCD 中的每一部分又都可以被视为一种新的产业,例如驱动 IC,IC 设计(例如联发科)为上游、晶圆专厂(例如台积电)为中游、封装测试及 IC 通路商为下游(例如日月光)等。分析 TFT-LCD 产业的专利权经济价值时,还要从动态的角度分析,找出 TFT-LCD 产业的主要参与者,分析这些厂商之间的产品结构、技术结构、专利权利范围、专利布局上有何交差关系,并在此基础进一步分析该产业

---

❶ 周延鹏教授认为专利权只有积极利用,没有所谓的消极防御。笔者认为,专利权人可以积极利用的关键专利固然非常重要,因为这些关键专利可以直接影响专利产品的市场占有率和利润率,其经济价值显而易见。但是,对于企业没有直接利用的专利,例如企业为设置事业参与壁垒,以次优技术方案申请的专利权,尽管并没有在企业生产中实际使用,但它们对专利产品的市场占有率和利润率却具有潜在贡献,因此这些外围专利(防御专利)同样也具有经济价值。此外,在基本专利期满终止后,竞争者可以共享基本专利技术,但如果外围专利布局适当,则在竞争者使用已期满终止的基本专利技术生产产品时,将可能侵犯其外围专利,由此延长了专利技术的生命期,这样外围专利就起到延长基本专利技术生命期的作用,进而帮助企业获得更多的许可费用,或者阻止竞争对手的竞争,保持其产品的竞争力。

主要厂商的竞合关系、授权合作关系等（见图4-4）。❶

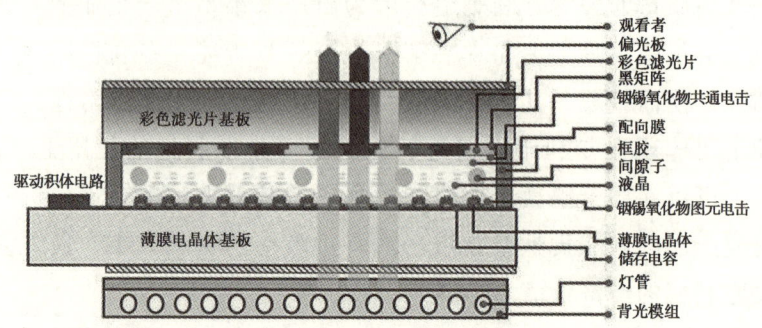

图4-4　薄膜晶体管液晶平面显示器的面板基本架构

资料来源：群创光电官网［EB/OL］. http：//www.innolux.com/，2014-1-10.

如图4-5所示，专利权经济价值分析中，分析人员选定产业链后，便可由企业的产品营收比重分析企业处在产业链的哪一个位置，并可根据所生产产品的价值高低分析其在价值链中的位置。而后对产品所涵盖的技术结构进行分析，包括产品结构和制造程序，确定相关产品结构和制造程序的关键字。最后，利用上述确定的关键字进行专利检索（为查全相关专利，不能仅在专利权人范围内进行检索），确定该技术结构所包含的专利分布，并由专利律师和本技术领域的技术专家逐篇阅读筛选出高质量的专利，并对专利权经济价值的内涵进行分析。进而，参照图4-5对专利权按照技术—功效进行归类，并在此基础上，将这些专利与企业的营收结构相连结，分析专利权对专利产品的市场占有率和利润的贡献大小，并据此分

---

❶　同时，这也是收集竞争者情报的过程，这需要大量的数据，既包括公开数据，也包括通过访谈收集的数据。这些数据来源相当广泛，包括公开发表的报告、竞争者管理层向证券分析师发表的谈话、商业新闻、销售团队、企业与竞争者共有的客户或供应商、对于竞争者产品的检查、企业工程人员的评估以及刚离职的经理和其他人员那里收集的信息等。通过对竞争者情报的分析，可以找出竞争者的产品线、互补产品、替代产品、成本结构、市场细分、供应商和销售渠道等情报信息。

析专利权经济价值的大小。❶ 但是有一点需要说明，对于未以产业结构化布局的专利，特别是将技术秘密过度专利化的技术方案，即使获得授权的专利权质量很高，但因无法通过逆向工程分析竞争厂商是否使用其专利权技术，无法证明侵犯其专利权的，则该专利也没有任何经济价值可言。此类专利不仅没有为企业带来竞争优势，而且还将企业珍贵的技术资料无偿供业界分享，实质上减损了企业的竞争力。

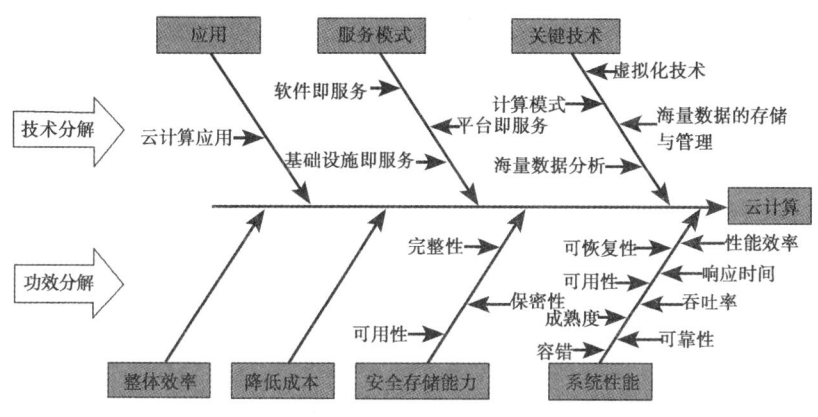

图 4-5　云计算技术功效鱼骨图❷

资料来源：赵萍等. 云计算技术专利分析［J］. 知识产权动态，2013（6）：18-28.

诚然，现今大量的专利并不能体现在现有的产品或者服务中，但笔者认为，这些"未使用"的专利要么根本就没有经济价值（即"低质量专利"，通过专利权经济价值分析可以找出这些专利），要么就是太"超

---

❶ 分析专利技术对专利产品的市场占有率和利润的贡献大小时，需要排除专利权以外的其他因素，包括销售策略改进或者广告宣传等对专利产品市场占有率和利润的影响。这意味着分析专利技术对专利产品的市场占有率和利润的贡献大小时，需要对专利产品市场占有率和利润的原因进行详细的分析。这个分析过程不仅需要与专利产品有关的财务报表、销售合同、国家权威部门的统计数据等，而且还需要市场专家和技术专家严谨的推论。

❷ 一项专利权可能同时从多个方面提升云计算的多项性能，因此可能分属多个技术—功效单元。

前"。不可否认,对太"超前"的专利技术,本书提出的专利权经济价值分析范式显然有其局限性,因为本书现阶段只能对这些"超前"的专利权进行专利权经济价值内涵性要素分析,无法进行专利权经济价值外延性要素分析。但是未来随着技术成熟度和经济可行性的进一步提升,相关配套技术的不断发展,产业化前景将逐渐明朗,即可对这些专利权进行系统的专利权经济价值分析(见图4-6)。

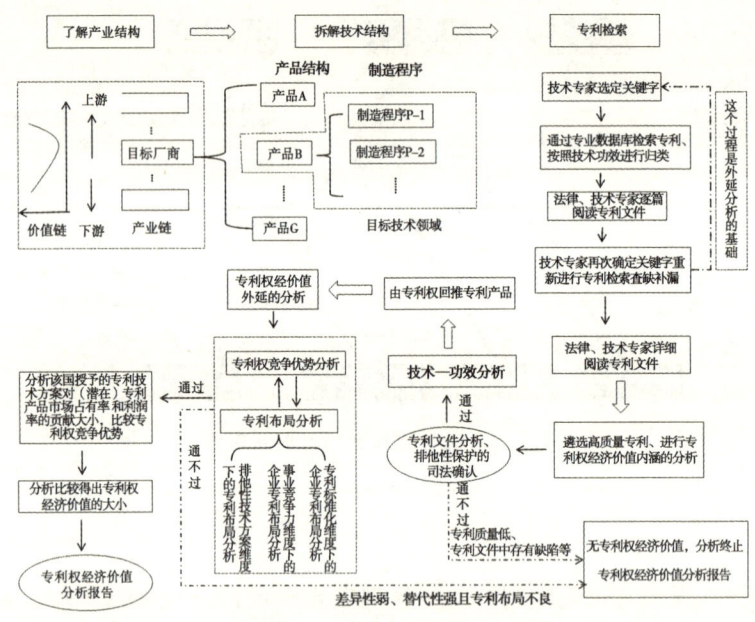

图4-6 以产业结构化分析专利权经济价值的流程❶

此外,依据专利技术对对应专利产品的利润贡献率和市场占有贡献率来分析专利权经济价值的大小,不仅使本书提出的专利权经济价值分析范式有更广的适用范围和更强的解释力,而且通过专利权经济价值分析范式还能为决策者的专利运营策略提供切实可行的决策依据。以下是本书在专利权经济价值分析基础上提出的四种专利运营策略(见图4-7)。第一种

---

❶ 以产业结构化分析专利权经济价值,可清楚地区分专利权经济价值的外延与内涵对专利权经济价值的影响,通过分析可以反映影响专利权经济价值实现的是专利文件、专利质量及司法确认还是技术与企业核心事业的契合度。

专利运营策略，对于具有较大产品利润贡献率和市场占有贡献率的专利权，如果其同时存在较少的具有可行性替代的技术方案，则决策者应以战术的方式使用这些专利，尽量避免专利许可、专利标准化、专利池、专利联盟等有损专利"排他性"的运营行为。当然，决策者如果发现其他企业、研发机构或者独立发明人拥有这样的专利，则应从战略层面积极的以这些专利为目标开展并购活动。第二种专利运营策略，对于具有较小产品利润贡献率和市场占有贡献率的专利权，如果其同时存在较少的具有可行性替代的技术方案，决策者可以通过专利使用、专利许可、专利标准化、专利池、专利联盟等形式使用这些专利，因为这些专利可以在不改变其竞争优势地位的前提下获得额外收入。第三种专利运营策略，对于具有较大产品利润贡献率和市场占有贡献率的专利权，但是其同时存在较多的具有可行性替代的技术方案，决策者可以通过专利使用、交叉许可、专利池、专利联盟等形式使用这些专利，即决策者通过与其他专利权人共同构筑自己的地位，通过限制市场准入来获益。当然，产业领先的企业也可以通过一系列战略层面的企业重组或并购活动，将这些可行性替代的专利权"购

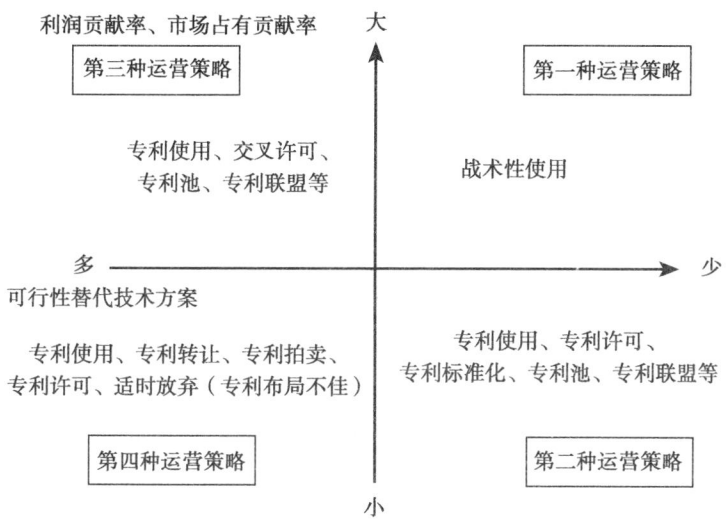

图 4-7 基于专利权经济价值分析的专利运营策略

入囊中",而后按照第一种运营策略进行专利运营。第四种专利运营策略,对于具有较小产品利润贡献率和市场占有贡献率的专利权,但是其同时存在较多的具有可行性替代的技术方案,决策者可以通过专利使用、专利转让、专利拍卖、专利许可等形式使用这些专利。但现实中因为这些专利对产品利润贡献率和市场占有贡献率都很小,并且存在大量可行性替代的技术方案,所以可能较少有人愿意接受这样的专利。此时,如果撇开影响其决策的其他因素,建议决策者在权衡专利维持费的基础上,适时放弃这些专利权。

第三节 产业化、商品化及标准化阶段的专利权经济价值分析

虽然各国(地区)专利法对专利权的规定或不尽相同,但是本质上都明确了专利权不是独占实施权,而是授予专利权的排他权。根据专利权的授权规则,下位概念和上位概念相比仍符合新颖性要件,这意味着在专利权的排他性保护范围内,仍有可能被继续授予新的专利权。这要求研究专利权经济价值时要注意其排他性本质以及动态性特征。

一、专利产业化阶段的专利权经济价值分析

专利产业化是指以无限的技术研发一系列的材料、设备、零组件、模组产品并组合成为最终产品,该系列产品或可能随着时间进程推向市场并形成新的产业。专利产业化涉及产业结构的上游、中游及下游,技术结构、产品结构和产值结构等涵盖面非常广,且产业结构需重新调整甚至重新创立,因此其涉及的研发资源需求及整合非常庞大,产品技术极为复杂多样,难度亦非常大。在即将形成产业化的领域,研发联盟与合资并购等商业活动十分活跃且多元。纵观目前全球各新兴产业动态,在设备与材料供应链尚未发展完善、价值链甚为模糊而不确定的阶段,只有美国、日本及欧洲有研发同盟的踪迹。为主导未来新兴产业,借由并购新创公司弥补

自身技术不足的情形亦多见于美国及欧洲。❶ 同时，专利产业化阶段因为处于技术生命周期的新兴阶段，市场尚未形成，或市场竞争尚未开始或竞争不足，所以专利部署较易且技术基础性较强，专利数量较少但多为开拓性专利。这些专利的权利项安排及部署可模拟与供应链、价值链、产业链的相互链结，将材料、零组件、设备、模组到系统予以整合。产业化阶段的专利因没有现有技术的重重束缚，其专利权的排他性保护范围广，与供应链、价值链、产业链间的链结程度高，专利权经济价值大。

产业化阶段的专利权，由于该技术领域的技术发展尚未成熟，开拓性专利占主导地位，这类专利技术方案与改进型专利技术方案相比具有差异性强，替代性弱的特点。但伴随着专利产业化的发展，技术生命周期的循环，一定会有越来越多的竞争者投入到具有商业前景的专利产业化领域，这就要求企业不仅在产业化阶段的初期投入巨额资源进行技术研发，还要在随后的成长期乃至成熟期不断进行技术研发，不断申请相关的改进专利和周边外围专利，进一步强化开拓性专利的差异性强的优势和替代性弱的优势，保障事业的发展免受竞争对手干扰。❷ 否则，如果后续研发跟不上或者考虑不全面，被竞争对手抢先申请了相关改进专利和可能使用的替代技术，则开拓性专利的差异性会被弱化，替代性将被增强，不仅对开拓性专利的经济价值造成负面影响，而且也给竞争对手留下分一杯羹的可乘之机。以移动存储产业为例，1997 年，随着 Intel 在主板芯片组方面对 USB 支持的不断加强，大量外设开始采用 USB 接口。于是，一种针对 USB 的移动存储应运而生。2002 年和 2004 年，中国深圳朗科科技有限公司分别获得中国关于"用于数据处理系统的快闪电子式外存储方法及装置"和

---

❶ 周延鹏.智慧财产全球行销获利圣经[M].台北：天下杂志出版社，2010：199-266.

❷ 专利产业化成功必须有许多因素的配合才能成功，不仅是技术的世界，也不仅只有商业的世界便能实现专利产业化。例如，张勤教授 2013 年 11 月讲座中提及的 WAPI 技术，即由于 802.11i 相关企业通过美国政府施压，在中美经贸大局下召开的 2004 年中美经贸联委会上，中国宣布无限期延迟强制实施 WAPI 标准，WAPI 产业化进程受阻。

"全电子式快闪外存储方法及装置"的全球开拓性发明专利授权，引发了一场"闪存革命"，创始人邓国顺也因此被行业成为"U盘之父"，2013年用于数据处理系统的快闪电子式外存储方法及装置发明专利获得中国第十五届发明专利金奖。但其后续技术研究、产品研发、市场营销和盈利模式未能持续进行创新投入。以技术研发为例，朗科并未持续不断地进行技术创新，没有多元化的发展其他技术（例如存储元器件 Nand Flash 等）。在研发团队上，自 2006 年之后，朗科的发明人数基本维持在 10 人左右，且研发力量趋于集中，邓国顺、程晓华、向锋等核心研发人员对研发进程起着关键作用，特别是 2010 年企业创始人邓国顺离开朗科科技并卸任董事长一职，对朗科研发前景产生一定影响。❶ 由于技术研发没有跟上，与核心专利技术相关的改进专利和外围专利被 Trek Technology（Singapore）Pte Ltd、Toshiba Corporation 及联想有限公司等公司抢先申请专利，朗科开拓性专利的差异性被弱化，替代性被增强，最终致使朗科在竞争中未有效确立先发优势。如刘永沛教授所言："对企业来说，如果仅仅是拥有专利而没有转换成实际的产品进入市场，专利的经济价值也是镜中花水中月。"❷ 这也印证了周延鹏教授讲座中提及的专利产业化成功的典型——英特尔公司的例子。和英特尔的专利产业化相比较，英特尔藉由知识产权将其市场占有率提升到 80% 以上，并获取高达 50% ~ 60% 的毛利率以及 30% 的净利率，其专利产业化的经济价值，远非几十亿美元的权利金收益所能比。

　　产业化阶段的专利权经济价值并非永恒不变，朗科科技的例子说明，对于产业化阶段的专利权，如果后续研发投入跟不上，就会被竞争对手抢得先机。即使是开拓性专利也难成为成就事业的专利权，因为其竞争对手通过一系列实用型专利和外围专利，弱化开拓性专利的差异性、增强其可替代性。犹如丸岛仪一先生关于佳能与 Xerox 商战所得出经验，随着技术不断进步与发展以及周边技术的不断革新，产业化阶段的专利如果没有持

---

❶ 周围. 从朗科科技看专利运营与企业命运 [N]. 中国知识产权报，2012-7-25：007.

❷ 刘永沛. 专利侵权判定元对比理论 [J]. 北大法律评论，2011（2）：561-597.

续加大的研发投入，就会给其他竞争厂商提供机会。❶ 这也反映了真实的商业世界的瞬息万变，企业要时刻创新，否则便有可能被竞争对手超越，到那时专利权经济价值也将极大折损。

二、专利商品化阶段的专利权经济价值分析

专利商品化是指将一项专利技术转化成一项可以推向市场的产品。和专利产业化相比，专利商品化的范畴较小。专利商品化阶段，专利技术发展以产品与工程开发、设计、工程服务与制程等为主，注重现有产品功能的改良、添增或成本的降低。纵观目前全球各制造业动态，韩国、中国大陆及台湾地区、东南亚新兴制造业国家，其供应链、价值链和产业链日渐清晰，这些经济体只是占据产业链的中端或者中低端，企业主要依靠低价格、低水平竞争，很难形成完整的竞争态势。制造业结构单一导致企业之间不能理性地处理协调与竞争的关系，缺少欧美常见的产业联盟、专利联盟等组织，现有的由知识产权管理部门或者协会主导专利联盟运作绩效也不佳。❷ 专利商品化阶段因处于技术生命周期的成长期乃至于成熟期，市场已经形成，从原料、零组件到系统产品的供应链已经成熟，所以这个阶段的专利部署较难且专利技术基础性较弱，企业专利部署数量较多且多为改进专利及外围专利。这些专利的研发层次较低，与供应链、价值链及产业链的链结程度也较低。商品化阶段的专利因为有现有技术的重重束缚，其专利权的排他性范围较窄，专利权所限定的技术方案较容易被竞争对手回避，专利权人较难以专利商品化给企业带来实质的营收利润与竞争优势，专利权经济价值不高。

---

❶ [日] 丸岛仪一. 佳能知识产权之父谈中小企业生存之道：将知识产权作为武器！[M]. 北京：知识产权出版社，2013：47.

❷ 反观日本，日本大厂长期扶持"配合厂商"，协助他们开发新零件、做市场计划，让小厂在技术、质量和数量方面都成为稳定的"卫星工厂"，较好地处理了协调与竞争的关系。

商品化阶段的专利权，由于该技术领域的技术发展已经成熟，改进型专利占主要地位，这类专利与开拓性专利相比具有差异性弱，替代性强的特点。但后进企业如果能集中研发资源，做好集聚式专利布局，也有可能在现有科技实力背景下，通过一系列"微改进专利"降低开拓性专利的差异性，通过一系列的改进型专利不仅为自己所用的技术设置参与壁垒，而且结合对未来技术发展与革新的判断申请一系列的改进专利和外围专利，做得好亦有可能阻止竞争者参与到事业中来，达到对自己的事业设置参与壁垒的目标。以台湾鸿海集团的连接器为例，20世纪80年代，鸿海精密作为技术跟随者进入连接器领域，技术上并不突出的鸿海，曾一路被告侵权，但其通过不断的研发投入，申请了一系列的改进专利、外围专利，最终将连接器发展成为鸿海三十多年最核心的事业。鸿海在连接器的专利布局，不仅数量庞大，而且事前对申请项目做了缜密布局，形成一个专利地雷网。根据刘江彬教授的观察，鸿海在连接器累积的7000多件专利，可有效阻挡潜在竞争者进入市场。一位连接器业者更形容，鸿海在连接器领域的绵密专利，已经形成阻挡竞争者的铜墙铁壁，冒然投入，遭控诉的命中率，"绝对比中统一发票普奖还要高"。鸿海精密从被告抄袭起家，成功逆袭为全球最大连接器企业。鸿海的例子说明，对于后进企业，商品化阶段的专利权，如能通过集聚式布局，逐步地使改进专利技术的差异性增强，替代性变弱，亦有可能与开拓性专利达成交叉授权而有机会参与到事业中来，并将自己所用的技术设置参与壁垒。伴随着技术的发展，不断加大研发投入，未来或有机会成就新的事业，因此，改进型外围专利也可以成就事业，一系列的改进专利、外围专利所创造的巨额产值，体现出了较大的专利权经济价值。

三、专利标准化阶段的专利权经济价值分析

理论上，以现代经济学的效率原则，当专利技术方案不存在替代技术

方案或者采用替代技术方案的成本远高于采用专利技术方案时,❶抑或对技术标准中的标准必要专利,在以上两种情形下,该专利权人才同时拥有专利技术方案的市场力量。以技术标准中的标准必要专利为例,技术标准中的必要专利权与非技术标准中的一般专利权,两者的主要区别并非专利权本身的问题,而是当专利权被纳入技术标准中之后,将产生专利技术的锁定效应,商品一旦实施该技术标准或者符合该技术标准要求的具体规格时,恐难以避免地落入标准必要专利的保护范围之内。此种情形下,可以说,标准必要专利权通过在技术标准市场上的排他性权利而将其权利范围扩张到符合该技术标准的商品上,并因而取得市场垄断力。未被纳入技术标准的专利权,权利人只能凭借自身力量,其专利权所带来的竞争优势及产业影响力与标准必要专利相比较为有限。为此国内有三流企业买产品,二流企业买品牌,一流企业买标准之说。若从产业面研究,则如周延鹏教授所述,技术标准就是可以控制供应链、分配价值链、主导产业链,对企业而言,是否拥有主导技术标准的能力,与该企业在业内竞争优势成正比关系。❷专利标准化阶段即企业或研究机构利用专利权主导产业发展方向,控制产业供应链、分配产业价值链的过程。专利标准化中标准必要专利即是已形成了控制供应链、分配价值链、主导产业链的非常竞争优势,权利人得以将专利权的排他性权能发挥到淋漓尽致,若标准必要专利的权利要求范围部署适当,专利权经济价值非常大。

标准必要专利的准公共产品属性,使得权利人的专利许可收益可以最大化的实现,从这层意义上讲,专利结合技术标准是将专利权经济价值最大化的最佳做法。但需要补充说明的是,专利许可收益只是实现专利权经济价值的一种方式,甚至有些标准必要专利的权利人会通过 RAND-Zero

---

❶ 以专利药品为例,西方国家拥有成熟的技术及充足的资金进行新药物的研发与制造,当治疗效果较佳的新药研发完成之后,能以较高的价格出售,若该新药取得专利权,则除非他人投入相当的人力、财力就相同疾病研发其他治疗药品,否则治疗该特定疾病的药品市场便有可能被其垄断。

❷ 周延鹏. 智慧财产全球行销获利圣经[M]. 台北:天下杂志出版社,2010:267-294.

条件进行专利授权,因为他们并不是依靠专利许可收益获利,而是通过具有高毛利率和净利率的产品来实现盈利。❶ 因为专利标准化为新进者降低了进入行业的门槛和风险,通过 FRAND 原则鼓励标准必要专利向所有市场新进入者开放专利技术。这为用户提供了竞争更为充分的采购环境,但是对标准必要专利权人而言,则意味着其产品将面临更多市场竞争,标准

---

❶ 以精工爱普生株式会社为例,20 世纪 60 年代爱普生在开发石英手表的时候,曾在全球范围内进行了广泛的专利许可,因此当时爱普生公司通过许可的方式获得了大量的专利许可费。但是,爱普生执行常务董事、知识产权本部长上柳雅誉在《解读跨国公司知识产权战略:慎用许可》中指出:"现在爱普生公司已经不在专利许可这个领域做市场投入,仅对非核心技术或者公司已经决定不再涉及的产品领域的技术做一些许可。因为专利许可虽可以获得一些许可费用,但从经营这个角度来看,实际上是自己允许或者创造出一个竞争对手。"特别自 2012 年以来,美国与欧洲的司法机关对三星、摩托罗拉、爱立信、LSI、Interdigital 等标准必要专利权人的专利许可费判决出现降低的趋势。目前独享自己的核心技术,正在成为不少跨国公司的主流模式,显然这种主流模式之下,核心技术是抵制被标准化的。另外,标准必要专利的专利权人还面临巨大风险,例如,摩托罗拉诉苹果的案件中,欧盟执委会摩托罗拉基于其所有的一项智慧型手机标准必要专利,请求德国法院对苹果公司的被控侵权产品核发禁止令的行为,从其特定情形来看,是构成滥用市场地位行为,进而违反了欧盟反托拉斯相关规范;微软诉摩托罗拉的案件中,法院裁定摩托罗拉违反了 FRAND 原则,需要向微软支付 1450 万美元的损害赔偿金和律师费;而在华为诉 IDC 标准必要专利垄断案中,法院判决 IDC 停止垄断行为,并赔偿华为 2000 万元。2014 年,日本知的财产高等裁判所对苹果与三星在日本进行的专利战争,做出了指标性判决与裁定,认定标准必要专利的专利权人三星在符合 FRAND 授权条件的权利金相当额度内请求损害赔偿请求并不构成权利滥用,但就超过前述额度的部分行使请求权便构成权利滥用,并指出当标准必要专利权人宣告其提供 FRAND 授权时,可认为其并不期待通过行使禁制令请求权维持其独占状态。知的财产高等裁判所指出,做出 FRAND 授权宣告的专利权人,若基于该标准必要专利请求超过符合 FRAND 授权条件的权利金相当额度的损害赔偿,则受其请求的对方当事人可以通过主张并举证证明专利权人有做出 FRAND 授权宣告的事实,来拒绝超过权利金相当额度的损害赔偿的请求。至于应如何估算出符合 FRAND 授权条件的权利金相当额度,本案中日本知的财产高等裁判所采用的方法是,就构成侵权产品的销售额,估算出其中由通用移动通信系统(UMTS 标准)的技术功能所贡献的比例,然后再估算出在 UMTS 标准的技术功能中系争专利技术所贡献的比例,并且指出在估算 UMTS 标准的技术功能中系争专利技术所贡献的比例时,基于抑制权利金叠加问题的观点,应采用以全部标准必要专利所要求权利金总和不超过一定比率的计算方法。

必要专利权人可能因此失掉市场份额，同时可能由于市场竞争而被迫降价。这告诉我们，对于成功的专利产品（"拳头产品"）以及体现企业核心竞争力的专利技术（开拓性专利）是不能被标准化的，因为标准化只是取得市场竞争优势的必要条件。将体现企业核心竞争力的专利技术全部标准化，导致竞争对手也可以使用该标准必要专利，那么本企业按照技术标准所生产的产品与竞争对手相比如何才能具有竞争优势呢？回答这个问题还是对为什么参加技术标准组织的回答，参加技术标准组织不是为了打败竞争对手，获取更多的市场份额吗？如此便明确了专利技术的标准化应在保留必要核心竞争力的基础上进行，以产业结构化的视角处理好标准必要专利与体现企业事业竞争力的核心专利的关系，在此基础上，专利许可收益固然是专利标准化中专利权经济价值的重要组成部分，但同时企业专利权人以标准必要专利为基础通过专利商品化获取的经济利益不可忽视。

对很多企业，特别是制造业企业而言，要实现专利标准化阶段专利权经济价值的最大化，特别需要协调好标准必要专利和具有核心竞争力的专利权之间的关系，切不可将体现企业核心竞争力的专利技术一概标准化。也就是企业要考虑专利标准化后，自己的核心竞争力在哪里？以高通公司为例，这家美国企业堪称专利标准化阶段将专利权经济价值最大化的代表，因此对移动通信领域的公司来说，高通一直有着"天使与魔鬼"的称谓。一方面，从标准必要专利的角度，高通主导了非常多的技术标准，以3G 为例，高通在该技术领域的 3000 多件专利涵盖三个主流的 3G 标准，包括 CDMA2000、WCDMA 和 TD-SCDMA，以致 3G 的每一个技术标准，相关厂商都无法绕开高通。众所周知，标准必要专利需要遵循 FRAND 或 RAND 标准，专利许可授权的本质不是保护，而是开放。通过专利许可授权以及提供产品解决方案服务，高通让更多企业进入移动通信领域，并在全球范围内取得成功，推动整个移动通信产业向前发展。另一方面，从体现企业竞争力的专利权的角度，高通又严格控制具有核心竞争力的专利技术被纳入技术标准中，用重重核心专利及商业秘密将涉及移动芯片的技术包围起来，正是这类具有核心竞争力专利权所具有的高差异性和低替代性特点，使得高通在移动芯片产业领域（如 MSM 芯片）具有超强的竞争优势,并藉此为高通创造了高额的经济利益。❶ 由此可见,专利标准化阶段,标准必要专利的专利许可费收入不是专利权经济价值的全部,标准必要专利的经济价值更体现在通过技术标准强化企业核心专利与相应供应链、价值链、产业链间的连结度。因此,标准必要专利与企业核心专利协调配合,在此基础上结合相应的产业结构、技术结构、产品结构,若能做到相关专利权的权利要求范围妥善部署,便可形成控制供应链、分配价值链、主导产业链的非常竞争优势,企业即可藉此获取多元化经济利益,实现专利权经济价值的最大化。

---

❶ 2013年,高通的上市公司年报显示,2013年公司的收入中来自设备与服务收入的部分为169.88亿美元,占总营收的68.3%;来自授权和专利营收的部分为78.78亿美元,占总营收的31.7%。产品销售收入是专利许可费收入的2倍多。

第五章 结语与展望

一、结　语

　　知识经济时代，决策者要在商业竞争中取得竞争优势，需要对专利权经济价值信息进行分析。笔者提出的产业结构化视野下的专利权经济价值分析是利用现代管理学中的"木桶理论"，对专利权经济价值的内涵和专利权经济价值的外延进行系统性分析。专利权经济价值的内涵是专利权经济价值的必要条件，如果缺少专利权经济价值的内涵，那么专利权经济价值将不复存在。但是，即使存在专利权经济价值的内涵，也未必存在专利权经济价值。也就是说，专利权经济价值的内涵仅仅是专利权经济价值的必要条件，但不是充分必要条件。如果专利权缺少竞争优势，使专利权人不能利用专利权在供应链、分配链、产业链中形成非常竞争优势，那么同样不存在专利权经济价值。开拓性专利、应用型专利以及标准必要专利的专利权人要利用专利权形成控制供应链、分配价值链、主导产业链的非常竞争优势，产业结构化的专利布局策略是关键。专利权经济价值分析是连结专利权经济价值创造和专利权经济价值评估的桥梁。本书不仅提出了专利权经济价值分析的范式，而且能为企业、研发机构及独立发明人在专利管理的各环节如何创造高价值专利提供指引。通过专利权经济价值分析，决策者可以知道影响专利权经济价值大小的"短板"是专利文件、专利质量、司法确认还是专利技术与企业核心事业契合度，进而为决策者评价专利管理绩效、提升专利权经济价值提供依据。专利权经济价值分析对如何落实职务发明人奖酬的计算，激活专利转让、许可、质押融资、企业重组、并购、专利池和专利联盟的构建以及完善各种专利奖的评审都能发挥基础性支撑作用。本书提出的产业结构化视野下的专利权经济价值分析虽然实施成本比较高，但是它却有效帮助企业提高专利管理工作水平，以更好地发挥创新对经济发展的推动力。

二、展望

未来要实现产业结构化视野下的专利权经济价值分析范式的工程应用，还需要结合具体产业做大量的实证分析，在此基础上确定上述指标的测度计算方法。

专利权经济价值分析是进行专利权经济价值评估的基础，专利权经济价值评估是建立在专利制度上的经济学问题。虽然专利权经济价值评估非常复杂，但是未来对专利组合的经济价值仍值得进一步探讨。未来研究可在专利权经济价值分析报告的基础上，利用专利侵权诉讼中的若无检测法研究专利权对应的专利产品选定，而后对专利权竞争优势做进一步量化分析。这需要评估人员分析顾客对专利特征的需求，利用调查问卷或者访谈的方法，假定在无侵权环境里，在由相近替代品（现有技术对本专利来说是潜在的非侵权替代选择）组成的特定市场中，让顾客在不同的价格下选择是否愿意购买具有某项专利技术特征的产品，借由经济学的相关理论和实证工具，实证分析专利组合对专利产品的利润贡献率和市场占有贡献率，据此评估专利权经济价值。

附录：专利权经济价值分析报告样本

通过专利权经济价值分析会形成一份专利权经济价值分析报告，它可以为专利权人、行业协会、政府及其他机构提供决策依据。以下是一份××××号专利权经济价值分析报告的样本，供作参考。

××国（地区）××××号专利权经济价值分析报告

1. ××××号专利权的基本信息

基本信息	内容	备注
专利名称	×××	
专利号	××××	
发明人	×××	
专利权人	×××	
专利说明书	查阅专利公报	
专利权利要求书	查阅专利公报	
专利附图及摘要	查阅专利公报	
专利法律状态	查阅专利登记簿	
专利检索报告	专利行政部门查阅	
专利审查档案（含无效答辩）	专利行政部门查阅	
已发生专利侵权诉讼	查阅司法机关档案卷宗	

2. 专利检索报告

国家知识产权局查阅。

3. 专利审查档案（含无效答辩）

国家知识产权局查阅。

4. 已发生专利侵权诉讼

查阅司法机关档案卷宗。

5. ××××号专利权所属技术领域的共性信息

专业分析人员根据××××号专利所述的技术领域，将专利权连结到相应的价值链、供应链和产业链上，与目标产品的产值、市场区隔、公司相联系，并据此出具的专利产品分析和行业报告。

由专业分析人员拆解××××号专利权利要求1的全部必要技术特征形成技术特征分解意见书。专业分析人员在技术特征分解的基础上，开展专利检索，筛选产生第一份竞争性专利检索报告。另外，专业分析人员确认应用××××号专利的具体专利产品，结合专业机构出具的专利产品分析报告，并对这些产品所涵盖的技术结构进行分析，包括产品结构和制造程序，确定相关产品结构和制造程序的关键字，而后再次进行专利检索，筛选产生第二份替代性专利检索报告。最后，专利分析人员对上述两份专利检索报告进行复查，并按照技术功效进行归类，形成最终的竞争性专利检索分析报告。

6. ××××号专利权经济价值分析报告

对于经过分析发现××××号专利权不存在经济价值的，××××号专利权经济价值分析报告的内容如下：

结合××××号专利的基本信息和所属技术领域的共性信息，具体论述造成专利权经济价值不存在的原因是专利质量、专利文件的撰写、审查授权及无效答辩历程、司法机关的司法确认，还是专利技术水平及专利布局。

对于经过分析发现××××号专利权存在经济价值的，××××号专利权经济价值分析报告的内容如下：

结合××××号专利的基本信息和所属技术领域的共性信息，详细论述××××号专利与其他竞争性专利的经济价值大小的比较。在比较竞争性专利权经济价值大小的过程中，进一步分析××××号专利与关键竞争性专利之间，专利质量高低、专利布局的优劣、专利权经济价值实现的机会以及可能遭受的专利侵权诉讼。

参考文献

一、著作类

(一) 中文著作

[1] 北京市哲学社会科学研究基地编著. 中国专利政策研究报告 [M]. 北京：知识产权出版社，2013.

[2] 陈燕，黄迎燕，等. 专利信息采集与分析 [M]. 北京：清华大学出版社，2006.

[3] 丁丽瑛. 知识产权法专论 [M]. 北京：科学出版社，2008.

[4] 董涛. 专利权利要求 [M]. 北京：法律出版社，2006.

[5] 范建得. 面对专利战争的新思维 [M]. 台北：新学林出版股份有限公司，2006.

[6] 国家知识产权局条法司编著. 专利法研究 [M]. 北京：知识产权出版社，2010.

[7] 国家知识产权局专利复审委员会编著. 专利复审委员会案例诠释 [M]. 北京：知识产权出版社，2011.

[8] 和育东. 美国专利侵权救济 [M]. 北京：法律出版社，2009.

[9] 林秀芹. 促进技术创新的法律机制研究 [M]. 北京：高等教育出版社，2010.

[10] 林秀芹. TRIPs 体制下的专利强制许可制度研究 [M]. 北京：法律出版社，2006.

[11] 刘尚志. Patent Wears 美台专利诉讼——实战暨裁判解析 [M]. 台

北：元照出版有限公司，2005．

［12］刘晓海主编．德国知识产权理论与经典判例研究［M］．北京：知识产权出版社，2013．

［13］马海生．专利许可的原则——公平、合理、无歧视许可研究［M］．北京：法律出版社，2010．

［14］牟萍．专利情报检索与分析［M］．北京：知识产权出版社，2012．

［15］乔永忠．专利维持制度及实证研究［M］．北京：知识产权出版社，2011．

［16］万小丽．专利质量指标研究［M］．北京：知识产权出版社，2013．

［17］万勇，刘永沛主编．伯克利科技与法律评论——美国知识产权经典案例年度评论［M］．北京：知识产权出版社，2013．

［18］王加莹．专利布局和标准运营［M］．北京：知识产权出版社，2014．

［19］吴观乐主编．发明和实用新型专利申请文件撰写案例剖析［M］．北京：知识产权出版社，2011．

［20］奚晓明主编．最高人民法院知识产权审判案例指导第五辑［M］．北京：中国法制出版社，2013．

［21］徐棣枫．专利权的扩张与限制［M］．北京：知识产权出版社，2007．

［22］闫文军．专利权的保护范围——权利要求解释和等同原则适用［M］．北京：法律出版社，2007．

［23］杨利华．美国专利法史研究［M］．北京：中国政法大学出版社，2012．

［24］杨汝梅．无形资产论［M］．上海：立信会计出版社，2009．

［25］杨志敏．专利权保护范围研究——专利权行使与对抗的理论和实践［M］．成都：四川大学出版社，2013．

［26］尹新天．专利权的保护［M］．北京：知识产权出版社，2005．

［27］尹新天．中国专利法详解［M］．北京：知识产权出版社，2012．

［28］张殿文．虎与狐［M］．台北：远见天下文化出版股份有公

司,2005.

[29] 张孟元,刘江彬.无形资产评估鉴价之理论与实务[M].台北:华泰文化事业股份有限公司,2005.

[30] 张勤,朱雪忠主编.知识产权制度战略化问题研究[M].北京:北京大学出版社,2010.

[31] 张勤.知识产权基本原理[M].北京:知识产权出版社,2012.

[32] 郑成思.知识产权价值评估中的法律问题[M].北京:法律出版社,1999.

[33] 郑成思.知识产权论[M].北京:法律出版社,2003.

[34] 郑友德.知识产权与公平竞争的博弈——以多维创新为坐标[M].北京:法律出版社,2011.

[35] 周延鹏.虎与狐的智慧力——智慧资源规划9把金钥[M].台北:天下文化出版社,2006.

[36] 周延鹏.一堂课2000亿——智慧财产的战略与战术[M].台北:商讯文化出版社,2006.

[37] 周延鹏.智慧财产全球行销获利圣经[M].台北:天下杂志出版社,2010.

(二) 中文译著

[1] [澳] 彼得·达沃豪斯.知识的全球化管理[M].邵科,等译.北京:知识产权出版社,2013.

[2] [德] 迈克尔A·奥尔洛.用TRIZ进行创造性思考实用指南[M].陈劲,等译.北京:科学出版社,2010.

[3] [德] 荣汉斯,利维.知识产权管理指南[M].宋伟,等译.合肥:中国科学技术大学出版社,2011.

[4] [美] 阿斯沃思·达蒙德理.价值评估[M].张志强,等译.北京:中国劳动社会保障出版社,2004.

[5] [美] 巴鲁·列弗.无形资产——管理、计量和呈报[M].王志台,等译.北京:中国劳动社会保障出版社,2003.

［6］［美］布鲁斯·伯曼. 从资产到利润——Competing for Ip Value & Return［M］. 罗文星,等译. 北京:机械工业出版社,2011.

［7］［美］丹·L·伯克,马克·A·莱姆利. 专利危机与应对之道［M］. 马宁,等译. 北京:中国政法大学出版社,2013.

［8］［美］戈登·史密斯,罗素·帕尔. 知识产权价值评估、开发与侵权赔偿［M］. 夏玮,周叔敏,等译. 北京:电子工业出版社,2012.

［9］［美］格理格瑞·雷奥纳德,劳伦·斯德尔. 知识产权诉讼及管理中经济分析的运用［M］. 诺恒经济咨询,编译. 北京:法律出版社,2010.

［10］［美］亨利·伽斯柏. 开放型商业模式:如何在新环境下获取更大的收益［M］. 程智慧,译. 北京:商务印书馆,2010.

［11］［美］肯尼思 R. 费里斯,芭芭拉 S. 佩舍雷·佩蒂. 资产评估——Avoiding the Winner's Curse［M］. 刘祥亚,等译. 北京:机械工业出版社,2003.

［12］［美］理查德·拉兹盖蒂斯. 评估和交易以技术为基础的知识产权——原理、方法和工具［M］. 中央财经大学资产评估研究所,等译. 北京:电子工业出版社,2012.

［13］［美］罗利·托马斯,本顿·E·格普. 价值评估指南——来自顶级咨询公司及从业者的价值评估技术［M］. 中央财经大学资产评估研究所,等译. 北京:电子工业出版社,2012.

［14］［美］马歇尔·菲尔普斯,戴维·克兰. 烧掉舰船——微软称霸全球的知识产权战略［M］. 谷永亮,译. 北京:东方出版社,2010.

［15］［美］迈克尔·波特. 竞争优势［M］. 陈小悦,译. 北京:华夏出版社,2005.

［16］［美］诺伯特·维纳. 发明——激动人心的创新之路［M］. 赵乐静,译. 上海:上海科学技术出版社,2002.

［17］［美］威廉·M. 兰德斯,理查德·A. 波斯纳. 知识产权法的经济结构［M］. 金海军,译. 北京:北京大学出版社,2005.

［18］［美］亚当·杰夫,乔希·勒纳. 创新及其不满——专利体系对创新

与进步的危害及对策［M］．罗建平，等译．北京：中国人民大学出版社，2007．

［19］［美］约翰·贝利．无形资产的有形战略——管理公司六大无形资产有制胜法宝［M］．陈江华，译．北京：知识产权出版社，2006．

［20］［日］丸岛仪一．将知识产权作为武器！［M］．文雪，译．北京：知识产权出版社，2013．

［21］［日］宇田川胜等．竞争力——日本企业间竞争的启示［M］．锁箭，译．北京：经济管理出版社，2011．

［22］［日］竹内弘高，野中郁次郎．知识创造的螺旋——知识管理理论与案例研究［M］．李萌，译．北京：知识产权出版社，2006．

［23］［英］彼得·欣利，马可·尼古拉斯．创新力预测——专利申请量预测方法研究［M］．马欢，等译．北京：知识产权出版社，2010．

（三）英文著作

［1］ DONALD S.CHISUM ET AL.Principles of Patent Law：Cases and Materials［M］．New York：Foundation Press，2011．

［2］ JOHN GLADSTONE.MILLS，CLARE HIGHLEY ROBERT，CRESS REILEY DONALD，PETER D.ROSENBERG.Patent Law Fundamentals Vol．1，2nd Edition［M］．Minnesota：West Group，2009．

［3］ JONATHAN DOUGLAS.PUTNAM.The Value of International Patent Rights［M］．UMI Dissertation Services，1997．

［4］ KEVIN G.RIVETTE，AND KLINE DAVID.Rembrandts in the Attic：Unlocking the Hidden Value of Patents［M］．Boston：Harvard Business Review Press，2000．

［5］ OVE.GRANSTRAND.The Economics and Management of Intellectual Property Towards Intellectual Capitalism［M］．Cheltenham：Edward Elgar，2000．

［6］ ROBERT P.MERGES，AND C.GINSBERG JANE.Foundations of Intellectual Property［M］．New York：Foundation Pr，2004．

［7］ RUSSELL L.PARR，V.SMITH GORDON.Intellectual Property：Valuation，

Exploitation, and Infringement Damages [M]. New York: John Wiley & Sons, 2005.

二、期刊论文

（一）中文论文

[1] 陈乃华. 专利权评价模式之实证研究 [J]. 台湾银行季刊, 2010 (6).

[2] 单晓光. 美国调整 GDP 统计方式传递了什么信息？[J]. 中国机电工业, 2013 (8).

[3] 党晓林. 功能性限定特征的审查与保护范围之探讨 [J]. 知识产权, 2011 (1).

[4] 董美根. 美国专利永久禁令适用之例外对我国强制许可的启示 [J]. 电子知识产权, 2009 (1).

[5] 管煜武. 基于专利价值的上海专利资助政策效应分析 [J]. 中国科技论坛, 2008 (7).

[6] 和育东. 专利侵权损害赔偿中的技术分摊难题——从美国废除专利侵权"非法获利"赔偿说起 [J]. 法律科学, 2009 (3).

[7] 胡充寒. 我国知识产权诉前禁令制度的现实考察及正当性构建 [J]. 法学, 2011 (10).

[8] 李春燕、石荣. 专利质量指标评价探索 [J]. 现代情报, 2008 (2).

[9] 李晓郛. 公共利益冲突时美国联邦法院的司法实践——以专利案件的预先禁令为视角 [J]. 法治研究, 2013 (9).

[10] 李新芝. 专利侵权判定中等同原则的适用 [J]. 人民司法, 2011 (2).

[11] 李雪春、张荣彦. 从一案例看专利申请文件的撰写、审批对相关程序的影响 [J]. 中国专利与商标, 2011 (2).

[12] 梁志文. 论专利授权行为的法律效力 [J]. 法律科学, 2009 (5).

[13] 梁志文. 专利价值之谜及其理论求解 [J]. 法制与社会发展, 2012

（2）.

[14] 林秀芹、刘运华. 专利权经济价值的界定 [J]. 厦门大学法律评论, 2014, 第二十三辑.

[15] 刘运华. 论"木桶理论"在专利权经济价值分析中的应用 [J]. 南京大学法律评论, 2014, 春季卷.

[16] 刘运华. 专利执行保险中专利权经济价值分析研究 [J]. 保险研究, 2014（3）.

[17] 刘珍兰. 美国专利法不正当行为原则的最新发展 [J]. 武汉大学学报, 2011（5）.

[18] 逯长明. 从专利申请策略看成本原则 [J]. 中国发明与专利, 2007（3）.

[19] 逯长明. 改劣特征的存在形态 [J]. 中国发明与专利, 2008（3）.

[20] 宁立志. 专利辅助侵权制度中的法度边界之争——美国法例变迁的启示 [J]. 法律评论, 2010（5）.

[21] 钱伯章. 芳纶的国内外发展现状 [J]. 化工新型材料, 2007（8）.

[22] 师彦斌. 专利权利要求中功能性限定特征的审查标准及对策建议 [J]. 知识产权, 2011（1）.

[23] 谭增. 标准必要专利——专利中的战斗机 [J]. 中国知识产权, 2013（11）.

[24] 万小丽, 朱雪忠. 专利价值的评估指标体系及模糊综合评价 [J]. 科研管理, 2008（2）.

[25] 万小丽. 专利质量指标中"被引次数"的深度剖析 [J]. 情报科学, 2014（1）.

[26] 王晓玟. 台湾科技业，深陷全球智财战 [J], 天下杂志, 2007（7）.

[27] 文希凯. 提高专利申请质量的重要性刍议 [J]. 中国发明与专利, 2014（2）.

[28] 文希凯. 知识产权法律中责令停止侵权罚则的探讨 [J]. 知识产权, 2012（4）.

[29] 徐棣枫. 权利的不确定性与专利法制度创新初探 [J]. 政治与法律, 2011 (10).

[30] 杨涛. 我国知识产权临时禁令制度的现实困境与立法完善 [J]. 知识产权, 2012 (1).

[31] 尹新天. 滥用专利权的内涵及其制止措施 [J]. 知识产权, 2012 (4).

[32] 余翔, 詹爱岚. 我国移动通信产业技术创新战略实证研究——以专利情报为视角 [J]. 情报学报, 2008 (3).

[33] 岳贤平. 国内外知识产权交易过程中专利资产评估研究述评 [J]. 中国科技论坛, 2010 (8).

[34] 张玲. 论专利侵权诉讼中的停止侵权民事责任及其完善 [J]. 法学家, 2011 (4).

[35] 张庭瑞, 萧慧华. WOIS 创新理论于产品概念设计之专利回避研究 [J]. 台湾南开学报, 2011 (1).

[36] 张炎炎, 周敏. 论品牌的内涵与外延 [J]. 管理学报, 2010 (1).

[37] 赵萍等. 云计算技术专利分析 [J]. 知识产权动态, 2013 (6).

[38] 朱雪忠, 万小丽. 竞争力视角下的专利质量界定 [J]. 知识产权, 2009 (4).

[39] 朱雪忠. 辨证看待中国专利的数量与质量 [J]. 中国科学院院刊, 2013 (4).

(二) 英文论文

[1] ADAM B.JAFFE, S.FOGARTY MICHAEL, AND A. BANKS BRUCE.Evidence from Patents and Patent Citations on the Impact of Nasa and Other Federal Labs on Commercial Innovation [J]. The Journal of Industrial Economics, 1998, 46 (2): 183-205.

[2] ADAM STEVE.Quality over Quantity: Strategies for Improving the Return on Your Patents [J]. Computer and Internet Lawyer, 2006, 23 (12): 18.

[3] ANDREI HAGIU, AND B. YOFFIE DAVID. The New Patent Intermediaries: Platforms, Defensive Aggregators, and Super-Aggregators [J]. The Journal of Economic Perspectives, 2013, 27 (1): 45-65.

[4] ARIEL PAKES. Patents As Options: Some Estimates of The Value of Holding European Patent Stocks [J]. Econometrica, 1986, 54 (4): 755-784.

[5] BIJU PAUL. ABRAHAM, AND D. MOITRA SOUMYO. Innovation Assessment Through Patent Analysis [J]. Technovation, 2001, 21 (4): 245-252.

[6] CHEN YU-SHAN, AND CHANG KE-CHIUN. The Relationship Between A Firm's Patent Quality And Its Market Value—The Case Of US Pharmaceutical Industry [J]. Technological Forecasting and Social Change, 2010, 77 (1): 20-33.

[7] CHENG Y H, KUAN F Y, CHUANG S C, ET AL. Profitability Decided By Patent Quality? An Empirical Study Of The US Semiconductor Industry [J]. Scientometrics, 2010, 82 (1): 175-183.

[8] DARALYN J. DURIE, AND A. LEMLEY MARK. Structured Approach to Calculating Reasonable Royalties, A [J]. Lewis & Clark L. Rev., 2010, 14: 627.

[9] ERIC E. BENSEN, AND M. WHITE DANIELLE. Using Apportionment to Rein in the Georgia-Pacific Factors [J]. Colum. Sci. & Tech. L. Rev., 2008, 9: 1.

[10] Francis Narin, And Olivastro Dominic. Linkage Between Patents And Papers: an Interim EPO/US Comparison [J]. Scientometrics, 1998, 41 (1): 51-59.

[11] GEORGE MESSINIS. Triadic Citations, Country Biases and Patent Value: The Case Of Pharmaceuticals [J]. Scientometrics, 2011, 89 (3): 813-833.

[12] GIDEON PARCHOMOVSKY, AND WAGNER R. POLK. Patent Portfolios

[J]. University of Pennsylvania Law Review, 2005: 1-77.

[13] GILES S. RICH. Proposed Patent Legislation: Some Comments [J]. Geo. Wash. L. Rev., 1966, 35: 641.

[14] HOLGER ERNST. Patent Information For Strategic Technology Management [J]. World Patent Information, 2003, 25 (3): 233-242.

[15] JAMES E. MALACKOWSKI, AND JONATHAN A. BARNEY. What Is Patent Quality—A Merchant Banc's Perspective [J]. Nouvelles-Journal of the Licensing Executives Society, 2008, 43 (2): 123.

[16] JEAN O. LANJOUW, AND SCHANKERMAN MARK. Patent Quality and Research Productivity: Measuring Innovation with Multiple Indicators [J]. The Economic Journal, 2004, 114 (495): 441-465.

[17] JEAN OLSON LANJOUW. Patent Protection In The Shadow Of Infringement: Simulation Estimations Of Patent Value [J]. The Review of Economic Studies, 1998, 65 (4): 671-710.

[18] JOHN C. HENDERSON, AND VENKATRAMAN NATARAJAN. Strategic Alignment: Leveraging Information Technology For Transforming Organizations [J]. IBM Systems Journal, 1993, 32 (1): 4-16.

[19] JOHN R. ALLISON, A. LEMLEY, MARK AND WALKER JOSHUA. Extreme Value or Trolls on Top? The Characteristics of the Most-Litigated Patents [J]. University of Pennsylvania Law Review, 2009: 1-37.

[20] JONATHAN A. BARNEY. Study of Patent Mortality Rates: Using Statistical Survival Analysis to Rate and Value Patent Assets, A [J]. AIPLA QJ, 2002, 30: 317.

[21] JOSEPH FARRELL, ET AL. Standard Setting, Patents, and Hold-up [J]. Antitrust Law Journal, 2007: 603-670.

[22] KHOURY SAM, DANIELE JOE, GERMERAAD PAUL. Selection And Application Of Intellectual Property Valuation Methods In Portfolio Management And Value Extraction [J]. les Nouvelles, 2001, 9: 77-86.

[23] KIMBERLY A. MOORE. Worthless Patents [J]. Berkeley Tech. LJ, 2005, 20: 1521-1757.

[24] Manuel Trajtenberg. A Penny for Your Quotes: Patent Citations and the Value of Innovations [J]. RAND Journal of Economics, 1990, 21 (1): 172-187.

[25] MARK LEMLEY, LICHTMAN DOUGLAS, AND SAMPAT BHAVEN. What To Do About Bad Patents? [J]. Regulation Washington, 2005, 28 (4): 10.

[26] MARK SCHANKERMAN. How Valuable Is Patent Protection? Estimates By Technology Field [J]. the RAND Journal of Economics, 1998: 77-107.

[27] MARKUS REITZIG. What Determines Patent Value?: Insights From The Semiconductor Industry [J]. Research Policy, 2003, 32 (1): 13-26.

[28] MIKE LLOYD, SPIELTHENNER DORIS, AND MOKDSI GEORGE. The SmartPhone Patent Wars [J]. IAM Journal, March, 2011: 1-30.

[29] MINOO PHILIPP. Patent Filing And Searching: Is Deflation In Quality The Inevitable Consequence Of Hyperinflation In Quantity? [J]. World Patent Information, 2006, 28 (2): 117-121.

[30] PAUL F. BURKE, REITZIG MARKUS. Measuring Patent Assessment Quality—Analyzing The Degree And Kind Of (In) Consistency In Patent Offices' Decision Making [J]. Research Policy, 2007, 36 (9): 1404-1430.

[31] ROBIN FELDMAN, ANDEWING TOM. The Giants Among Us [J]. Stan. Tech. L. Rev., 2012, 2012: 1, 20 - 21.

[32] SANNU K. SHRESTHA. Trolls Or Market-Makers? An Empirical Analysis Of Nonpracticing Entities [J]. Columbia Law Review, 2010, 110 (1).

[33] SU, FANG-PEI, YANG WEN-GOANG, AND LAI KUEI-KUEI. A Heuristic Procedure to Identify The Most Valuable Chain Of Patent Priority Network [J]. Technological Forecasting and Social Change, 2011, 78

(2): 319-331.

[34] SU, HSIN-NING, CHEN CAREY MING-LI, AND LEE PEI-CHUN. Patent Litigation Precaution Method: Analyzing Characteristics of US Litigated and Non-Litigated Patents from 1976 to 2010 [J]. Scientometrics, 2012, 92 (1): 181-195.

[35] SUSAN WALMSLEY GRAF.Improving Patent Quality Through Identification Of Relevant Prior Art: Approaches To Increase Information Flow To The Patent Office [J]. Lewis & Clark L.Rev., 2007, 11: 495.

[36] WILLIAM CHOI, WEINSTEIN ROY. Analytical Solution to Reasonable Royalty Rate Calculations, An [J]. Idea, 2001, 41: 49.

三、学位论文

[1] 车慧中. 以美国专利侵权诉讼判决建构专利鉴价模型之研究 [D]. 新竹：台湾中华大学，2009.

[2] 陈柏谚. 美国上诉法院对专利诉讼损害赔偿之见解观点演变研究 [D]. 斗六：台湾云林科技大学，2011.

[3] 邓建志. WTO 框架下中国知识产权行政保护问题研究 [D]. 上海：同济大学，2008.

[4] 管煜武. 地方政府知识产权战略管理研究 [D]. 上海：同济大学，2007.

[5] 郭湫君. 企业专利侵权诉讼预警机制与应对研究 [D]. 武汉：华中科技大学，2011.

[6] 韩越. 论专利侵权诉讼中的诉前禁令 [D]. 武汉：华中科技大学，2012.

[7] 贺宁馨. 我国专利侵权诉讼有效性的实证研究 [D]. 武汉：华中科技大学，2012.

[8] 黄光辉. 知识产权证券化的风险及其防范研究 [D]. 武汉：华中科技大学，2010.

[9] 姜军. 企业专利战略与核心竞争力的关联研究 [D]. 武汉：武汉理工

大学，2005.

[10] 赖远青. 美国专利授权合理权利金的计算方式探讨 [D]. 新竹：台湾交通大学，2012.

[11] 赖忠明. 美国专利侵权救济之经济分析 [D]. 台中：台湾逢甲大学，2012.

[12] 李柏静. 论专利侵害之损害赔偿计算——从美国、中国大陆与台湾之专利修法谈起 [D]. 台北：台湾政治大学，2008.

[13] 梁志彰. 以美国专利侵权诉讼判决建构多元回归专利鉴价模型之研究 [D]. 新竹：台湾中华大学，2009.

[14] 林家圣. 专利检索系统与分析方法之探讨与革新 [D]. 台北：台湾政治大学，2006.

[15] 林小爱. 知识产权保险研究 [D]. 武汉：华中科技大学，2009.

[16] 刘其政. 专利组合强度与权利金支付之实证分析 [D]. 新竹：台湾交通大学，2008.

[17] 罗立国. 基于专利信息服务平台的专利地图研究 [D]. 武汉：华中科技大学，2009.

[18] 潘治良. 专利之品质与价值评量方法——以 TFT-LCD 产业为例 [D]. 台北：台湾政治大学，2006.

[19] 温明. 基于中药专利组合的专利内生价值评定研究 [D]. 天津：天津大学，2010.

[20] 吴明珠. 整体市场价值法则于合理权利金计算之适用——从美国专利实务见解谈起 [D]. 新竹：台湾清华大学，2010.

[21] 许峻铭. 专利引证与维护分析模型之建构 [D]. 桃园：台湾元智大学，2004.

[22] 许晓冰. 基于延迟期权的专利价值评估方法研究 [D]. 上海：同济大学，2008.

[23] 叶柏宏. 以专利诉讼进行专利权经济价值影响因素之分析 [D]. 新竹：台湾中华大学，2007.

[24] 詹爱岚. 标准战略导向的通信产业创新协同机制研究 [D]. 武汉：

华中科技大学，2008.

[25] 詹炳耀. 智慧财产估价的法制化研究 [D]. 台北：台北大学，2003.

[26] 卓裕盛. 以美国专利侵权诉讼判决为基础建构倒传递类神经网路专利鉴价模式之研究 [D]. 新竹：台湾中华大学，2009.

四、其他资料

[1] 国家知识产权局专利局专利审查协作北京中心编著. 专利审查研究 [C]. 北京：知识产权出版社，2011.

[2] 马维野，刘玉平主编. 知识产权价值评估能力建设研究 [C]. 北京：知识产权出版社，2011.

[3] 厦门大学评估研究中心编著. 资产评估研究论文选集 [C]. 北京：中国经济出版社，2013.

[4] 魏保志主编. 专利审查研究 2010 [C]. 北京：知识产权出版社，2011.

[5] 中华全国专利代理人协会编著. 专利法第22条创造性理论与实践 [C]. 北京：知识产权出版社，2012.

[6] 中华全国专利代理人协会编著. 专利法第26条第4款理论与实践 [C]. 北京：知识产权出版社，2013.

[7] 中华全国专利代理协会编著. 2013年中华全国专利代理人年会第四届知识产权论坛优秀论文集 [C]. 北京：知识产权出版社，2013.

[8] 经济部智慧财产局. 资讯产业专利趋势与专利诉讼分析研究计划 [R]. 2012.

[9] 经济部智慧财产局. 通讯产业专利趋势与专利诉讼分析研究计划 [R]. 2013.

[10] 吴辉、卓玛. 全国法院5年受理诉前禁令430件 [N]. 中国知识产权报，2007-10-26（2）.

[11] 李绩. 注重细节论证前提 正确评估专利价值 [N]. 中国医药报，2008-10-16（B06）.

[12] 周围. 从朗科科技看专利运营与企业命运 [N]. 中国知识产权报，

2012-07-25（007）.

[13] 袁真富. 核心竞争力：专利价值的深刻体现［N］.中国知识产权报, 2012-09-21（008）.

[14] 张先明. 近3年诉前临时禁令等裁定支持率高于85%［N］.人民法院报, 2013-10-23（1）.

[15] 皮波. 探讨与标准相关专利申请的实务操作［N］.中国知识产权报, 2013-12-25（004）.

[16] 冯震宇.智慧资产鉴价之问题与挑战［EB/OL］. http：//www.apipa.org.tw.

[17] 李文红.从属权利要求的撰写刍议［EB/OL］. http：//www.unitalen.com.cn/html/report/32240-1.htm.

[18] 林建华、林殿琪.知识经济时代的鉴价技术探讨［EB/OL］. http：//www.iptec.com.tw/product/pv.asp.

[19] 逯长明. 对专利申请文件撰写规则的理解与撰写损失［EB/OL］. http：//www.unitalen.com.cn/html/unitalen/report/14346-1.htm.

[20] 王宝筠. 议撰写从属权利要求中的"纯"［EB/OL］. http：//www.unitalen.com.cn/html/unitalen/report/46318-1.htm.

[21] 闫文军. Phillips诉AWH案与美国专利权利要求解释［EB/OL］. http：//blog.vsharing.com/ZFIP/A1154028.html.

[22] 姚建军. 专利侵权损害赔偿价值取向的构建［EB/OL］. http：//allenemy.fyfz.cn/b/752237.

[23] MARK SCHANKERMAN, AND PAKES ARIEL. Estimates of the Value of Patent Rights in European Countries During thePost-1950 Period［R］. National Bureau of Economic Research, Inc, 1987.

[24] DIETMAR HARHOFF.Legal Challenges To Patent Validity In TheU.S.And Europe. Presentation To OECD Conference On IPR, Innovation, And Economic Performance［EB/OL］. http：//www.oecd.org/science/sci-tech/11728549.pdf.

[25] IpIQ Patent portfolio indicators［EB/OL］. http：//www.patentboard.

com/OurServices/DataResearchServices/IndustryScorecards/tabid/75/Default.aspx.

[26] J Combeau. Patent Quality [EB/OL]. www.ficpi.org/library/07 AmsterdamColloqu/5-Combeau_ revised.pdf.

[27] Morgan Lewis LLP. United States Patent Invalidity Study2012 [EB/OL]. http://www.morganlewis.com/pubs/Smyth_USPatentInvalidity_Sept12.pdf.

[28] PWC. 2013 Patent Litigation Study [EB/OL]. http://www.pwc.com/.

[29] R.Polk Wagner.The Patent Quality Index [EB/OL]. https://www.law.upenn.edu/blogs/polk/pqi/documents/2006_1_presentation.pdf.

[30] Intellectual Ventures. http://www.intellectualventures.com/about.

[31] IpIQ website.Patent Portfolio Indicators.http://www.patentboard.com/.

[32] IPOfferings LLC. http://www.ipofferings.com/.

[33] Ocean Tomo. http://www.oceantomo.com/home.

[34] RPX. http://www.rpxcorp.com/index.cfm?pageid=136.

[35] Managing Intellectual Property. http://www.managingip.com/.

后　　记

　　人们都说厦门大学的凤凰花最是有情，一年花开两季，一季新生来，一季老生走。如今，随着博士论文的定稿，答辩程序的逐步推进，这一季的凤凰花又要如火般绽放枝头了。然而，这也意味着我的博士生活即将结束，意味着与这段时光的告别，意味着新的征程的开始。

　　与厦大结缘，必将成为我生命里最值得庆幸的事。厦大不仅有依山傍海美丽的生活环境，学术资源丰富的学习环境，厦大更有我可敬可爱、给我人生启迪、促我成长的师长，有互帮互助、共同进步的同学。总之一言难道厦大好。

　　如果时间是可以储备的，那么，我将这三年的时间都储备在了这所美丽而温情的大学，便是没有辜负了这段难得的人生际遇。是的，我的时间哪儿也没去，就在这里。厦大三年，收获颇多，感恩颇多！

　　我要感谢张勤教授，他长期致力于知识产权基础理论与国家战略的实践和理论研究，他治学严谨、宽厚仁爱、为人谦和。他工作如此繁忙，可每当我发邮件或短信向他请教时，他总会耐心而又及时地回复，提出意见和建议，为我指点迷津。张老师在我的毕业论文上花费了很多时间和精力，大到论证是否充分严谨、小到标点符号是否准确，都帮我一一指出，让我获益匪浅。他的教导使我在校阅文献、资料整理、选择研究视角和论文写作等方面得到了很大的学术锻炼。

　　我要感谢林秀芹老师！她学识渊博、平易近人，睿智慈爱，给我们提供了轻松、自由、融洽的学术气氛。在她的教导下，我学到了很多专业知识、学习方法以及做人的道理。林老师对我博士论文的选题、写作、修改都付出了很多心血。通过她的教导，让我初识了研究路上博学、审问、慎思、明辨之理，更知晓了自己在相关方面的种种不足之处，使我在未来的研究工作中具有较大的可塑性和应对变化的能力。

我要感谢刘晓海老师，他学问深厚、风趣幽默，智慧大度，他身上的师长风范让我受益良多。在我的博士论文写作过程中，他也给予了很多指导和帮助，尤其是在论文写作的关键时刻，他邀我一起去散步，一起去就餐，为我解疑答惑，排忧解难。

我要感谢纪益成教授，博士一年级时我上了他给研究生和本科生开的资产评估方面的专业课，课堂上他精彩的讲述给了我很多启发。谢谢他对我学习上的指导。我还要感谢乔永忠老师、张新峰老师、董慧娟老师、林少婷老师、马永强老师、孙娥老师……感谢他们在我求学路上给予的帮助与关爱。

厦大三年，我有一群善良友爱的师兄师姐师弟师妹，他们的聪慧令我羡慕，他们的努力促我奋进，他们的热情使我温暖。难忘我们在一起探讨学术、谈天说地、把酒言欢的美好时光。谢谢他们陪我一起走过难忘的博士生活，他们是鲁英、斯平、晓君、李晶、陈驰、文才、陈婷、文庆、军政、翔涛、文献、一青、文韬、肖冰、博怀……毕业在即，唯愿他们学业有成、宏图大展、前程似锦！

在厦大的经历真的是一笔无与伦比的财富，它会让我在成长历练后对生活拥有一份别样的感悟。一路走来，有尊敬的师长为我引路，有可爱的同学伴我成长，有亲爱的友人陪我分享，有无私的父母兄弟给我力量。一路走来，我心怀感恩！

生活充满智慧，你选择什么、付出什么，就得到什么。"路漫漫其修远兮，吾将上下而求索"。我会带着理想坚定不移地走下去，带着自己的生活和文化积淀，带着追求卓越的信念和与时俱进的精神，投入到新的生活和工作中。

2014 年 4 月于凌云公寓